ŒUVRES

DE M. A. JAY.

IV.

OEUVRES

DE M. A. JAY,

MEMBRE DE L'INSTITUT,

ACADÉMIE FRANÇAISE.

—»»X«—

TOME IV.

—»»X«—

TABLEAU LITTÉRAIRE DE LA FRANCE PENDANT LE XVIII° SIÈCLE.
ÉLOGE DE MONTAIGNE.
PRÉCIS HISTORIQUE SUR LA VIE ET LES OUVRAGES DE L'ABBÉ RAYNAL.
MÉLANGES DE LITTÉRATURE.

PARIS.

SAUVAIGNAT, LIBRAIRE,

RUE DE L'ANCIENNE COMÉDIE, 1, PRÈS LE CARREFOUR BUSSY,
ET QUAI MALAQUAIS, 3.

1839.

IMPRIMERIE DE A. HENRY,
Rue Git-le-Cœur, 8.

TABLEAU

LITTÉRAIRE

DE LA FRANCE,

PENDANT

LE XVIIIᵉ SIÈCLE (1).

> Sine philosophia non posse effici quem
> quærimus eloquentem.
>
> M. T. C. Cic., *Orat.*

MESSIEURS,

Le cours du dix-huitième siècle a été marqué par de grands changements dans nos mœurs, nos opinions et nos lois. Le philo-

---

(1) Cette esquisse obtint, en 1810, les suffrages de l'Académie française. Le prix fut partagé entre

sophe qui étudie l'influence des lumières sur la destinée des peuples, l'homme d'état assez habile pour diriger utilement les efforts du génie littéraire, enfin tous les amis des sciences et des arts, s'intéresseront aux souvenirs et à la gloire d'un siècle qu'on peut regarder comme l'âge viril de l'esprit humain.

La littérature de cette époque a été si variée dans ses productions, si compliquée dans ses effets, qu'il serait difficile d'en réunir les diverses parties sous un point de vue lumineux, si elles n'avaient été animées par un

---

l'auteur et M. Victorin Fabre, dont l'ouvrage fut aussi favorablement accueilli du public que de l'Institut. Je lui donnerais tous les éloges qu'il mérite sous le rapport philosophique et littéraire, si ces éloges ne retombaient indirectement sur la production jugée digne de la concurrence. Je remarquerai en passant que le choix seul du sujet était un acte de courage sous l'empire : l'opposition était alors dans la philosophie, conservatrice des grandes principes d'égalité civile et de liberté.

principe commun, par l'amour de l'humanité. Dès le commencement du siècle ce sentiment sublime ennoblit les travaux de la pensée. A mesure que les esprits s'éclairent, le besoin d'être utile devient plus vif ; la philosophie multiplie ses conquêtes, les arts d'imagination lui servent d'auxiliaires ; elle s'applique à connaître l'homme, à diriger ses penchants, à perfectionner la morale ; elle soulève les voiles de la nature et découvre d'importantes vérités. Les sciences, en s'élevant, se rencontrent et se fortifient mutuellement. Les progrès de la parole sont accélérés par la marche de la pensée. Pénétrée par l'esprit philosophique, comme par une sève vigoureuse, la langue française produit de nouveaux chefs-d'œuvre ; elle contribue à la civilisation des peuples en favorisant l'échange des idées, et des bords de la Néva jusqu'aux rives du Tage elle devient l'interprète de la raison, du commerce, de la paix et des arts.

Cette glorieuse époque avait été préparée par les travaux de plusieurs générations. Dès le seizième siècle l'enthousiasme des beaux-arts s'était répandu dans l'Europe. Alors, des sectes hardies soumirent au doute les anciennes croyances ; la pensée fut agitée en tout sens ; et cette secousse générale annonça le réveil de l'esprit humain et l'âge des révolutions. Telle fut la naissance contemporaine du génie philosophique et du génie des arts ; mais ces deux génies se séparèrent en sortant du même berceau. Ce n'est qu'après de longs détours, de nombreuses vicissitudes, qu'ils se sont rapprochés dans le dernier siècle, et qu'ils ont formé une alliance utile aux hommes, désormais indépendante de leurs caprices et de leur pouvoir.

A la renaissance des lettres, l'admiration pour les chefs-d'œuvre de l'antiquité devint une espèce de culte qui eut ses prêtres, son intolérance et ses victimes. Cette disposition des esprits arrêta long-temps, surtout en France, les progrès des arts. Aussi, pendant que la langue italienne était fécondée par de grands écrivains, la littérature française demeurait frappée de stérilité.

Cependant la gloire du génie italien rayonne sur l'Europe, et la France est saisie d'une noble émulation. Amyot traduit Plutarque dans un idiome rempli de grâces naïves que le temps n'a pu flétrir. Montaigne, supérieur à son siècle, établit le doute de la raison, et se plaît « à ôter le masque des choses. » Quelques vérités qu'il avait négligées sont recueillies par Charron. D'autres écrivains moins connus se servent du langage national, qui prend chaque jour plus de souplesse et de régularité. Bientôt les Français profitent d'une époque favorable pour saisir à leur tour le sceptre des sciences et des arts. Malherbe rend la langue poétique correcte, élégante, et donne de la noblesse à l'expression. Corneille, créateur et modèle dans le plus difficile et le plus beau des arts, communique le premier à son siècle un caractère ineffaçable de génie et de grandeur. Racine ouvre le cœur humain, et en développe les secrets dans un style toujours harmonieux, toujours éloquent. Boileau, poète de la raison, arbitre et vengeur du bon goût, puise aux sources pures de l'antiquité ; et l'étude des grands modèles l'élève lui-même au rang des modèles les plus parfaits. La comédie perfectionnée devient, sous la plume indépendante de Molière, la terreur du vice et le fléau des ridicules ; la vérité, que l'orgueil humain repousse de toutes parts, se retranche dans l'apologue, et, protégée par le génie de La Fontaine, y donne des leçons à tous les hommes et à tous les âges. Pascal ressuscite l'éloquence de la prose ; il éclaire le monde en le fuyant. Bossuet puise dans la religion des idées sublimes, et dans son génie la parole qui donne de l'autorité. Enfin, la vertu rencontre dans Fénelon l'interprète le plus digne de la faire connaître, et surtout de la faire aimer.

La littérature était donc parvenue, pendant le dix-septième siècle, à un haut degré de perfection. Il n'en était pas ainsi des sciences et de la philosophie. Les doctrines de l'école n'avaient pu soutenir les premiers regards de la raison ; mais les anciens préjugés étaient remplacés par de nouvelles erreurs. Cependant l'application de l'algèbre à la géométrie avait multiplié les forces de l'esprit humain ; le doute était réduit en système, le besoin de la vérité commençait à se faire sentir ; tout annonçait une révolution dans les sciences, lorsqu'un nouveau règne s'ouvrit sous de funestes auspices. La France avait essuyé de grands revers ; la gloire de ses armes était obscurcie ; ses finances étaient épuisées, ses peuples gémissants ; des milliers de citoyens, poursuivis par l'intolérance religieuse, avaient porté chez l'étranger les secrets de l'industrie nationale et les capitaux aliments du commerce. A peine Louis XIV eut-il fermé les yeux que l'hypocrisie laissa tomber le voile qui couvrait la corruption des mœurs ; les vices privilégiés triomphèrent à la cour de Philippe ; l'amour pour le prince cessa d'ennoblir l'obéissance des sujets ; et l'on vit paraître les premiers signes de cette inquiétude générale, de ce mépris du pouvoir, avant-coureurs certains de la chute des dynasties.

Rendons aux lettres un témoignage confirmé par l'histoire ! elles préservèrent ceux qui les cultivaient de la contagion des mauvaises mœurs. Les vertus actives de la plupart des écrivains et des savants distingués à cette époque accusaient la dépravation des premières classes de la société; ils remplissaient leurs devoirs sans ostentation, et travaillaient en silence à reculer les bornes que l'ignorance et le fanatisme avaient posées sur les routes de la vérité; héritiers de Bayle, ils continuaient les travaux de cet habile dialecticien. Réfugié comme Descartes au fond de la Hollande, Bayle avait montré peu de respect pour les opinions populaires. Nulle erreur ne fut sacrée pour lui; mais il dépouilla l'idole sans la renverser; il se contenta de perfectionner l'instrument du doute. Après sa mort, d'autres écrivains se servirent de cet instrument avec plus d'audace et plus de succès.

Entre les successeurs de Bayle il faut distinguer Fontenelle, qui, le premier, joignit l'amour des lettres à l'étude des sciences. Il avait déjà publié ses *Dialogues des morts*, les *Entretiens sur la pluralité des mondes* et l'*Histoire des oracles*, production supérieure aux deux autres par l'importance de la matière, par l'élégante simplicité du style et par la force du raisonnement. La nature avait doué Fontenelle des qualités nécessaires pour continuer impunément l'ouvrage de la raison; il semblait avoir pour but d'éclairer les esprits plutôt que d'échauffer les âmes. La découverte d'une vérité ne produisait en lui, du moins en apparence, ni surprise, ni enthousiasme. Nulle passion forte, pas même celle de la gloire, ne tourmenta sa vie; il jugea son siècle et servit la philosophie sans chaleur, mais avec persévérance. D'autres écrivains ont été plus éloquents, d'autres philosophes ont approfondi plus de vérités que Fontenelle; nul n'a combattu l'erreur avec plus d'adresse, et n'a imprimé un mouvement plus utile à l'esprit humain.

L'éloquence ecclésiastique se ressentit, à cette époque, de la révolution qui s'opérait sourdement dans les idées; elle ne conserva dans la bouche des nouveaux orateurs ni le ton solennel et prophétique de Bossuet, ni l'inflexible sévérité de Bourdaloue. L'autorité de la religion s'affaiblissait comme les autres autorités. Masillon résolut de faire aimer aux hommes un pouvoir qu'ils commençaient à moins redouter. Il ne traita point la raison comme l'ennemie irréconciliable des doctrines religieuses. Ce fut au nom de ces deux puissances qu'il plaida la cause du peuple devant une cour assez éclairée pour admirer son éloquence, trop corrompue pour profiter de ses leçons.

D'Aguesseau, dont le nom rappelle tant d'honorables souvenirs, achevait alors de réformer par son exemple le langage de la législation; appelé par son mérite aux plus hautes fonctions de la magistrature, il acquit un double titre à la gloire en introduisant la raison dans les tribunaux, et la vertu dans la cour du régent.

D'autres hommes estimables entretiennent le goût des lettres, ou se dévouent aux recherches de l'érudition. Fleury, que Fénelon avait honoré de son estime, débrouille le chaos des annales ecclésiastiques; Fréret jette un coup-d'œil philosophique sur l'origine de la monarchie française; Rollin rallume le flam-

beau pâlissant des bonnes études, et Dubos
pénètre, à l'aide de l'analyse, jusqu'au principe des beaux-arts.

En littérature, comme en philosophie, on
commençait à secouer le joug de l'autorité.
En vain madame Dacier voulut soustraire au
pouvoir de la critique les chefs-d'œuvre de
l'antiquité; malgré ses plaintes, ses reproches,
ses invectives prodiguées avec toute la naïveté
des temps héroïques, les anciens comme les
modernes trouvèrent des juges, des rivaux
et des admirateurs éclairés.

Jetons un regard sur l'état général de la
littérature à cette époque : nous verrons que
divers genres de poésie sont négligés, que
d'autres ne font aucun progrès : tandis que
la prose s'enrichit, se perfectionne, et suffit
au développement des idées abstraites, aux
grands mouvements de l'éloquence et à la majestueuse gravité de l'histoire.

Deux hommes célèbres avaient déjà produit les principaux ouvrages qui ont immor-

talisé leur nom. Jeunes encore , Rousseau et Crébillon étaient parvenus au dernier terme de leur gloire. Peu de poètes seraient au-dessus du premier , si la force et l'élévation de sa pensée eussent répondu à son talent pour l'art des vers; mais tel est le pouvoir d'une imagination brillante, d'un style cor-rect et harmonieux , que Rousseau sera ,tou-jours lu, toujours admiré comme l'un de nos grands poètes. Crébillon n'a pas mérité le même honneur. Il tient quelquefois d'une main ferme le poignard tragique ; mais il n'a montré qu'une connaissance imparfaite du cœur humain , et sa diction est trop souvent indigne de la scène.

La poésie française était sur le point d'être déshonorée par le bel-esprit, lorsqu'un génie naissant lui promit un vengeur et un soutien. Voltaire paraît : l'espérance de toutes les pal-mes littéraires satisfait à peine l'audace de son ambition. Philosophe, historien, mora-liste , poète du premier ordre , nous le ver-rons entrer en conquérant dans la carrière des arts , profiter des faveurs de la fortune, des épreuves même de la persécution , pour étendre son influence , et fonder une renommée impérissable sur près d'un siècle de travaux et de gloire. Son coup d'essai fut un chef-d'œuvre ; on applaudit dans *OEdipe* la noblesse , la pureté du style, et la sagesse des conceptions dramatiques. Les observateurs y reconnurent à plusieurs traits l'écrivain qui devait éclairer son siècle.

Cette tragédie fut représentée à une époque de troubles et de dissensions intestines. L'inflexible vertu de d'Aguesseau fatiguait une administration corrompue et corruptrice : il fut exilé. Les débats religieux s'envenimaient de plus en plus. La morale publique était menacée à la fois par les fureurs du fanatisme et par les progrès effrayants du luxe. Pour comble d'infortune , le système de Law fut adopté , et la monarchie reçut un ébranlement qui influa sur sa destinée.

Pendant que les spéculations de la cupidité occupaient l'attention publique , un ouvrage, en apparence frivole , réveilla les esprits et

finit l'interrègne du génie : les *Lettres per-*
sanes furent reçues avec transport. On admi-
ra l'écrivain qui, dans quelques pages, avait
jeté le germe des grandes pensées, des vérités
hardies dont l'esprit humain attendait le développement ; tout dans cette production ingénieuse offrait l'empreinte d'un talent original, d'une raison supérieure ; le succès qu'elle
obtint ranima la littérature, et révéla un
grand homme.

Cependant Voltaire élevait un monument
qui manquait à la gloire nationale, lorsqu'une
persécution injuste le força de quitter la
France. Il part, et va demander un asyle à
la patrie de Locke et de Newton. Il y trouve
de nouvelles lumières, des amis et la liberté.
Son caractère se forme, ses vues s'étendent.
Éclairé par l'exemple des écrivains illustres
de l'Angleterre, il reste enfin convaincu qu'il
n'y a de gloire solide à espérer dans la carrière des lettres que pour les hommes qui réunissent au talent de plaire l'art d'instruire
et la noble ambition de servir l'humanité. Le
souvenir de Henri IV n'existait plus que dans

l'histoire. Voltaire l'établit pour jamais dans le cœur du peuple. *La Henriade* est l'épopée d'un âge éclairé ; elle tend à perfectionner la morale religieuse, à rendre les hommes tolérants ; jamais les leçons de la sagesse ne furent ornées de plus de grâces par l'imagination poétique. Vers le même temps l'auteur des *Lettres persanes* visita l'Angleterre. Voltaire et Montesquieu allaient tous les deux, comme les anciens sages, à la recherche de la vérité. Les regards du premier s'étaient surtout dirigés sur les mœurs du peuple, sur les productions littéraires et philosophiques. Montesquieu étudiait le mécanisme du gouvernement, et le principe des lois conservatrices du repos et du bonheur des sociétés. Voltaire revient dans sa patrie avec des idées nouvelles et de hautes-espérances ; il trouve la scène tragique usurpée par des hommes médiocres qui se traînaient sur les traces de Racine. Il donne *Brutus*, où la beauté du style est égale à la force des pensées ; mais les Français, amollis par des mœurs licencieuses, n'étaient plus dignes d'entendre les mâles accents de l'héroïsme antique. Les tragédies de Corneille ne

paraissaient que rarement sur la scène, et
Brutus fut pendant quelque temps exilé du
théâtre avec *Cinna* et *les Horaces*.

La France restait toujours plongée dans
une espèce d'anarchie morale. Des deux sectes religieuses qui se disputaient l'empire des
consciences, la plus rigide favorisait involon-
tairement l'essor de la pensée. L'esprit de
recherche s'exerçait sur les matières les plus
sérieuses comme les plus frivoles; les opinions
reçues soit dans les sciences, soit dans les arts,
furent livrées à la discussion. Les savants se
partagèrent entre Locke et Mallebranche,
entre Descartes et Newton; les sciences et les
lettres avaient reconnu la nécessité du doute
et l'utilité de l'examen. Ainsi la puissance du
doute que les anciens avaient employée à détruire servait aux modernes à chercher la cer-
titude dans les sciences, et fonder les principes du beau dans les arts.

Au milieu de cette lutte des partis, de ce choc
des opinions, quelques paradoxes littéraires
étonnèrent les esprits. Lamotte, raisonneur

subtil, ingénieux écrivain, poète sans verve, novateur sans enthousiasme, proposa d'interdire à Melpomène le langage poétique, si favorable à la peinture des passions. Heureusement il fit paraître une tragédie en prose, et la question fut décidée. Voltaire acheva de venger la poésie dans une lettre qui est restée comme un modèle de goût et de raisonnement. Toutefois il faut rendre justice à Lamotte : par quelques ouvrages estimables ; et même par ses paradoxes, il favorisa le mouvement des idées. La scène française lui doit une tragédie pleine d'intérêt. Ses mœurs douces et ses vertus lui concilièrent l'estime de ses contemporains, et lui mériteront toujours un honorable souvenir. Un homme qui, par l'esprit et le caractère, se rapprochait de Lamotte, auquel il resta constamment attaché, Fontenelle, dont j'ai déjà parlé, et dont l'influence se fait sentir jusqu'au milieu du siècle, s'occupait alors à consacrer par des éloges publics la mémoire des savants que l'académie des sciences avait perdus depuis l'époque de son renouvellement. C'est dans ces éloges qu'il déploya toutes ses forces, et qu'il atteignit quelquefois la haute éloquence. On le croirait inspiré par le génie même des sciences, tant il excelle à développer leurs principes. Il aborde les conceptions les plus abstraites avec cette familiarité qui décèle un talent supérieur. Comme il nous fait respecter ces hommes infatigables, vrais héros de la science, qui lui sacrifient leurs veilles et souvent même le repos de leur vie! Quel charme il répand sur le souvenir de leurs vertus! quel intérêt il attache à leurs succès, à leurs revers, à la simplicité de leurs mœurs! Alors son langage est naturel et pur, sa pensée lumineuse, et ses jugements deviennent ceux de la postérité.

Représentez-vous l'effet de ces hommages solennels sur un peuple avide de gloire! Tous les yeux se tournaient vers cette lumière douce qui éclairait tant d'objets jusque alors inaperçus. On ne confondit plus la vraie science avec la simple érudition. Pour mériter le titre honorable de savant, il fallut, comme Locke, étudier l'homme, ou, comme Newton, soumettre au calcul les phénomènes de la na-

ture, et parcourir, sans s'égarer, l'immensité
des cieux.

Tandis que Fontenelle ouvre les avenues
des sciences, le goût de la littérature se pro-
page dans le monde. Les hommes de lettres,
admis chez les grands, s'y montrent avec dignité. La noblesse de la naissance et celle du
génie se rapprochent, les esprits s'éclairent,
et le siècle poursuit sa marche.

Vertot terminait alors sa longue et honorable carrière. L'*Histoire de Malte* avait été
le dernier effort de sa vieillesse. On lui reproche d'avoir été rarement dirigé par l'esprit de
critique; mais l'art de disposer les faits dans
un ordre lumineux, l'intérêt de la narration,
et le mérite du style, lui assurent une place
éminente parmi les historiens modernes.

Les anciens avaient traité l'histoire en orateurs; Voltaire la traita en philosophe. La vie
de Charles XII lui offrait tout ce qui peut
éveiller et soutenir l'attention : un héros intrépide, impatient de célébrité; des entre-

prises téméraires conduites avec sagesse ; de grands succès, de plus grands revers, une catastrophe dramatique. Un pareil sujet appartenait de droit au premier écrivain du siècle, et le talent de l'historien fixa la renommée du héros.

Les diverses parties de la littérature étaient alors modifiées par l'esprit général et par le besoin de la nouveauté. L'art de la comédie en éprouvait surtout l'influence. Dès les premières années du siècle Lesage avait heureusement tenté la haute comédie. Turcaret corrigea la finance de ses travers, et non de sa corruption. Lesage n'eut point d'imitateurs. A mesure que l'opulence et les lumières se répandent dans la société, les passions se concentrent, les caractères s'effacent, les vices ne se montrent plus sous des formes ridicules, et le poète dramatique est réduit à peindre d'imagination des personnages qu'il ne trouve plus dans le monde.

C'est à cette marche naturelle de l'art que nous devons les comédies de Destouches. Il n'excite pas, comme Molière, « des haines vigoureuses » contre le vice. Il ignore l'art de faire ressortir par de fortes combinaisons les grands traits d'un caractère. Il n'a point la verve de gaîté qui distingue Regnard ; mais un style pur et facile, un dialogue naturel, des situations attachantes, d'heureux dénoùments, justifieront toujours ses succès.

La comédie de caractère, bannie de la scène, s'était réfugiée dans le roman. Lesage avait eu la gloire de lui ouvrir cet asyle : Gil-Blas est le meilleur roman moral qui jamais ait été composé. On y trouve le tableau fidèle des divers états de la société, et la satire la plus gaie et la plus piquante des folies humaines.

Depuis l'apparition des *Lettres persannes*, Montesquieu avait mûri son talent par des études sévères ; son attention s'était fixée sur les révolutions qui ont agité la république romaine et renversé le trône des Césars. Il dévoila les causes de ces grandes vicissitudes. Jamais homme, depuis Tacite, n'avait jeté sur, l'histoire une lumière plus vive. Chaque trait de son pinceau dégage de l'ombre et fait briller une vérité; des hauteurs de la philosophie, il embrasse d'un coup-d'œil les diverses parties de son sujet, les analyse, les dispose, et domine sur les siècles et sur les événements.

Montesquieu préparait alors son chef-d'œuvre de l'*Esprit des lois*, et créait un genre d'éloquence qui a plus d'un rapport avec celle de Tacite. Le style de ces deux écrivains est également libre, fier et rapide. Débarrassé d'ornements superflus, il vole avec la pensée; il frappe sans cesse l'imagination, et met en mouvement toutes les facultés de l'esprit. Montesquieu eût écrit l'histoire comme Tacite, Tacite eût parlé des lois comme Montesquieu.

Le traité sur les causes de la *Grandeur et de la décadence des Romains*, et les *Lettres anglaises* (1), parurent à la même époque.

---

(1) Depuis *Lettres philosophiques*.

Ce dernier ouvrage remua fortement les esprits : c'était comme un nouveau monde ouvert à l'avide curiosité des Français. Sur une
variété séduisante de sujets neufs et intéressants Voltaire avait répandu tout ce que l'esprit le plus vif et le plus fécond peut fournir
de saillies piquantes, d'expressions heureuses, de rapprochements ingénieux. Il ouvrait
les mines profondes de la littérature anglaise, rendait hommage au génie de Newton,
démontrait avec Locke les bienfaits de la tolérance, et prévenait l'incendie que le fanatisme s'efforçait alors de rallumer.

Cependant l'envie et la haine se déchaînè-
rent contre lui. Il trouve un refuge à Cirey,
auprès d'une femme dont l'active amitié le
soutint dans plus d'une épreuve, et ne fut pas
inutile à sa gloire. C'est là qu'il exerce sa
pensée par le travail de la méditation, qu'il
mesure les progrès de l'esprit humain, et répand sur des vérités philosophiques les brillantes couleurs de l'imagination et les teintes
plus douces du sentiment; il fait plus, il di-
rige la tragédie vers un but moral, et l'en-

richit d'un nouveau genre de beautés ; il fait
entrer dans ses plans les hommes de tous les
temps, de tous les pays ; et dans cette étonnante diversité de caractères il trouve le secret
d'intéresser les spectateurs, d'échauffer leurs
âmes et d'éclairer leur raison. Quelle époque
mémorable pour la scène française ! Rappelez
à votre souvenir *Zaïre*, *Adélaïde*, *la Mort
de César*, *Alzire*, *Mahomet*, *Mérope* ! C'est
par de telles productions que Voltaire, comme
génie créateur, a saisi, d'autorité, sa place auprès de Corneille et de Racine. Ce qui surtout le caractérise, c'est l'art de rendre la
morale pathétique, et de la faire descendre
au fond du cœur. Élevez un théâtre digne de
ces immortels chefs-d'œuvre ; trouvez des
acteurs de génie : le rideau se lève ; bientôt les
spectateurs répondent par des larmes aux accents terribles des passions ; tous reconnais-
sent et admirent les traits de cette morale
universelle que la nature a gravée dans nos
âmes ; tous apprennent à se respecter dans
leurs semblables, et reçoivent des leçons sublimes de vertu. Ah ! si le plus beau succès de
l'art tragique est de rendre les hommes meil-

leurs, quel poète a jamais mérité mieux que Voltaire la reconnaissance du genre humain et la couronne de l'immortalité? Que ceux qui, contre toute évidence, lui refusent le génie, nous apprennent comment, sans cet heureux don de la nature, il a pu féconder par de nouvelles créations des genres qu'on regardait comme épuisés? La carrière tragique avait été fermée par Corneille et Racine; il la rouvrit avec audace et la parcourut avec gloire. Chaque application de la philosophie aux différentes parties de la littérature était pour Voltaire un nouveau triomphe, une preuve nouvelle de la force de son talent et de la profondeur de ses vues.

Quel est le but des arts d'imagination? c'est de peindre l'homme et d'imiter la nature. Les grands traits des passions humaines, les principaux phénomènes de la nature, sollicitent les regards, enflamment les pinceaux des premiers artistes. Une tâche plus pénible attend leurs successeurs : il ne suffit plus d'observer, il faut découvrir ; il faut remonter aux causes, pour trouver de nouvelles combinaisons et produire de nouveaux effets. Les uns se découragent, les autres rampent dans la carrière où les maîtres ont volé ; quelques uns s'égarent hors des limites du goût et du vrai. Heureuse alors la nation qui possède des hommes assez judicieux pour sentir que la philosophie peut seule arrêter la décadence des arts. Elle découvre des richesses inconnues, des matériaux précieux, qu'elle abandonne au talent ; elle saisit les rapports cachés qui unissent les différentes parties du monde physique et moral ; enfin elle soutient le génie dans ses profondes méditations, en les consacrant au bonheur des hommes. Eh quoi ! n'est-ce pas aux progrès des lumières que la littérature du dix-huitième siècle doit une partie de ses succès. Les genres connus ont admis des beautés d'un nouvel ordre, et des genres nouveaux ont été créés. Au nombre de ces conquêtes de la pensée nous placerons les *Discours sur l'homme*, où Voltaire s'est montré grand peintre et grand moraliste. Déjà, dans le *Temple du goût*, il avait adouci les formes austères de la critique par les traits délicats d'une ingénieuse plaisanterie ; ici c'est la vérité embellie par les grâces. L'antiquité n'offre aucun modèle en ce genre; il est l'un des bienfaits de l'esprit philosophique appliqué aux arts d'imagination. Voltaire porta le même esprit dans ses pièces fugitives, auxquelles on ne peut rien comparer. De l'abandon sans négligence, un naturel exquis, des pensées fines, revêtues des charmes de l'harmonie, une mesure parfaite dans le ton et dans la manière : tout s'y réunit pour plaire à l'esprit, pour satisfaire le goût et charmer l'imagination. Ces poésies légères le délassaient de ses grands travaux, et ces délassements étaient encore des titres de gloire.

Ce fut aussi dans la retraite de Cirey que Voltaire composa ce poème unique dans son genre, où il a lutté contre l'Arioste et déployé le talent le plus flexible. On y trouve sans doute des traits licencieux. La morale les réprouve; le goût, moins sévère, ose à peine les condamner. Mais que je plains les censeurs qui, sans pitié pour les écarts du génie, réservent leur indulgence pour la médiocrité! Il faut le plaindre lorsqu'il s'égare, mais il ne faut pas le proscrire.

Laissons Voltaire au sein de l'amitié préparer de nouveaux tourments à l'envie, et jetons un coup-d'œil sur les progrès des sciences, qui cessent d'être étrangers aux progrès
des lettres ! A peine Newton a-t-il découvert
la loi de l'attraction et le calcul de l'infini,
que la marche des sciences devient plus assurée et plus brillante. La langue algébrique se
simplifie et se généralise. On ne conçoit plus
de grandeurs inaccessibles à l'esprit humain.
La philosophie sort du monde intellectuel,
se place devant nous, et travaille sous nos
yeux à l'avancement des arts. Les savants
descendent des hauteurs de l'abstraction pour
s'occuper de nos besoins, et les rayons des
sciences viennent tous se réunir dans un centre commun d'utilité. Le gouvernement lui-
même cède à l'impulsion générale : il fait me-
surer un degré du méridien sous le pôle, un
autre sous l'équateur, et l'on va chercher à
grands frais aux extrémités du monde une
vérité que la méditation avait révélée à
Newton.

Des botanistes français s'éloignent de leur patrie, et reviennent de toutes les parties du monde chargés de richesses végétales conquises à travers mille obstacles et mille dangers. L'art de la navigation se perfectionne avec la science de l'astronomie. Des établissements utiles se multiplient dans nos cités. Partout on observe avec méthode, on poursuit la nature avec persévérance ; les faits s'accumulent, et attendent le génie qui doit pénétrer leurs rapports, les coordonner entre eux, et en faire jaillir des vérités générales, des théories lumineuses.

A cette même époque, l'érudition se tourne vers l'Orient. Une nouvelle science est créée. De savants missionnaires portent en Asie les idiomes et les opinions mobiles de l'Europe, et renvoient en Europe les opinions et les idiomes immobiles de l'Asie. Une langue perdue, l'éthiopienne, est retrouvée par Fourmont ; il parcourt l'Orient, et recueille une foule d'inscriptions antiques, langue mystérieuse des tombeaux, qui révèle souvent des vérités oubliées.

Depuis la mort de Philippe, les mœurs publiques avaient éprouvé quelques changements. La corruption commençait à rougir de ses excès, la gloire militaire avait été reconquise par la valeur française, et le noble sentiment du patriotisme s'était réveillé dans les cœurs. Les hommes de lettres avaient accéléré cette révolution par l'exemple de leurs vertus et par l'influence de leurs talents.

L'administration pacifique du cardinal de Fleury avait aussi influé sur l'esprit et les mœurs de la nation. Ce prélat, dont la timidité naturelle croissait avec l'âge, n'avait opposé qu'une faible résistance à l'introduction des idées nouvelles. Sa haine pour la philosophie était souvent distraite par la haine plus vive qu'il portait au jansénisme. Il n'aimait ni les lettres ni ceux qui les cultivaient avec honneur; mais les écrivains renommés à cette époque pensaient moins à flatter les grands et à poursuivre la fortune qu'à se concilier l'estime et la reconnaissance de la nation.

Après la mort du cardinal de Fleury, la littérature pendant quelques années ne produit rien au dehors; l'esprit humain, comme la nature, dérobé son travail intérieur aux regards vulgaires. Le siècle recueille toutes ses forces pour prendre un essor plus libre et plus élevé.

Une terre étrangère couvrait la cendre du célèbre et malheureux Rousseau. Massillon, illustre par son éloquence et par ses vertus, avait terminé sa vie dans l'exercice des devoirs apostoliques. De tous les débris du siècle de Louis XIV, il ne restait que Fontenelle, qui, dans une vieillesse honorée, conservait encore les grâces de son esprit et la sérénité de son caractère. Il semblait n'attendre que le développement complet de la raison humaine pour aller rejoindre la grande génération dont il était le seul représentant.

Cependant tout est prêt pour le mouvement général que les Français vont recevoir. Les lumières ont pénétré jusqu'au fond des provinces et même jusqu'à la cour; mais la philosophie s'est arrêtée au pied du trône. Ce n'est plus le souverain, c'est le peuple qui distingue les talents et protége les lettres.

Tout à coup Montesquieu sort de la retraite, un chef-d'œuvre à la main ; un jour nouveau se lève, les esprits s'enflamment, le siècle va briller de tout son éclat. Quelle époque, quel peuple vit jamais commencer à la fois tant de travaux utiles, paraître de plus grands talents! C'est Voltaire, qui défend la cause du goût, perfectionne l'histoire, réveille la scène tragique par de nouveaux chefs-d'œuvre, et parcourt le cercle des connaissances humaines, comme un souverain qui visite son empire; c'est Montesquieu, qui développe le principe des lois et la nature des gouvernements, apprend aux peuples et aux souverains quels sont leurs intérêts et leurs devoirs réciproques, et d'un burin sublime grave en traits vengeurs l'histoire sanglante du despotisme; c'est l'historien de l'homme et le peintre de la nature, dont la pensée audacieuse saisit la grande chaîne qui unit tous les êtres, plane sur les destinées du monde

physique, enchaîne le passé au présent, le
présent à l'avenir, et découvre l'histoire des
siècles, cachée sous leurs débris. Telle est la
force du talent, telest le pouvoir du style,
que, tant qu'il s'agira de sciences naturelles,
quelques progrès qu'elles fassent, à l'aide du
tempset de l'expérience, Buffon sera toujours
nommé le premier parmi les savants qui auront cultivé cette partie si importante des
connaissances humaines. Sa marche est si
ferme, son coloris si brillant, que les hommes même qui le surpasseront en science seront forcés de l'étudier, comme il étudiait
lui-même Aristote et Pline. Buffon se livrait
trop sans doute à l'esprit de système, il ne
sut pas contenir dans de justes bornes sa vive imagination ; mais ses systèmes ont un
air de grandeur qui étonne, et, jusque
dans ses écarts, on est forcé d'admirer son
génie.

Mais quelle voix éloquente sort de la solitude et retentit au fond des cœurs ? La cendre de Fénelon s'est-elle ranimée ? O pouvoir

irrésistible du génie ! à sa voix, les passions se calment, les devoirs deviennent les éléments du bonheur, la vertu prend la forme et le charme du sentiment, un cri général d'admiration se fait entendre : c'est J.-J. Rousseau qui s'élance de la foule, apôtre et martyr de la vérité.

On s'est vainement efforcé d'affaiblir cette grande renommée. Plusieurs des ouvrages de Rousseau donnent l'idée de la perfection. Quel nombre, quelle harmonie dans son style, travaillé avec tant d'art, et où l'art ne se montre jamais. Quelques *Lettres de Julie* sont peut-être les modèles de langage les plus parfaits que nous puissions citer. *La Profession de foi du vicaire savoyard* est aussi frappante par la beauté de l'expression que par la vérité des pensées. Lorsque le bon prêtre cesse d'argumenter, et s'élève à des considérations morales, rien n'égale la majesté du langage et l'élévation des sentiments ; c'est un hymne admirable à la Divinité.

Il a puisé, dit-on, dans Montaigne : cela

est vrai ; mais on peut lui appliquer le mot de La Bruyère sur Boileau : « Il semble créer les pensées d'autrui. »

L'impulsion donnée par ces grands hommes se communique à toutes les parties des connaissances humaines. L'érudition, autrefois esclave des autorités, les pèse, les compare entre elles, et les soumet à la raison. Les éléments du langage, qui fixe les idées et sert même à les composer, sortent des ténèbres scolastiques. Dumarsais remonte aux principes sur lesquels les règles des langues sont établies. Condillac trouve dans le discours l'analyse même de la pensée. Digne émule de Locke, il la poursuit dans tous ses modes, depuis la sensation qui lui donne naissance jusqu'aux sommets les plus élevés de l'abstraction. Procédant comme la nature, décomposant et recomposant sans cesse, il nous enseigne à rejeter les notions vagues, à saisir les rapports les plus éloignés des idées, et redresse l'entendement humain, faussé par la manie des systèmes et par une longue habitude de l'erreur.

Deux écrivains célèbres, l'un philosophe calme, profond géomètre, l'autre doué d'une imagination vaste et ardente, entreprennent de rassembler dans un seul ouvrage toutes les connaissances que les hommes ont acquises et conservées depuis l'origine des sociétés; ils réclament les secours des savants et des littérateurs déjà connus par de bons ouvrages, et les fondements de l'*Encyclopédie* sont jetés malgré l'opposition des préjugés, les clameurs de l'ignorance, et le déchaînement de l'envie.

Quelle était glorieuse pour la France, et consolante pour l'humanité, cette réunion de talents, cette ligue honorable du génie, dont l'unique but était de répandre les lumières et de renverser les dangereux systèmes de l'erreur! De quel noble dévouement n'ont-ils pas donné l'exemple ces généreux écrivains qui, sans aucune vue de renommée ou d'intérêt personnel, se livraient aux travaux les plus pénibles, et s'exposaient à la haine d'un parti redoutable, pour laisser à la postérité un monument digne d'elle et digne de leur siècle?

Bacon avait senti le premier combien il importait au progrès des sciences et des arts de chercher les rapports qui les unissent, d'en déterminer les principes générateurs, et de reconstruire en entier l'édifice de nos connaissances. Ce grand projet, ce vaste plan, qui paraissait au-dessus des forces de l'esprit humain, quelques philosophes du dernier siècle ont eu le courage de le suivre et la gloire de l'exécuter. Sans doute l'*Encyclopédie* est encore loin de la perfection que le temps seul peut donner à un ouvrage de ce genre. Il suffit qu'elle soit devenue la propriété commune de tous les peuples et de tous les âges. Chaque génération y déposera des vérités nouvelles; les sciences et les arts y seront désormais à l'abri des révolutions politiques et des outrages de la barbarie. Le premier effet de l'*Encyclopédie* fut de révéler aux hommes de lettres le secret de leurs forces. Ils parurent dans le monde avec plus de confiance, et par des routes diverses ils marchèrent tous au même but. Du concours de toutes les opinions il se forma une opinion publique dont l'influence invisible s'étendit même sur les actes du gouvernement. Le cri des opprimés parvint jusqu'au trône, la justice ne fut plus outragée impunément.

Cette époque nous présente un phénomène moral digne d'attention. Les mœurs publiques recevaient alors une impulsion composée de deux mouvements contraires : d'un côté l'exemple du monarque et de la cour entraînait vers la corruption un peuple essentiellement imitateur ; de l'autre, des écrivains courageux le rappelaient sans cesse à la pratique des vertus sociales. De là vient sans doute cette opposition qui existait alors entre les mœurs et les opinions. Les premières étaient dépravées, les autres étaient pures; l'on se livrait aux séductions du vice, et l'on respectait la vertu, fidèle image du combat perpétuel entre le bon et le mauvais génie.

Les effets de cette double impulsion se firent sentir même dans la littérature. Au-dessous de ces grands hommes dont toutes les pensées se dirigent vers un but noble et utile on voit ramper des écrivains vendus aux pré-

jugés, race envieuse, basse et maligne, que
tout mérite afflige, que toute gloire offense,
et qui, au milieu des chefs-d'œuvre créés par
les Voltaire, les Montesquieu, les Rousseau,
les Buffon, se plaint de la décadence des lettres et se nourrit de calomnie. Quelques uns
de ces auteurs mercenaires pouvaient obtenir
une autre renommée, et l'on regrette des talents avortés au sein de l'opprobre.

Mais nul obstacle ne peut arrêter le siècle.
Autrefois il n'existait entre les sciences et les
arts que quelques points isolés de communication; où les anciens trouvaient des barrières, nous avons établi des rapports. La nouvelle philosophie a ramené toutes les vérités
particulières au principe le plus général, ou
plutôt elle n'a fait de toutes les sciences qu'une
science bien ordonnée; elle a de plus vivifié
les arts d'imagination.

L'histoire ne s'est plus bornée au récit
des conquêtes et des révolutions politiques;
elle a considéré le moral de l'homme; elle
a flétri les crimes de l'ambition; elle est

devenue la leçon des peuples et des rois.

La morale est descendue sur la terre ; elle a réglé les passions au lieu de les anéantir. Loin de briser les liens que la nature a mis entre les hommes, elle s'est empressée de les resserrer ; loin de repousser la raison , elle a réclamé son aide , non pour enchaîner l'homme à ses devoirs , mais pour lui en inspirer l'amour.

Les découvertes des sciences ont enrichi la poésie. Des vérités nouvelles lui ont ouvert de nouvelles sources de beautés. Les trésors de l'histoire , l'étude des opinions et des mœurs, la connaissance approfondie du cœur humain, ont alimenté la littérature. Les orateurs et les poètes ont enfin senti que la Providence a tellement enchaîné l'homme à tout ce qui l'environne, que rien ne se passe dans les cieux et sur la terre qui ne soit digne de fixer ses regards et son admiration.

Cependant Voltaire et Montesquieu , en réunissant les lumières au génie , ont atteint le plus haut point de leurs succès et de leur

renommée. Rousseau commence à s'élever auprès d'eux, tandis que des hommes de mérite,
quoique moins célèbres , servent leurs contemporains en travaillant pour l'avenir.

Une mort prématurée venait de ravir aux
lettres un de ces écrivains si rares en qui la
vertu semble faire partie du talent. Vauvenargues a parlé des devoirs, de la gloire, des
arts, avec éloquence et sensibilité. Il fut malheureux , et ne se plaignit ni des hommes ni
de la fortune. On ne lira jamais ses écrits ,
pleins d'une morale consolante , sans avoir
plus de confiance en soi-même et plus d'indulgence pour les autres.

Duclos jouissait d'une réputation méritée
par quelques ouvrages estimables et par une
sagesse de conduite qui ne se démentit jamais.
Il avait dans l'esprit plus de justesse que d'é-
tendue. Comme moraliste il est toujours ingénieux ; mais sa vue, bornée par les surfaces,
qui changent sans cesse , ne saisit point les
traits inaltérables et primitifs de la nature.
Duclos a peint l'homme de son siècle, La

Bruyère les hommes de toutes les conditions,
Montaigne l'homme de tous les temps.

Voltaire avait achevé le tableau du *Siècle
de Louis XIV;* mais la gloire immense dont
les lettres et les arts avaient environné cette
grande époque déroba quelquefois à ses regards les erreurs du monarque et les fautes
de ses ministres. Plus heureux dans l'*Essai
sur les mœurs et l'esprit des nations*, il
réunit les suffrages des lecteurs éclairés, et
produisit dans la manière d'envisager et d'é-
crire l'histoire une révolution salutaire. Il se
forma une nouvelle école d'historiens dont
jusqu'ici l'Angleterre a fourni les disciples les
plus distingués. Voltaire régnait toujours sur
la scène; *Oreste, Sémiramis, Rome sauvée,
Gengiskan*, attestaient la puissance et la flexibilité de son talent dramatique.

Vous avez vu la comédie entrer dans le
roman. Marivaux et La Chaussée mirent le
roman sur la scène. Tandis qu'ils conspi-
raient, l'un par l'affectation de l'esprit, l'autre
par l'abus du sentiment, à dépouiller Thalie

du plus beau de ses priviléges, celui de flétrir les vices et de poursuivre les ridicules, deux comédies d'un genre différent, mais d'un grand mérite, enrichirent la scène. Gresset a peint des couleurs les plus vives cette habitude d'intrigues, cet esprit de dénigrement, plaisir des âmes corrompues et fléau de la société. Piron, dans un accès de verve comique, conçut *la Métromanie*. Rien de plus ingénieux que l'intrigue et les situations de cette pièce, dont le héros, personnage imaginaire, est toujours actif, enthousiaste, original. Le style de Gresset est pur et semé de saillies piquantes; celui de Piron, moins correct, est plus rapide et plus élevé. Ces deux écrivains s'arrêtèrent à ce premier succès, comme si la composition d'un chef-d'œuvre eût épuisé leur talent.

Marivaux enlumina le roman comme la comédie. Il analyse les passions au lieu d'en peindre les effets; mais, en observant le travail intérieur du cœur humain, il en surprend quelques secrets et en dévoile quelques ressorts. Prévot, dans ses vastes compositions, s'approcha du merveilleux, et atteignit l'intérêt. Voltaire créa le roman philosophique, et le perfectionna. *Zadig*, *Candide*, *l'Ingénu*, *Micromégas*, sont des créations originales. Nul n'a mieux connu que Voltaire l'art difficile de plaire et d'instruire. Nul n'a mieux adouci « le passage du grave au doux, du plaisant au sévère ». Toujours naturel, toujours guidé par un goût sûr, par une raison lumineuse, il arrache, en se jouant, le masque de l'imposture, corrige les mœurs, apprécie les opinions, livre au ridicule les folies humaines, et rappelle les esprits aux principes d'une saine morale.

Quelle partie de la littérature n'a pas été fécondée par son heureuse influence? Les poésies légères de Bernard, de Desmahis, et même quelques morceaux choisis de Bernis, offrent l'agréable mélange d'une philosophie douce et d'une imagination riante. Déjà l'auteur du *Méchant* et Racine le fils avaient établi leur renommée. Le *Vert-Vert*, poème remarquable par la grâce du style et par la fraîcheur du coloris, *la Chartreuse*, et quelques épîtres de Gresset, vivront toujours dans

la mémoire des connaisseurs. L'étude des
poètes hébreux soutint le fils du grand Racine,
et l'éleva même quelquefois, dans son poème
de *la Religion*, à des beautés d'un ordre supérieur.

Pendant que le goût des lettres s'étend de
plus en plus, et que les sciences se développent, la langue s'enrichit de termes heureux
et de créations nouvelles. Voltaire lui communique la grâce et la finesse ; Montesquieu
lui donne de l'énergie et de la précision. Pleine
de chaleur et de mouvements passionnés comme l'âme de Rousseau, majestueuse, brillante
comme le génie du Buffon, elle fournit des
modèles dans tous les genres, et ne connaît
d'autres rivales que les langues de l'antiquité.
De nouvelles académies se forment dans les
provinces, entretiennent l'amour de l'étude,
et favorisent l'essor des lettres. De toutes les
parties de l'Europe les hommes distingués
par leur rang ou par leur mérite viennent
en foule au milieu de nous apprendre l'art de
vivre, goûter les plaisirs de l'esprit, applaudir aux progrès des lumières. Des préjugés

nuisibles disparaissent ; les disputes de mots, autréfois si dangereuses, sont livrées au mépris ; les savants portent dans le monde les vérités qu'ils ont recueillies dans la retraite ; les hommes de lettres y cherchent des conseils utiles et des critiques judicieuses ; tous sont écoutés avec reconnaissance, appréciés avec discernement. Paris, rivale d'Athènes, voit la philosophie sacrifier aux Grâces, et répandre sur le commerce habituel de la vie plus d'agréments et d'intérêt. Nos annales littéraires conserveront le souvenir de ces sociétés justement célèbres où le mérite trouvait la vive chaleur de l'amitié, et non le froid orgueil de la protection ; où les actions généreuses, où les pensées nobles, recommandées par le charme de la parole, étaient accueillies avec enthousiasme. Les femmes, dont l'estime fut toujours parmi nous la récompense du génie comme celle de l'héroïsme, les femmes applaudissent aux talents; leur présence ajoute un nouveau prix aux triomphes littéraires ; le désir de mériter leurs suffrages se mêle au désir de la gloire, et les âmes s'élèvent en même temps que les esprits s'éclairent. Il faut

le dire hautement à la gloire du siècle dernier,
et à la honte éternelle de ses détracteurs,
jamais l'amour des lettres ne fut plus souvent
accompagné des sentiments généreux qui honorent l'humanité. Que ne m'est-il permis d'arrêter votre attention sur les traits sublimes de
bienfaisance qui font bénir la mémoire des
premiers écrivains de cette époque! Ils prou-
veraient que les lumières rendent les devoirs
faciles, et qu'il existe une alliance naturelle
entre les talents et la vertu.

Cependant la langue française fait chaque
jour de nouvelles conquête soit dans les arts,
soit dans les sciences; elle est généralement
étudiée. Entre les causes qui contribuèrent à
étendre l'usage du français, il faut compter
l'expulsion des protestants. Plusieurs d'entre
eux, réfugiés dans le nord de l'Europe, se re-
commandaient par leur savoir et leurs qualités personnelles. La proscription qui frappa
ces savants modestes et laborieux n'atteindra
jamais leurs ouvrages et leur renommée.
Bayle, Lenfant, Basnage, Saurin, persécutés dans leur patrie, servaient sa gloire en

inspirant aux nations étrangères le désir de connaître et de parler la langue française. Elle devient bientôt familière à tous les hommes éclairés. Interprète de la politique, elle conserva le privilége acquis vers la fin du dix-septième siècle, celui de régler les intérêts des rois. Instrument de civilisation, elle adoucit les mœurs des peuples en leur communiquant des principes d'urbanité, de goût et de morale, puisés dans nos meilleurs écrivains. Une souveraine du nord, douée des talents qui font la grandeur des princes et des peuples, Catherine l'introduisit dans sa cour. Le héros du siècle, Frédéric, lui confia le dépôt de ses pensées, et voulut s'associer à son immortalité. L'éclat de notre littérature forçait à l'admiration les peuples rivaux de la France. A l'époque même de nos plus grands revers militaires, la gloire nationale se réfugia dans le sanctuaire des lettres, couvrit de ses rayons les calamités publiques, et humilia l'orgueil de nos ennemis.

Un vif sentiment d'admiration et de reconnaissance me retient sur cette époque de

notre littérature. Nulle idée pénible ne se
mêle aux souvenirs qu'elle nous a laissés. A
mesure que nous approchons de la fin du
siècle, la guerre devient plus vive entre les
partisans des idées nouvelles et leurs adver-
saires. Les amours-propres s'irritent, les passions se heurtent; et, dans cette secousse d'o-
pinions opposées et d'intérêts divers, la littérature devient agressive, la vérité plus difficile
à connaître, et peut-être à faire entendre.

Depuis que l'*Encyclopédie* offrait aux
hommes de lettres un centre de réunion, il
s'était formé une opinion publique qui, n'é-
tant point dirigée par le gouvernement, ne
respectait aucun abus et ne ménageait aucun préjugé. Les parlements et le clergé,
jaloux de cette puissance rivale qui les enve-
loppait de toutes parts, se réunissaient contre
elle ; mais ces deux corps étaient divisés par
des intérêts particuliers ; et leur alliance peu
sincère et peu durable ne produisait que des
efforts infructueux. Voltaire et Rousseau se
trouvaient surtout exposés à la haine de la
magistrature et aux anathèmes du sacerdoce.

Le premier résidait alors auprès de Frédéric. Ces deux grands hommes s'étaient trompés sur la nature du sentiment qui les entraînait l'un vers l'autre. Ils honorèrent du nom d'amitié l'enthousiasme involontaire qu'inspire le génie. L'erreur cessa bientôt. Voltaire revint auprès du sol natal se fonder un empire dans les lettres et dans l'opinion. Jamais souverain ne reçut une couronne élective d'un consentement plus unanime ; les hommes les plus éminents dans la littérature et dans les sciences furent les premiers à le reconnaître. Ferney devint la métropole de la philosophie. C'est-là que Voltaire établit un centre de correspondance qui remuait tout les esprits. Il eut des princes pour flatteurs, des rois même pour courtisans ; mais dans ce haut degré d'élévation, au milieu de ses immenses travaux, il n'oublia jamais de consoler le malheur, et de défendre les opprimés. Implacable ennemi de l'injustice, il protégea de son influence les innocentes victimes du fanatisme, il confondit les oppresseurs, et l'admiration se partageait entre ses beaux ouvrages et ses belles actions.

Rousseau, dont mille obstacles avaient jusque alors enchaîné le talent, porta dans la solitude une indignation nourrie par une longue suite d'agitations obscures et d'efforts ignorés. Fatigué d'une existence qui le laissait confondu dans la foule, ne pouvant saisir la réalité du bonheur, il s'était réfugié dans un monde idéal. Il conçut la *Nouvelle Héloïse*, et dévoila cette partie secrète du cœur, ces sentiments primitifs de la nature, dont le pouvoir de l'usage nous défend l'expression naïve.

Quelle vive sensation ne dut pas exciter un homme qui, parlant avec autorité comme du haut d'une tribune, au milieu d'une société orgueilleuse de ses lumières et de sa civilisation, se plaisait à briser le talisman d'Alcine, à montrer le vice triomphant à l'abri des lois, la vertu méconnue, la nature outragée et le bonheur exilé dans les forêts ?

Rousseau fut sans doute plus utile par l'effet de ses ouvrages que par les vérités qu'ils renferment. Mais en ne considérant ici que la force

et l'étendue de son talent, quel écrivain ose-
rons-nous mettre au-dessus de lui? quel orateur a mieux connu les routes du cœur humain, et s'est montré plus habile dans l'art
de la persuasion? qui jamais a parlé des devoirs et des vertus avec plus d'énergie? Ses
pensées tombent dans le cœur en traits de
feu. Le charme irrésistible de son éloquence
enchaîne la réflexion, et vous livre sans défense à la séduction du génie. On peut rejeter
quelques unes de ses opinions, on peut gémir
sur quelques erreurs de sa vie ; mais qui n'ai-
mera le peintre de *Julie* , qui n'admirera
l'auteur d'*Emile !* Oui, par son rare talent,
par ses vues philosophiques , par son enthousiasme pour la vertu , même par ses paradoxes, Rousseau est le Platon des temps modernes.

Éclairé par le succès sur le genre de son talent, Rousseau se recueille , et publie l'*Emile*,
où plusieurs erreurs populaires sont atta-
quées sans ménagement. Les circonstances favorisent la hardiesse de l'auteur. Les institutions sociales fondées dans des temps d'igno-

rance ne trouvaient aucun appui dans l'opinion. Les mœurs publiques, adoucies par
l'influence des lumières, repoussaient une législation informe et barbare. Un gouvernement sans force et sans modération; des ministres imprudents et avides; le haut clergé,
riche des biens du monde, pauvre de vertus
évangéliques (1), et qui perdait en crédit ce
qu'il gagnait en opulence; des parlements séparés du trône et du peuple; une noblesse
mécontente : tout annonçait la décadence de
la monarchie. La nation encourageait avidement les idées de réforme, et se précipitait sans crainte vers un avenir chargé d'o-
rages.

Le succès de l'*Emile* alarma les autorités.
Rousseau fut obligé de fuir. L'ascendant de
l'opinion publique le sauva d'un plus grand

---

(1) Les devoirs du ministère ecclésiastique sem-
blaient réservés à cette classe d'hommes vraiment respectables connus sous le nom de bas-clergé.

danger. Il partit, rencontra partout la gloire, et ne trouva plus le repos. Une persécution qui n'était suivie d'aucun danger réel fut alors recherchée comme moyen de célébrité. Des écrivains sans talent imaginèrent que l'exagération des nouveaux principes couvrirait leur médiocrité. La philosophie, comme la religion, eut ses fanatiques. Une réclusion momentanée flattait leur ambition, et la Bastille devint pour eux le temple de la Renommée.

Il serait injuste de confondre les philosophes dignes de ce beau nom avec ces hommes qui, désespérant d'obtenir l'estime, se contentaient de la célébrité. Parmi les premiers la postérité nommera Mabli, qui ne sépara jamais la morale de la politique. Les *Entretiens de Phocion*, et surtout les *Observations sur l'histoire de France*, resteront parmi les ouvrages utiles.

A cette époque, l'activité des esprits s'accroît de plus en plus. Voltaire lui fournit encore de nouveaux aliments. Il donne *Tan-*

crède, adopte une descendante de Corneille, commente les tragédies de ce grand homme, défend *Bélisaire,* où la raison est quelquefois éloquente, et répand dans son *Dictionnaire philosophique* des pensées neuves, des leçons d'une haute sagesse, et les trésors d'une érudition éclairée par la critique. Tandis qu'on brûle ses livres à Paris, des hommes de lettres et des souverains se réunissent pour lui élever une statue ; il fonde une ville, établit des manufactures, et soulève à son gré tous les leviers de l'opinion.

Rousseau n'est point abattu par l'infortune. Attaqué par un prélat auquel il ne manquait d'autre vertu que la tolérance, il lui répond avec noblesse et modération. Il emploie l'ironie sans amertume ; il repousse l'insulte sans aigreur, et fait sentir à son adversaire qu'il existe un autre pouvoir que celui du glaive, une autre grandeur que celle des dignités.

C'est avec la même force, et non avec le même succès, qu'il avait voulu proscrire le

théâtre. On réfuta ses opinions sans égaler
son éloquence.

Les lettres continuaient d'étendre leur domaine. L'Académie française, profitant des
circonstances qu'elle avait contribué à faire
naître, offre aux talents un but utile, et donne à ses concours annuels plus d'importance
et d'éclat. Thomas, qui se présente dans cette
nouvelle carrière, y triomphe d'abord sans
rivaux. Ses *Eloges* renferment de grandes
vues et des pensées fortes. Celui de Descartes,
le drame moral de *Marc-Aurèle*, et l'*Essai
sur les éloges*, seront toujours considérés
comme des monuments d'une noble éloquence
et d'une philosophie à la fois sage et courageuse. Les académies de province s'emparent
de cette heureuse idée. Les hommes qui ont
honoré ou servi la patrie par leurs talents ou
leurs vertus reçoivent un juste tribut d'admiration et d'amour. Les écrivains illustres
du siècle de Louis XIV sont dignement appréciés. Molière, dont le talent avait eu besoin de protection, ne trouve plus que des
admirateurs. Racine et Boileau triomphent

des préventions léguées par Fontenelle à quelques médiocres littérateurs. Ce fut Voltaire qui le premier avertit la nation de tout le mérite de ces grands génies. Il défendit constamment leur gloire. Sentinelle vigilante, il se hâtait, à la plus légère invasion du mauvais goût, de donner l'alarme, et ralliait autour de lui les opinions et l'autorité des connaisseurs.

Il avait fondé une nouvelle école tragique. Quelques uns de ses disciples se distinguaient par d'heureuses tentatives. Guimond de la Touche, La Harpe, Saurin, Lemierre, sans approcher des grands maîtres de la scène, obtinrent d'honorables suffrages. Du Belloy fut mieux inspiré dans le choix de ses sujets que dans la manière de les traiter. Des noms chers à la France attachèrent à ses productions un intérêt puissant. Le spectacle de l'héroïsme national commandait l'indulgence, protégeait les succès du poète, et fait encore pardonner à ses défauts.

Lorsque les jouissances du luxe, mieux con-

nues, sont réduites à leur juste valeur; lorsque
la raison épurée ne voit plus que des ridicules
dans les illusions de l'orgueil; alors le spectacle des champs, les peines, les plaisirs, les
espérances du cultivateur, les humbles scènes
de la chaumière, cessent d'exciter un injuste
mépris. Les arts s'emparent des tableaux de
la vie champêtre. La poésie leur prête ses couleurs, et s'agrandit en peignant la nature.
Telle était la disposition des esprits lorsque
Saint-Lambert publia le poème des *Saisons*.
Le succès répondit à son attente, et l'on rendit justice au poète, au philosophe, et à l'ami
de l'humanité. Un autre poète rapporta de
son commerce avec Virgile un talent fortifié
par l'étude et une connaissance profonde de
l'art des vers. Dans une langue accusée d'orgueil et de stérilité, il découvrit des trésors
inépuisables d'expressions, et la força d'embellir des sujets que la haute poésie avait
long-temps dédaignés. Les bons traducteurs
en vers furent alors encouragés par l'estime publique. C'est surtout à l'épître touchante d'*Héloïse dérobée au génie de Pope* que Colardeau
doit la place honorable qu'il occupe parmi

les poètes du dernier siècle. Des écrivains d'un mérite rare donnèrent de l'éclat aux traductions en prose. Les nouveaux historiens anglais passèrent dans notre langue avec l'énergie de leur style et l'étendue de leurs vues politiques. Les épopées étrangères furent conquises à notre littérature, et des muses jusque alors inconnues s'étonnèrent et s'enorgueillirent de parler la langue adoptive du monde civilisé.

Une nouvelle génération d'hommes de lettres s'était formée à l'école de Voltaire et de Montesquieu. Ainsi, pendant que l'*Encyclopédie* s'achève au milieu des obstacles, que Buffon par ses succès et par son enthousiasme contribue à l'avancement des sciences naturelles, que Rousseau cherche dans les passions des ressources pour la vertu, d'autres écrivains fixent sur eux l'attention publique. Bailly remonte à l'origine de l'astronomie, écarte les voiles qui entourent son berceau, et trace dans ses diverses périodes les progrès de cette science. Helvétius examine l'homme dans ses rapports avec ses semblables; et, s'il se trompe en n'assignant qu'un principe unique aux passions humaines, il rachète cette erreur par des vues neuves sur l'application de la morale et par le développement de plusieurs vérités utiles. Raynal nous transporte sur le théâtre sanglant de l'ambition et de l'avarice européennes. Il ouvre les sources de la richesse et de la corruption des peuples, et nous montre le commerce voyageant de climats en climats et semant partout dans sa course les germes du luxe et les bienfaits de la civilisation. Peu d'ouvrages ont plus remué les idées que l'*Histoire des deux Indes*, et jamais elle ne sera méditée sans fruit par les philosophes et les hommes d'état.

Comparez ces productions aux ouvrages de morale, de science ou de politique, composés sous le règne de Louis XIV, et vous pourrez juger combien la langue française avait acquis de souplesse et d'abondance dans l'intervalle d'un demi-siècle. L'idée seule de donner à un ouvrage de ce genre des formes de style éloquentes et variées aurait effrayé même les écrivains de Port-Royal, ces grands maîtres

dans l'art d'écrire. Mais, depuis Fontenelle,
depuis l'union des sciences et de la littérature, la langue s'était tellement enrichie,
qu'elle suppléait à tous les besoins du talent,
et donnait des charmes aux matières les plus
arides. Quelle que soit l'opinion d'un lecteur
sur les principes de Raynal et d'Helvétius; il
sera forcé d'admirer dans l'un le mouvement,
la chaleur, le nombre; dans l'autre, l'élégance,
la grâce et la pureté du style.

Depuis que l'amour du vrai était devenu
la noble passion de la littérature, le genre de
l'oraison funèbre avait perdu de son prix et
de son éclat. On rejetait avec dédain ces dangereuses exagérations de la parole qui flatte
encore des cendres souvent méprisées, et veut
soustraire à la justice des siècles la grandeur
sans mérite et le pouvoir sans vertu. Si quelques oraisons funèbres de Beauvais, évêque
de Senez, sont venues jusqu'à nous, c'est
qu'il n'a pas repoussé la saine philosophie, et
qu'il a connu l'éloquence de la vérité.

Le genre d'éloges illustré par Fontenelle n'avait point dégénéré sous la plume de d'Alembert et de Condorcet. Ils louaient sans flatterie, jugeaient sans prévention, et mettaient à leur place les hommes et les renommées.

Tournez vos regards vers le barreau, vous verrez l'éloquence du prétoire se fortifier par le secours des lettres et de la philosophie; des applications générales étendent l'intérêt des discussions judiciaires. Quelques magistrats intègres et courageux s'élèvent contre des maximes injustes d'administration, et dénoncent plusieurs coutumes barbares, derniers vestiges des siècles d'ignorance. Parmi ces dignes interprètes des lois, le peuple français nomme avec attendrissement Turgot et Malesherbes, dont la vie ne fut qu'un acte continuel de dévouement au bonheur de leurs concitoyens, et qui méritèrent la double renommée des talents littéraires et des hautes vertus.

Le résultat des débats judiciaires que le talent original de Beaumarchais a rendus célèbres prouve à quel degré d'influence l'opinion publique était alors parvenue. Cet homme, sans appui, victime de la calomnie et de l'injustice, fait un appel éloquent à ses concitoyens, et bientôt il est couvert d'une égide impénétrable. Les traits envenimés de la haine tombent sans force à ses pieds. Les juges, en voulant le perdre, assurent sa fortune, et l'honorent en croyant le flétrir. Cette puissance de l'opinion s'était accrue par la faiblesse du gouvernement, les symptômes effrayants d'une crise politique s'annonçaient de toutes parts, lorsque le monarque trouva la mort au sein des plus honteuses voluptés, et transmit à son petit-fils un héritage moins difficile à recueillir qu'à conserver.

L'espérance couvrit d'un voile trompeur la terrible destinée du nouveau règne. Quelques abus furent réformés ; des ministres intègres étonnèrent de leur présence et de leurs vertus une cour accoutumée à l'intrigue et à la corruption. On vit alors la littérature, interprète de l'opinion générale, applaudir aux choix du prince et à la sagesse de ses conseils. Le poète octogénaire de Ferney mêla ses der-

niers chants à ce concert unanime de louanges ; mais la monarchie se précipitait vers sa
ruine, et les rênes de l'état furent encore une
fois abandonnées à des hommes sans énergie
et sans talent.

Dès que l'ascendant de l'opinion publique
ne fut plus contesté, les amis de Voltaire se
réunirent pour faire jouir sa vieillesse de l'enthousiasme d'un peuple reconnaissant. Chargé
d'ans et d'honneurs, il revint en triomphe,
comme un nouveau Sophocle, au milieu de
la nouvelle Athènes. Il est encore présent à
votre souvenir, ce jour si mémorable dans
nos annales littéraires. L'envie n'osait élever
sa voix ; on eût dit que le dieu des arts, exilé
depuis long-temps, revenait sous les traits
de Voltaire consoler la France. Affaibli par
l'âge, épuisé par d'immenses travaux, il ne
put supporter la vivacité de ses émotions.
Déjà le silence de la douleur succède aux
bruyantes acclamations de la joie, aux transports de l'admiration ; l'heure fatale est arrivée : tu meurs ; Voltaire, mais ta gloire et ton
nom ne mourront jamais ! La monarchie lit-

téraire finit avec lui; il ne se trouvait en France aucun homme assez fort pour dominer sur les opinions, et son trône resta vacant.

Le mauvais goût, dont il avait été le plus redoutable adversaire, ne tarda pas à se montrer avec audace. Rassasiés de chefs-d'œuvre, mais toujours avides de nouveautés, les Français reçurent avec trop d'indulgence des ouvrages médiocres, où la liberté de penser dégénérait en licence; où la langue, prostituée, ne servait à colorer que des idées bizarres et des systèmes dangereux. Ce n'est point dans ces honteuses productions que l'avenir cherchera les traits qui caractérisent le dix-huitième siècle. L'application des principes philosophiques à tout ce qui peut intéresser le bonheur ou la gloire des sociétés, voilà ce qui distingue cette époque des autres âges célèbres dans l'histoire des peuples. La culture des sciences et des arts ne serait qu'un vain luxe, si les lumières ne rendaient les hommes plus sages et plus heureux : les grands écrivains du dernier siècle ont senti cette vérité; ils ont fondé leur gloire sur l'utilité de leurs travaux; ce

sont eux dont l'éloquence irrésistible a rendu
l'enfance au sein maternel, aboli la torture,
affaibli le préjugé des peines infamantes, af-
franchi la glèbe, honoré l'industrie, réuni la
morale à la politique, et créé la science du
gouvernement.

L'un de ces hommes à jamais célèbres par
leurs talents et par leur influence, Rousseau,
victime d'une sensibilité exagérée, suivit de
près Voltaire dans l'asyle inaccessible aux passions humaines. Ces deux pertes irréparables
affligèrent les amis des lettres sans les découra-
ger. Quant aux sciences, elles n'étaient plus ar-
rêtées par l'esprit de système; les principes de
Newton, les savants ouvrages de Condillac,
avaient éclairé leur marche. On ne fait plus
un pas sans le secours de l'analyse et de l'expérience; on ne sépare plus l'idée de l'expression ; toutes les vérités connues, liées les
unes aux autres, produisent de nouvelles vérités également fécondes. Ainsi, des expé-
riences de physique amènent la découverte
de l'électricité, font tomber la foudre sur un
fil protecteur, dirigent l'homme au sein des

nuàges, et jùsque dans les abymes de l'Océan.
La langue de la chimie est refaite, et l'univers matériel mis à découvert sous les yeux
de l'observateur ; l'érudition orientale continue ses savantes recherches ; les voyageurs
philosophes nous font connaître les mœurs,
les coutumes, les lois des nations étrangères ;
la géométrie poursuit l'infini avec toutes les
forces de l'esprit humain, et la navigation
perfectionnée recule les bornes de monde.

Les lettres étaient aussi cultivées avec ardeur et avec succès. Des talents déjà éprouvés
poursuivent leurs travaux. Marmontel, dont
Bélisaire et les *Contes moraux* avaient établi
la réputation, se livre à des recherches utiles sur le principe qui doit animer les arts
d'imagination ; Gilbert dégrade un beau talent par d'injustes satires ; Collé, successeur
légitime de Pannard, conserve dans ses chansons la bonne gaîté française ; l'auteur de
Warwick et de *Mélanie* s'oppose au progrès
du mauvais goût, mais il affaiblit l'autorité de
ses jugements par les souvenirs de la haine et
par le langage de la passion ; Beaumarchais

saisit le pinceau d'Aristophane, introduit sur la scène la satire des mœurs, des institutions sociales, et désole l'envie par un de ces succès qu'elle n'a jamais pardonnés. Un poète qui paraît toujours original, même lorsqu'il imite, Ducis emprunte au génie britannique de nouveaux personnages et de nouvelles douleurs; il rapproche du spectateur les héros de la tragédie; il établit l'intérêt non-seulement sur la lutte des passions, mais encore sur les maux qui affligent l'humanité. Une muse brillante et flexible assure à la poésie descriptive une existence durable, et séduit la critique même en bravant ses lois. Lebrun ranime la lyre de Pindare, ajoute à la hardiesse des pensées par l'audace de l'expression, et se place au-dessus de J.-B. Rousseau. L'émulation générale soutient l'intérêt des concours académiques. Plusieurs ouvrages couronnés annoncent des esprits supérieurs; un, entre autres (1), qui, par la hauteur de ses vues, la

(1) M. Garat.

fécondité de ses idées, l'élévation des sentiments, l'éclat et la force du style, a pris un
rang distingué parmi les écrivains éloquents
et philosophes.

Cependant de jeunes talents se forment; la
muse de l'élégie répond à l'invocation d'un
nouveau Tibulle (1); Thalie, depuis trop
long-temps livrée à l'affectation du bel-esprit,
reprend son masque et sa gaîté; et si Molière
n'a point de successeur, il trouve au moins
des disciples dont il peut s'honorer. Quel
peuple ne compterait parmi ses titres de gloire les ouvrages des deux célèbres écrivains
qui fermèrent cette époque avec tant d'honneur (2). L'un, éclairant l'érudition par la
critique, dispute aux siècles les débris de
l'antiquité; l'autre reproduit sous ses brillants
pinceaux les phénomènes d'une terre étrangère et d'un ciel inconnu. Celui-là nous ou-

(1) Parny.

(2) Barthélemy et Bernardin de Saint-Pierre.

vre l'école de Platon, la tribune de Démosthènes, et nous offre tout ce que la civilisation a produit de plus noble et de plus étonnant; celui-ci nous charme par l'expression des premiers mouvements du cœur, par une philosophie douce, et par de fidèles descriptions de la nature. Tous deux, à l'aide d'une fiction ingénieuse, s'emparent de nos esprits, et nous attachent à leurs narrations. Ainsi le talent ne connaît point de limites : il s'enfonce dans la nuit des temps, franchit les barrières qui séparent les mondes, et trouve partout des éléments de gloire et des pensées utiles à l'humanité.

La crainte d'égarer l'attention, que j'ai voulu fixer sur les traits caractéristiques du dix-huitième siècle, ne m'a pas permis de multiplier les détails secondaires. Que de productions recommandables dans tous les genres, que de discours et d'éloges bien pensés et bien écrits, de mémoires judiciaires inspirés par la justice et l'amour de l'humanité, de compositions dramatiques, de traductions, de romans, de contes agréables, de poésies légères, ouvrages qui portent l'empreinte du siècle, sur lesquels je n'ai pu m'étendre et qui réclameront un juste souvenir de la postérité ! J'ai considéré cette époque d'un plus haut point de.vue. La révolution qui s'est faite dans les idées ; des écrivains supérieurs frayant aux arts de nouveaux sentiers, entraînant leurs contemporains avec eux, et réunissant les esprits dans les principes du goût, de la morale et de la politique ; l'éloquence devenue l'arme de la raison ; la philosophie pénétrant dans la littérature et la littérature dans les sciences ; les chefs-d'œuvre qu'a produits cette triple alliance ; la langue française établissant dans l'Europe une communication de lumières dont tous les peuples ont recueilli les bienfaits ; enfin l'action des lettres sur les mœurs et des mœurs sur les lettres, voilà les parties dominantes dont j'ai voulu composer le tableau que j'ose vous présenter.

La dernière époque littéraire du dix-huitième siècle est trop près de nous pour qu'il soit possible de la bien juger? Nous y touchons encore, les uns par des intérêts froissés, les

autres par des espérances déçues, tous par de
douloureux souvenirs. Les haines, les préjugés écoutent; faut-il se taire et reculer devant
la vérité? Non, je dirai comme Isocrate (1):
Que l'envie s'accoutume à nous entendre louer
le mérite vivant, et pardonnons aux hommes
de génie d'être nos contemporains.

Sans doute, dans le soulèvement général
des intérêts et des passions, on a moins remarqué les progrès des arts et les efforts de la
pensée. Le spectacle imposant et terrible d'un
peuple entraîné vers l'anarchie par la force
des événements, ivre de liberté, égaré par les
factions, déchiré par la guerre civile, es-
suyant d'une main ses plaies sanglantes, de
l'autre ébranlant vingt trônes ennemis; un tel
spectacle, sans doute, a dû concentrer l'attention et réunir toutes les idées, toutes les craintes, toutes les espérances. Mais lorsque les passions contemporaines ne mêleront plus leurs

_____

(1) Éloge d'Évagoras.

clameurs à la voix éternelle de la justice ; lorsque l'histoire équitable èt sévère peindra ces temps mémorables, une de ses plus belles pages sera consacrée à développer la marche constante de l'esprit humain à travers le choc des partis et les erreurs de l'opinion. Eh quoi ! l'éloquence politique n'a-t-elle pas, à cette époque, déployé le grand caractère que nous admirons dans les monuments de l'éloquence antique ? Oui, nous pouvons opposer aux Démosthènes et aux Cicéron un homme puissant par la parole et grand par son génie. A l'ambition qui dédaigne les obstacles cet homme joignit l'énergie qui les surmonte. La violence de ses passions fortifia son talent. Les deux années de tribune de Mirabeau nous ont expliqué l'histoire des temps les plus orageux de Rome et d'Athènes ; et sa mort prématurée excita des regrets qui firent oublier les erreurs de sa vie.

Parmi les nombreux orateurs qui se précipitèrent dans la même lice, les Français n'oublieront ni ce Cazalès qui s'ignora longtemps lui-même, et qui fut éloquent sans

connaître l'art de l'éloquence.; ni cet infortuné Vergniaud qui, plus d'une fois, arrêta les
factions frémissantes au pied de la tribune où
retentissait sa voix pathétique, et dont les
derniers accents touchèrent des cœurs qu'aucun sentiment d'humanité .n'avait encore
émus.

Que d'hommes je pourrais nommer qui,
pendant cette époque, ont éclairé la morale
publique, sondé les profondeurs de la politique, et produit des modèles de discussion, des
chefs-d'œuvre de raisonnement.

La littérature prend un caractère prononcé
d'utilité publique. Les deux scènes sont rani-
mées par des talents qui sont encore l'espoir du
nouveau siècle. La tragédie redevient, comme au temps de Voltaire, une école de morale publique. Elle défend contre l'oppression
l'innocence calomniée, désarme le fanatisme
religieux, arrache des mains d'un autre fanatisme ses poignards ensanglantés, fait frémir le crime en lui montrant la justice sans
voile; et, noblement intrépide, réclame, au sein

de l'anarchie, le pouvoir des lois et les droits sacrés de l'humanité.

La comédie se rapproche de la vérité. L'impitoyable égoïste est traîné sur la scène et justement flétri ; le tableau du vieux célibataire, entouré de piéges, de séductions, puni d'avoir oublié le premier devoir de l'homme et du citoyen, nous transporte aux beaux jours de Thalie. Des poètes estimables soutiennent l'honneur du Théâtre Français (1). L'un d'eux, qui trouva la gloire en cultivant l'amitié, justifie les espérances qu'avait données un heureux début, et dans ses productions variées joint l'esprit au naturel, la grâce à la gaîté (2).

La lyre de Tyrtée se réveille au bruit des armes et renouvelle ses prodiges. Les chants

_____

(1) MM. Picard, Alexandre Duval.

(2) M. Andrieux.

sublimes de la victoire s'élèvent au milieu des cris du désespoir et du rugissement des factions déchaînées.

La philosophie, étonnée de servir de prétexte aux excès populaires, suivait alors dans ses courses lointaines et fructueuses le génie voyageur qui lui servit d'interprète lorsque, assise sur les ruines de Palmyre, elle donnait à tous les hommes des leçons de sagesse et de tolérance (1). Elle inspirait à la vieillesse du chantre des *Saisons* quelques idées utiles sur la morale universelle. Elle présidait à ces écoles normales où des littérateurs, des métaphysiciens, des savants du premier ordre, répandaient la lumière sur les connaissances les plus abstraites, et, dirigés par une noble ambition, se préparaient des successeurs, peut-être même des rivaux.

En même temps le génie français soumet

_____

(1) Volney voyageait alors dans les Etats-Unis.

l'Europe à l'influence de nos savants comme
les victoires de nos guerriers l'ont soumise à
nos armes. La chimie multiplie de jour en
jour ses découvertes. Les agents invisibles que
la nature emploie dans son travail sur le monde matériel sont aperçus par la pensée et saisis par l'analyse. L'innombrable famille des
plantes adopte de nouveaux genres et de nouvelles espèces ; la science du calcul, parvenue
à une hauteur jusque alors inconnue, domine
sur toutes les sciences. L'astronomie agrandit
pour l'homme l'immense domaine des cieux.
Un savant aussi modeste qu'éclairé nous dévoile la marche de ces grands corps dont la
course rapide et régulière étonne l'imagination et révèle une pensée suprême (1). L'érudition philosophique jette un rayon de lumière sur l'origine des croyances religieuses.
Enfin l'homme qui le premier sut appliquer
avec succès le calcul aux chances de la politique, Condorcet, avant de s'offrir à la rage des

_____

(1) M. Laplace.

factions, consacre les derniers moments de son existence à tracer d'une main ferme le tableau rapide des travaux de l'esprit humain. Exemple unique et mémorable de philosophie et de grandeur d'âme !

Cette époque présente à l'observateur impartial tout ce que les passions exaltées, au dernier degré, peuvent produire à la fois de plus vil et de plus noble : des crimes atroces, des vertus sublimes, le plus dur égoïsme, le plus rare dévoûment, les fureurs de la faiblesse, le calme de l'héroïsme, le jargon de la barbarie, la langue divine de l'éloquence. Qu'il renaisse un Tacite ; qu'un nouveau Montesquieu s'avance : les matériaux sont prêts, ils réclament le génie de l'histoire !

Et nous, témoins de cette étonnante catastrophe, nous qui voyons l'empire français rajeuni par l'héroïsme et par la gloire, et qui retrouvons, après tant d'alarmes, tant d'agitations, tant de pertes, le repos si long-temps exilé de la terre natale ; nous, enfin qui pouvons jouir sans crainte du présent et même de l'avenir, soyons justes avant tout. La volonté puissante qui régit nos destinées réprime tous les genres de fanatisme, établit la tolérance civile, régénère l'instruction publique, perfectionne la législation, encourage et protége les lettres, les sciences et les arts. Soyons reconnaissants de tant de bienfaits; mais gardons dans notre souvenir une place distinguée pour les écrivains philosophes qui ont conçu les premières idées de ces réformes importantes et salutaires. Ils ne sont plus; mais leurs pensées hautes et généreuses parviendront avec leur gloire jusqu'aux âges les plus reculés. C'est ainsi que la raison humaine, immobile au milieu des orages politiques et des révolutions de la nature, voit tout passer, tout périr, excepté les grandes conceptions et les monuments du génie.

NOTES.

—

Les auteurs de discours académiques ont joui jusqu'à présent sans réclamation du privilége de joindre des notes à leurs ouvrages. J'userai de ce privilége; mais je tâcherai de n'en point abuser. Je m'en servirai seulement pour développer certaines idées que je n'ai fait qu'indiquer, et pour ajouter quelques traits à la physionomie de plusieurs écrivains du dernier siècle. Quelques unes des notes suivantes faisaient partie du discours précédent.

PAGE 4.

L'admiration pour l'antiquité devint une espèce de culte qui eut ses prêtres, son intolérance et ses victimes.

On connaît la fin tragique de Ramus, qui avait eu l'audace d'attaquer Aristote, dont l'autorité subjuguait alors tous les esprits. Il fut cité comme un criminel devant une commission spéciale nommée par François Ier. Les juges déclarèrent que, *témérairement et insolemment*, il s'était élevé contre les opinions du philosophe grec. Les ouvrages de Ramus furent proscrits, et lui-même périt dans le massacre de la Saint-Barthélemi, victime de ses principes philosophiques plutôt que de ses principes religieux.

En 1624, à la requête de l'Université, et surtout de la Sorbonne, *il fut défendu par arrêt du parlement*, sous peine de la vie, *de tenir ou d'enseigner aucune maxime contre les anciens auteurs et approuvés, et de faire aucunes disputes que celles qui seront approuvées par les docteurs de la Faculté de théologie*. Par le même décret on admonesta et on bannit différents particuliers qui avaient publié et composé des thèses contre la doctrine d'Aristote.

Il serait curieux d'examiner les causes du despotisme qu'Aristote a si long-temps exercé dans l'école. Sans doute l'esprit humain, sortant des ténèbres de la nuit gothique où, comme dirait Montaigne, il avait si long-temps sommeillé sur l'oreiller de l'ignorance, était encore trop faible pour avancer de lui-même dans sa nouvelle carrière; à chaque pas, il craignait une chute, et s'appuya sur

Aristote comme sur un guide fidèle. La reconnaissance et surtout l'habitude consacrèrent l'autorité
du Stagyrite. Il faut des idolès à l'imbécillité humaine, et celle-ci en valait bien une autre.

Lorsque des hommes plus éclairés voulurent renverser les autels de cette divinité fantastique, ils
troublaient tant d'opinions, ils dérangeaient tant
d'idées et menaçaient tant de réputations usurpées,
que cette hardiesse fut considérée comme un sacrilége. Il est peut-être plus difficile et non moins dangereux de désenseigner la sottise que d'enseigner la
vérité. Descartes en fit la triste expérience. Comme
l'hypocrisie n'était pas encore perfectionnée au point
de décrier le nom de philosophie, on se contenta
de l'accuser d'athéisme, et la vengeance implacable des adorateurs d'Aristote le poursuivit jusqu'au
tombeau.

La mémoire du philosophe grec ne doit point
souffrir des excès commis en son nom par des pédants fougueux qui ne pouvaient ni l'entendre ni
l'apprécier. Ce disciple de Platon était digne d'un
tel maître. Ses études embrassèrent les diverses
parties des connaissances humaines. Il appliqua le
premier l'analyse philosophique aux principes des
arts d'imagination, et, s'il n'excite plus de fana-

.tisme, il a trouvé des juges qui sont devenus ses admirateurs.

PAGE 5.

Montaigne supérieur à son siècle.

. Personne n'ignore que la plupart des idées hardies qu'on reproche aux écrivains éminents du dernier siècle se trouvent dans Montaigne, que lui-même avait puisé largement dans les écrits des anciens sages; de sorte qu'en dernière analyse cette philosophie du dix-huitième siècle, tant calomniée, pourrait bien n'être que la philosophie de tous les âges et de tous les peuples éclairés.

On ne sait pas aussi généralement combien la langue française doit à Montaigne d'expressions et de tournures heureuses. On rencontre dans ses *Essais* des modèles de style dans tous les genres, depuis le plus naïf jusqu'au plus sublime. Il appelait la langue *le boute-hors*. Voici quelques unes des expressions dont il a enrichi notre idiome : *inanité*, — *diversion*, — *insensible*, — *gendarmer*, — *enfantillage*, — *opportunité*, — *opportun*, — *molester*, — *parlier*, — *parlière* (Rousseau s'est servi de cette dernière expression dans *la Nouvelle Héloïse*), — *hos-*

tile, — *poignant,* etc. Que de mots énergiques il a créés, que l'antipathie des écrivains de Port-Royal pour ses écrits nous a peut-être empêchés d'adopter! Tels sont *improvidence,* — *invigilance, préordonnance,* — *dédaignable,* — *incurieux,* — *équanimité,* — *inéloquent,* — *apercevance,* — *artialiser,* pour opposer à naturaliser, — *désenseigner,* — *forfaire,* — *imprémédité,* — *déconseiller,* — *impiteux,* etc., etc.

PAGE 5.

Boileau.

Ce grand poète n'a jamais été mieux apprécié que par M. Daunou, le savant éditeur de la dernière édition stéréotype de ses *Œuvres.* Le discours préliminaire qui se trouve à la tête de cette édition est écrit avec une élégance, une pureté de style, qui devrait servir de modèle aux futurs éditeurs de nos auteurs classiques. Ce morceau exquis de littérature est surtout remarquable par la simplicité ingénieuse des idées, par la justesse des observations et par ce ton de modération et de vérité qui donne aux jugements littéraires plus d'autorité que le langage toujours un peu suspect de l'enthousiasme.

PAGE 6.

Bossuet.

Peu d'écrivains se sont servis plus librement du
langage que cet éloquent prélat. Sa pensée ennoblissait les expressions les plus simples, et donnait
à la langue un caractère d'énergie qu'elle n'avait eu
jusque alors que dans les belles tragédies de Corneille. Bossuet, nourri de la lecture des pères de
l'église et des grands auteurs classiques, n'avait pas
dédaigné les humbles sermonaires du seizième siècle. On me pardonnera d'en citer une preuve.

Il n'est personne qui ne connaisse et qui n'ait
admiré cette belle expression, ce *pleur éternel*, qui
produit tant d'effet dans le passage de l'oraison funèbre d'Anne de Gonzague, où elle se trouve si
heureusement placée. Du temps de Bossuet, on
n'employait ce mot qu'au pluriel; mais *pleur*, traduction de *ploratus* ou plutôt de *planctus, pianto*,
était en usage dans le siècle précédent. (Voyez la
traduction des *Sermons de messire François Pani-
garolle, évêque d'Asti*, page 581 de la seconde
édition.)

« L'apôtre ne nous défend pas tout *pleur* en gé-
» néral, mais bien celui par lequel nous imitons
» *gentes quœ spem non habent.* Or c'est assez trai-
» ter du *pleur excessif.* Quant au *pleur modéré*, il
» est loisible de le faire. Oui; mais sachez seule-
» ment que ce *pleur* simple ne soulage en rien le
» mort. »

Il y a loin de ces idées burlesquès aux grandes
pensées de l'évêque de Meaux. En général, la langue ne manque jamais au génie : Montaigne, Bossuet et Pascal l'ont suffisamment prouvé.

PAGE 6.

Fénelon.

Ce grand prélat était aussi un excellent citoyen;
il gémissait sur les maux de la France comme sur
les divisions de l'église. Il ne s'écarta jamais du respect et de l'obéissance qu'on doit aux lois établies; mais les principes qu'il avait inspirés au
duc de Bourgogne se trouvaient directement opposés aux principes de gouvernement adoptés par
Louis XIV. Cette opposition, fruit d'un zèle ardent pour le bien de l'humanité, fut regardée comme une censure téméraire, et le vertueux prélat

resta exilé d'une cour abandonnée aux flatteurs et aux hypocrites.

Les ouvrages de Fénelon doivent fixer l'attention non seulement sous les rapports religieux et littéraire, mais encore sous le rapport politique. Seul, entre les grands hommes du dix-septième siècle, il dédaigna de mêler sa voix à ce concert unanime de flatteries qui ne cessa que lorsque Louis XIV cessa de vivre. Fénelon fut le premier qui osa signaler en France les erreurs d'administration et les abus de tout genre qui commençaient à dénaturer les institutions monarchiques. Il proposa des réformes salutaires; mais il ne fut point écouté. Il pensait, comme Montesquieu, que le gouvernement monarchique était le seul convenable aux grands états; mais il voulait en même temps que la monarchie fût assise sur des lois sages et sur des institutions analogues à l'esprit de cette espèce de gouvernement. Fénelon donna le premier mouvement à cet esprit d'investigation qui caractérise les productions des écrivains politiques du dernier siècle. Il était tolérant par principe autant que par caractère. Sa conduite a prouvé que la vraie philosophie et la vraie religion ne sont pas incompatibles, et peuvent travailler de concert au bonheur des hommes.

PAGE 8.

L'Histoire des oracles.

Cet ouvrage, écrit avec une mesure et une sagesse parfaites, donna de l'ombrage à un jésuite nommé Baltus, qui s'efforça de prouver dans un gros volume illisible que Fontenelle, en dévoilant l'imposture des prêtres du paganisme, attaquait indirectement la religion chrétienne. La conduite de Fontenelle dans cette circonstance peut servir de modèle aux hommes de mérite qui se trouvent en butte aux traits de la calomnie. Il aurait pu facilement confondre son adversaire, qui avait mis dans son ouvrage plus de passion que de bonne foi, plus de méchanceté que de logique : il se contenta d'opposer le silence du mépris aux délations du père Baltus; et, lorsque ses amis le pressèrent d'y répliquer, il se contenta de répondre : « Je laisse- » rai mon censeur jouir en paix de son triomphe; » je consens que le diable ait été prophète, puisque » le jésuite le veut, et qu'il croit cela plus ortho- » doxe. »

PAGE 11.

Madame Dacier.

« Rien n'est si étonnant, dit un auteur presque
» contemporain de madame Dacier, que les effets
» produits par l'étude du grec dans la tête de cette
» femme. Elle était furieuse sur les intérêts de l'an-
» tiquité. Toutes les fois qu'elle parlait des beaux
» siècles d'Alexandre et d'Auguste, elle se pâmait
» d'admiration. J'ai ouï dire à une personne qui a
» long-temps vécu avec elle que cette savante, te-
» nant une quenouille à son côté, lui récita les ten-
» dres adieux d'Andromaque à Hector avec tant de
» passion, qu'elle en perdit l'usage des sens. Le
» commerce des savants avait beaucoup altéré en
» elle la douceur naturelle à son sexe. Elle éclata
» en reproches grossiers contre M. de la Motte, et
» l'eût volontiers étranglé pour l'honneur des an-
» ciens. »

André Dacier épousa cette savante en 1683. Ils
avaient les mêmes goûts et les mêmes occupations
littéraires. Boileau mettait la femme au-dessus du
mari. « Dans les productions d'esprit faites en com-
» mun, madame Dacier, disait-il, est le père. »

Madame Dacier, voyant une femme filer au rouet,
lui dit d'un air mécontent : « Les anciens n'ont ja-
» mais filé qu'à la quenouille. »

Les commentaires et les traductions de madame
Dacier jouissent d'une estime méritée sous le rapport des recherches scientifiques et de la fidélité.
Quelques traducteurs modernes ont profité de ses
travaux sans daigner en faire confidence au public.
On distingue parmi les nombreuses productions de
cette femme laborieuse des commentaires sur plusieurs auteurs, à l'usage du dauphin ; une traduction de trois comédies de Plaute, remarquable par
une préface intéressante sur l'origine et les diverses révolutions de la poésie dramatique ; une traduction de *l'Iliade* et de *l'Odyssée,* accompagnée de
remarques et de notes qui prouvent une grande
érudition ; enfin une traduction de Térence en trois
volumes in-12.

PAGE 20.

Lesage n'eut point d'imitateurs, etc.

Il est peu de noms qui fassent aujourd'hui plus
d'honneur à la littérature française que celui de cet
excellent écrivain. Il ne jouit pas de son vivant de

toute la réputation qu'il avait méritée; son nom manque aux fastes de l'Académie française. Étranger aux cabales littéraires, sans ambition, sans prôneurs, il soignait beaucoup ses ouvrages et très peu ses succès.

On éprouve une sorte de consolation en réfléchissant que, si Lesage n'a pas joui d'une existence brillante, il a été du moins à l'abri des orages auxquels plusieurs gens de lettres, ses contemporains, se trouvèrent exposés. Il vécut et mourut en paix dans un âge avancé.

Turcaret et *Crispin rival de son Maître* sont deux comédies que Molière n'aurait pas désavouées. La justesse et le naturel du dialogue, la vérité des caractères, la force du trait comique, la gaîté des détails, caractérisent la première de ces comédies, et la maintiendront sur la scène tant que le bon goût n'en sera pas entièrement exilé. *Gil Blas* est le meilleur roman moral qui jamais ait été composé. Je suis toujours fâché que Voltaire n'ait pas rendu plus de justice à ce bel ouvrage. « *Gil Blas* est de- » meuré, dit-il, parce qu'il y a du naturel. » Cet éloge si mince d'un si bel ouvrage aurait droit d'étonner, si l'on ne savait que Lesage s'était fait quelquefois un malin plaisir de harceler le poète vindicatif.

Ceux qui se donneront la peine ou plutôt le plaisir de relire le chapitre v du livre X de *Gil Blas* y trouveront, je pense, la cause de la froideur avec laquelle Voltaire a parlé de cet ouvrage. S'il a cru se reconnaître dans le personnage de don Gabriel, poète castillan, il a pris trop sérieusement une plaisanterie sans conséquence, qui ne pouvait influer en rien sur l'opinion de la postérité.

PAGE 20.

Voltaire, comme génie créateur, etc.

Des censeurs peu éclairés ou de mauvaise foi ont fait un reproche à Voltaire des pensées morales et philosophiques qu'il a répandues avec tant d'art et tant de sagesse dans ses tragédies. Pour leur répondre, qu'on me permette d'emprunter les paroles d'un écrivain justement célèbre : les lecteurs ne pourront qu'y gagner.

« Pour la tragédie, Quintilien hésite entre Euri-
» pide et Sophocle ; il semble même pencher en fa-
» veur du premier, qu'il dit presque égal aux phi-
» losophes dans leur propre science. Un critique
» d'un ordre bien plus élevé, Horace, dans son *Art*
» *poétique,* développant en beaux vers le caractère

» du chœur tragique, lui fait tracer un véritable
» cours de morale. Ce poète de la raison n'ensei-
» gne-t-il pas d'ailleurs à tous les poètes que, pour
» atteindre au but de l'art, ils doivent réunir l'a-
» gréable à l'utile, éclairer le lecteur en l'amusant?
» Ne leur recommande-t-il pas expressément d'é-
» tudier la philosophie de Socrate après avoir pro-
» noncé ce grand axiome : *Le bien-penser est la*
» *source du bien-écrire.* »

La saine raison doit être le fondement des arts
d'imagination. Il faut joindre à l'art de bien dire
le talent de bien penser. C'est par une telle alliance
que les beaux-arts peuvent être fécondés, et qu'ils
procurent une gloire solide à ceux qui sont dignes
de les cultiver. Espérons que les hommes qui soutiennent la littérature française au-dessus des autres
littératures de l'Europe n'oublieront jamais cette
vérité fondamentale, que, dans un siècle qui s'ouvre avec tant d'éclat, sous les auspices de la gloire
et du génie, les lettres parviendront à une nouvelle
hauteur, et réuniront les charmes de l'imagination
à tout ce que l'esprit humain peut concevoir de
plus noble et de plus élevé.

PAGE 29.

De savants missionnaires, etc.

« On se tromperait étrangement, dit l'estimable
» auteur du *Choix de lettres édifiantes,* si, à la vue
» du titre modeste et religieux que portent ces let-
» tres, on allait s'imaginer qu'elles se bornent à
» nous retracer l'histoire de la prédication et des
» succès de l'Évangile chez les nations infidèles.

•» Écrites en grande partie par des hommes qui
» réunissaient à l'héroïsme de la vertu des connais-
» sances profondes, ces lettres sont remplies de
» toutes sortes de sciences : dissertations savantes,
» peintures des mœurs; découvertes nombreuses
» dans l'histoire naturelle, qui ont ajouté des ri-
» chesses à nos manufactures, des délicatesses à
» nos tables, des ombrages à nos bois et de nou-
» veaux remèdes à l'art de guérir; des plans d'amé-
» lioration pour diriger l'esprit des colons vers l'a-
» griculture, des découvertes géographiques qui
» ont ouvert de nouvelles routes au commerce,
» d'importantes recherches qui jettent le plus grand
» jour sur les monuments antiques et l'origine des
» peuples primitifs; enfin, réflexions morales, vues

» politiques, anecdotes curieuses, histoires inté-
» ressantes, on y trouve rassemblé tout ce qui peut
» exciter la curiosité de ceux qui ont le bon esprit
» de préférer les lectures sérieuses, mais instructi-
» ves, à des lectures amusantes, mais frivoles, et
» presque toujours dangereuses pour les mœurs. »

Cet éloge n'est point exagéré : si l'on écarte l'affli-
geante idée des persécutions religieuses que l'introduction du catholicisme a excitées et des flots de
sang qu'elle a fait répandre au Japon et à la Chine,
on trouvera du charme dans les récits naïfs des
missionnaires; on ne doutera ni de leur bonne foi
ni de leurs vertus; on ne pourra surtout s'empêcher d'admirer la politique habile de cette société
célèbre, qui, réunissant tous ses membres par une
seule passion, par l'amour du pouvoir, formant de
toutes leurs volontés une volonté unique, mettant chacun à sa place, pour ne pas dissiper la
plus légère fraction de ses forces, s'emparait de
l'éducation en Europe, se faisait respecter en Asie,
redouter en Amérique, et serait peut-être parvenue à gouverner le monde si elle ne fût arrivée
un siècle trop tard (1).

---

(1) Établissement des jésuites, 1540.

PAGE 31.

Massillon, illustre par son éloquence, etc.

On sait que Massillon appartenait à la savante
congrégation de l'Oratoire, qui a donné tant d'hommes illustres à la France, et qui, bien que moins
nombreuse que la société de Jésus, l'a surpassée
par les talents, et l'a au moins égalée dans l'art
difficile de l'éducation. Les jésuites n'ont aucun
nom à opposer à celui de Mallebranche; et, malgré la réputation et le mérite de Bourdaloue, il est
resté, comme orateur, fort au-dessous de Massillon. Il laisse peu de chose à désirer pour la correction du style; mais il est en général dépourvu
d'onction et de chaleur. Massillon embellit le raisonnement par le charme du langage. Ce n'est point
un maître sévère qui vous dicte des leçons : c'est
un ami tendre qui s'intéresse à votre destinée, qui
vous rappelle à la vertu par la force du sentiment,
et qui vous montre dans la pratique des devoirs la
perspective du bonheur. S'il a moins d'élévation
que Bossuet, il est moins inégal; il a dans sa manière quelque chose de plus touchant, de plus
populaire; il ébranle moins l'imagination, il pénètre plus avant dans le cœur. Bossuet a eu des mou-

vements d'éloquence auxquels on ne peut rien comparer; mais, comme écrivain, il est inférieur à Massillon.

PAGE 35.

Dumarsais.

Ce grammairien philosophe, né à Marseille, élève de l'Oratoire, suivit d'abord la carrière du barreau; il entra ensuite comme instituteur dans la famille du président de Maisons. Ce magistrat, d'une âme élevée, d'un esprit éclairé, sut apprécier Dumarsais, et en fit son ami. Il encouragea son talent, et lui donna même le sujet de son premier traité, connu sous le titre d'*Exposition de la doctrine de l'église gallicane, par rapport aux prétentions de la cour de Rome.* Cet ouvrage est divisé en deux parties: dans la première, l'auteur établit les principes généraux sur lesquels sont fondées la puissance temporelle et la puissance spirituelle; dans la seconde, il applique ces mêmes principes au pouvoir des papes, de l'église et des évêques, et il en fixe les limites.

Dumarsais avait trouvé une méthode d'enseigner les langues plus expéditive que celle qu'on emploie

dans les colléges. Elle n'avait d'autre défaut que
d'être nouvelle et raisonnable. L'auteur fut vivement attaqué par une foule de professeurs de cinquième et de sixième qui n'étaient pas même en
état de l'entendre. La méthode de Dumarsais a deux
parties, l'usage et la raison. On commence par faire
apprendre aux enfants les mots latins dont on se
sert le plus communément ; on leur en fait connaître la signification et les diverses acceptions : voilà
pour l'usage. On fixe ensuite l'attention des élèves
sur les diverses inflexions des mots, sur les rapports qu'ils ont entre eux, et de cette manière ils
apprennent les déclinaisons, les conjugaisons, et
les règles de la syntaxe : voilà pour la raison. Cette
méthode, qui épargne beaucoup de peine inutile
aux enfants, n'est pas favorable à la paresse des
maîtres : aussi n'est-elle pas généralement adoptée.

PAGE 41.

Vauvenargues a parlé des devoirs, etc.

Voltaire se plaisait à former le goût, à diriger la
conscience littéraire de cet estimable écrivain. Admirateur enthousiaste de Racine, Vauvenargues eut
le malheur d'être injuste envers Corneille. Voltaire
répondit avec chaleur aux objections de son jeune

disciple. Ce même Voltaire, auquel on a tant de
fois supposé le désir de rabaisser la gloire de Corneille, ne parle jamais de ce grand poète qu'avec
enthousiasme; il répète souvent que les défauts de
style qu'on lui reproche étaient inévitables dans un
temps où la langue n'était pas encore formée; il
loue avec franchise ses inimitables beautés. C'est
lui qui le premier a dit que Corneille *avait tout créé*
en France. Cette idée, qu'on ne peut adopter sans
restriction, prouve du moins que Voltaire sentait
vivement le mérite de Corneille et savait apprécier
son génie.

Lorsqu'on examine de bonne foi le grand nombre de jugements littéraires que Voltaire a déposés
dans ses écrits, on est bientôt convaincu qu'ils sont
en général le résultat d'une conviction intime et
d'un goût sûr. Il a défendu Racine, aussi bien que
Corneille, avec zèle et persévérance. Il les nommait
ses maîtres, et répondait ainsi d'avance aux impu-
tations calomnieuses que ses ennemis ne se lassent
point de reproduire, et que le public ne se lasse
point de mépriser.

PAGE 42.

Marivaux et La Chaussée.

Je ne puis me résoudre à mettre ces deux écrivains sur la même ligne. Ils se sont tous deux écartés du véritable genre de la comédie; mais le premier m'intéresse moins que le second. Celui-ci a de la noblesse, du sentiment, et rencontre même quelquefois le sublime. Tel est le trait suivant de *l'École des maris*. Montrose, que ses vertus n'ont pu sauver de la calomnie et du malheur, s'écrie :

Qu'est-ce qu'un scélérat a de plus à souffrir?

HORTENSE.

Le remords.

Marivaux avait des prétentions à la gaîté; mais la première condition du trait comique est d'être naturel. Les efforts de cet écrivain pour s'approcher de la nature sont rarement heureux; il est toujours maniéré, même lorsqu'il veut être naïf. Ses romans sont très supérieurs à son théâtre. En général, c'est un auteur agréable à lire; mais on ne saurait trop répéter que c'est un modèle détestable à suivre.

La gaîté française, repoussée du drame, adopta la comédie-vaudeville, qui livre à la risée publique les caprices de la mode et les ridicules du jour. De ce genre vraiment national est sorti l'opéra-comique, dont les succès sont dus à la réunion de deux arts séducteurs. Pendant le dernier siècle, la tragédie lyrique s'est aussi soutenue avec éclat sur un théâtre où les arts d'imitation se plaisent à étaler leurs merveilles. Ces derniers genres nous ont laissé quelques modèles avoués par le goût, et dignes de contribuer aux plaisirs d'une nation éclairée.

PAGE 47.

Bayle, Lenfant, Basnage, Saurin, etc.

Tout homme qui n'est point étranger aux lettres connaît le premier de ces écrivains, dont la renommée augmente à mesure qu'elle s'avance dans l'avenir.

Lenfant a laissé deux histoires estimées, l'une du concile de Constance, et l'autre du concile de

Pise. Le style de ces deux ouvrages n'offre aucune de ces locutions étrangères qu'on reprochait aux réfugiés. Lenfant mourut à Berlin en 1728.

Basnage de Beauval, plus recommandable comme savant que comme écrivain, a composé plusieurs histoires pleines d'érudition et de recherches curieuses, entre autres l'*Histoire de l'Église* et celle *des Juifs*. Mort en Hollande dans l'année 1723.

Saurin suivit d'abord la carrière militaire, et la quitta pour se livrer aux travaux du ministère évangélique. Retiré dans les Provinces-Unies, il y prêchait avec un grand succès. C'était un homme aussi respecté pour ses vertus qu'admiré pour son éloquence. Les protestants le regardent comme le premier de leurs prédicateurs.

On doit joindre à ces hommes estimables et laborieux Abbadie et Beausobre. Ce dernier s'est rendu célèbre par une histoire critique de Manès et du manichéisme, dont le style manque quelquefois de correction, mais où l'on trouve une critique judicieuse, des vues saines et un grand amour pour la vérité.

PAGE 56.

Thomas, qui se présente dans cette nouvelle car-
rière, y triomphe d'abord sans rivaux.

Il me semble que la réputation de Thomas n'est
pas égale à son mérite comme écrivain et comme
philosophe. Il avait une âme élevée, une grande
étendue d'esprit, et l'art de généraliser ses idées ;
une morale pure, des aperçus neufs et judicieux,
et l'enthousiasme de la vertu, caractérisent ses
productions.

Il tendait de toute l'énergie de sa volonté et de
toute la force de son talent vers la sublimité de la
pensée et de l'expression, et son style se ressent
quelquefois de cet effort continuel. Nulle trace de
ces défauts ne se fait apercevoir dans une grande
partie du bel éloge de Descartes, dans l'éloge tout
entier de Marc-Aurèle, et dans l'*Essai sur les éloges*,
l'une des productions les plus distinguées de la littérature française.

Tandis que certains hommes de lettres jouissent,
même de leur vivant, d'une renommée au-dessus
de leur mérite réel, d'autres attendent long-temps

le jour de la justice. Il arrive enfin; et la postérité, qui ne partage ni les haines ni les partialités contemporaines, assigne à chacun le rang qu'il a mérité par son génie et par ses travaux. Thomas n'a rien à craindre de ce tribunal redoutable; il sera toujours considéré comme l'un de nos écrivains les plus vertueux et les plus éloquents.

PAGE 58.

Saint-Lambert.

Le poème des *Saisons* a été parmi nous le premier modèle du genre descriptif. Il est vrai que le poème de *l'Agriculture*, par Rosset, avait été composé vers l'an 1741; mais il est certain qu'il ne parut qu'après la publication de celui de Saint-Lambert. Ce dernier poète comprit qu'il était temps de renoncer aux fictions mythologiques et d'étudier la nature avant de la peindre. Son poème est rempli de descriptions neuves, de pensées nobles et de contrastes bien ménagés. Il respire cette douce mélancolie avide d'illusions et de souvenirs. L'auteur ne cherchait à plaire que pour être utile, et il parvient à fixer les regards superbes de l'opulence sur les travaux des champs et sur l'humble asyle du laboureur.

PAGE 61.

Beauvais, évêque de Senez.

On remarque dans les discours de cet éloquent prélat des traits sublimes qui rappellent la grande manière de Bossuet. L'une de ses meilleures productions est l'éloge funèbre du respectable Léger, curé de Saint-André-des-Arcs. L'évêque n'était pas indigne de louer le simple pasteur.

ÉLOGE

DE MONTAIGNE,

DISCOURS

QUI A OBTENU L'ACCESSIT, AU JUGEMENT DE LA CLASSE DE
LA LANGUE ET DE LA LITTÉRATURE FRANÇAISE DE L'INSTITUT,
DANS SA SÉANCE DU 9 AVRIL 1812 (1).

> Dans la plupart des auteurs je vois
> l'homme qui écrit; dans Montaigne,
> l'homme qui pense.
>
> MONTESQUIEU.

MESSIEURS,

Dans ces temps malheureux où de funestes
révolutions agitent et tourmentent les peu-

---

(1) Voici celui de mes ouvrages qui me paraît le
mieux composé; cependant il eut moins de succès que
les Observations sur le dix-huitième siècle. Je crois
qu'aujourd'hui on en jugera autrement.

(*Note de l'Auteur.*)

ples, on voit presque toujours sortir du sein
de l'anarchie quelques uns de ces hommes
grands par eux-mêmes, guides et modèles de
leurs contemporains. Ainsi, sous les règnes
orageux des derniers Valois, d'illustres personnages déployèrent un caractère fier, de rares talents et des vertus dignes des beaux jours
de l'antiquité. Alors parut l'éloquent moraliste dont vous demandez l'éloge ; alors commença cette glorieuse succession d'écrivains
français qui, depuis cette époque, n'ont cessé
d'éclairer l'Europe et d'exercer le pouvoir du
génie. Grâces à leurs nobles travaux, les sciences, la morale, la langue, le goût, se sont per-
fectionnés. Au milieu de ces progrès rapides ;
tandis que des renommées imposantes (1),
soutenues quelque temps par un aveugle enthousiasme, tombaient l'une après l'autre et
disparaissaient sans retour ; tandis que de nou-

---

(1) Tel fut en effet le sort de Ronsard et de Chape-
lain, et de quelques autres écrivains loués outre mesure pendant quelques années, et peut-être trop mé-
prisés après leur mort.

velles renommées s'élevaient sur des fondements plus solides, la réputation de Montaigne restait inébranlable, ou plutôt elle s'étendait avec les lumières et grandissait avec l'esprit humain.

Placé dans une époque où le peuple français, instrument d'anarchie entre les mains de
quelques chefs ambitieux, confondait la religion avec le fanatisme, et la liberté avec la licence, Montaigne; calme au milieu de l'agitation générale, forme avec tout son siècle un
contraste frappant. Les scènes de violence, les
actes de rébellion, dont il est témoin, raffermis-
sent dans son cœur ces sentiments de justice
et de loyauté dont l'oubli funeste est la honte
et le fléau des peuples. Tandis que la France,
tenant d'une part à la barbarie par des habitudes invétérées, de l'autre à la civilisation par
des idées nouvelles, hésite entre ces deux forces opposées, il devance son siècle, observe
tout sans partialité, et, doué d'une raison supérieure, affranchit sa pensée de la vieille tyrannie de l'école et de la fureur aveugle des
innovations. Cependant l'intolérance des sec-

tes, l'orgueil du faux savoir, se réunissent pour
protéger les anciennes erreurs ; l'esprit humain se consume en efforts stériles. Plus on
s'écarte du vrai, plus on croit avancer vers
la vérité. Montesquieu *seul se sépare de la
foule*, et pénètre dans les routes abandonnées
de la sagesse ; il y pénètre à l'aide du doute,
non de ce pyrrhonisme insensé qui se détruit
lui-même en voulant tout détruire, mais du
doute de la raison, qui naît de la lumière, et
la produit à son tour. Montaigne consulte les
livres, il y trouve quelques vérités mortes en-
sevelies sous un amas d'erreurs. Il interroge
ses contemporains : la voix du préjugé lui répond. Alors, se repliant sur lui-même, il observe la marche des passions, en étudie les
mouvements dans son propre cœur, cherche
à démêler en lui et autour de lui ce qui est
l'ouvrage de l'art et ce qui appartient à la nature. Il soumet tout à l'examen, les temps,
les hommes et les choses. Enfin, éclairé par
l'expérience et la méditation, désabusé des
chimères qui nous font oublier la vie, il commence avec lui-même cet entretien sublime,
où le génie est simple et sans art comme la

vérité; où le cœur de l'homme est mis pour
la première fois à découvert; où se trouvent
les germes des grandes conceptions dont le
développement doit honorer plusieurs siècles.

Voilà comment s'était formé ce génie sage
et hardi, qui, dans un siècle esclave de l'erreur, pensa d'après lui-même, et le premier
nous apprit à penser. Voilà d'où lui venait
cette force de raison qui va droit à la vérité,
l'environne de lumière et la rend visible à
tous les yeux. A ces traits seuls vous recon-
naissez cette philosophie mâle et utile qui
s'applique à tous les détails de la vie, et n'é-
claire les hommes que pour les rendre meilleurs. Aussi lorsque, cherchant à considérer
Montaigne sous divers aspects, je veux séparer l'écrivain du moraliste, et le moraliste de
l'homme, j'aperçois un trait dominant qui les
réunit; partout l'esprit philosophique anime
son langage, fortifie son talent, et règle ses
mœurs comme ses opinions. Toutefois, sans
me soumettre rigoureusement à la méthode
des divisions, j'essaierai de le caractériser sous
ces différents rapports.

Pour apprécier le mérite de Montaigne comme écrivain, il faut d'abord jeter un coup-d'œil sur l'état de la langue et de la littérature françaises à l'époque où il parut. L'imprimerie, destinée à changer le sort du monde, élevait par degrés un tribunal suprême en faveur de l'humanité, et faisait cesser l'action dévorante du temps et de la barbarie sur les nobles monuments du génie antique. L'Italie, au milieu des discordes civiles, avait recueilli cette grande succession et reconquis la gloire des arts. Attirés par l'amour des conquêtes sur cette terre deux fois classique, les Français y reçurent des idées nouvelles; et, après un demi-siècle d'efforts glorieux, ils ne recueillirent d'autre fruit de leurs victoires que le goût des lettres et le besoin naissant des lumières. François Ier, éprouvé par la fortune et sensible à la vraie gloire, se déclara le protecteur des sciences et des arts. La toile fut animée par le génie de la peinture, et le marbre respira sous le ciseau créateur; mais les progrès de l'esprit humain furent d'abord peu sensibles. Cependant Rabelais, qui connaissait son siècle, introduisit la raison dans le monde sous les enseignes de la folie. La langue acquit dans les vers de Marot de la finesse et de la grâce : c'était beaucoup sans doute, mais que de soins, que de travaux étaient encore nécessaires pour la rendre digne de servir d'instrument à l'éloquence et d'interprète à la philosophie ! Elle n'avait pas même la vigueur sauvage d'une langue naissante ; et sa vieille enfance offrait tous les signes de la faiblesse et de la corruption. Les érudits de cette époque, adorateurs intolérants de l'antiquité, dédaignaient l'idiome vulgaire. Plus occupés de disputer sur les mots que d'approfondir les choses, ils ressemblaient pour la plupart à ces terres arides qui reçoivent toutes sortes de semences sans jamais rien produire. Lorsqu'au milieu de ce peuple stérile et contentieux, Montaigne voulut faire entendre des vérités utiles, il sentit que la langue, impuissante, fléchissait sous le poids de sa pensée. Il avait besoin d'un langage ferme, il osa le créer. Il s'empare de cette langue inanimée, l'enflamme et lui donne la vie. Il lui imprime un caractère antique de hardiesse et d'indépendance, *lui apprend des mouvements inaccoutumés*, découvre de

nouveaux rapports d'expressions à mesure
qu'il aperçoit de nouveaux rapports d'idées,
et trouve dans la nature entière les images
sensibles et les couleurs de ses pensées. Alors
toutes les difficultés s'évanouissent. Il s'est fait
une langue courageuse comme son génie, brillante comme son imagination. Il exerce sur
ce nouvel idiome une autorité absolue, en va-
rie les formes à son gré, change de ton avec
une souplesse admirable, et prend naturellement celui qui convient le mieux au sujet
qu'il traite. Tour à tour enjoué, véhément,
ingénieux, sublime, il ouvre à la raison toutes les issues de l'esprit humain. Souvent, au
milieu de ses réflexions, il jette une pensée
féconde, et s'en éloigne, laissant à d'autres le
soin de l'examiner et de découvrir tout ce
qu'elle renferme. Jamais il ne tourne autour
de son sujet, il aime mieux l'abandonner;
mais, lorsque vous croyez qu'il l'a perdu de
vue, il y revient inopinément, l'embrasse de
nouveau, le creuse, le pénètre, et en fait jaillir de grandes pensées et d'importantes vérités. A quelque hauteur qu'il s'élève, il voit encore au-delà. Il a toujours, pour me servir de

ses propres termes, « une idée dans l'âme
» qui lui présente une meilleure forme que
» celle qu'il a mise en besogne ; mais il ne
» peut ni la saisir ni l'exploiter. » Ainsi, tandis que le vulgaire des écrivains trouve partout des limites et les prend pour celles du
génie, celui-ci, soutenu par la méditation, s'é-
lance, franchit toutes les bornes communes ;
et lorsque enfin il est forcé de s'arrêter, il s'indigne, s'accuse de faiblesse, et conçoit encore
confusément une plus haute idée de perfection.

Le style et les pensées de Montaigne prouvent qu'il avait son esprit moulé au patron
d'autres siècles que ceux-ci, et l'analyse de sa
phrase rappelle plus souvent l'énergique fierté
des langues anciennes que l'élégance et la clarté qui caractérisent aujourd'hui le français.
Indépendant des règles, et même de l'usage,
Montaigne exprime « tout ce qu'il veut comme
il veut. » Il n'a pas fixé la langue ; mais, en
travaillant sur elle, en la forçant d'obéir à son
génie, en lui enlevant une partie de sa roideur
primitive, il a rendu plus facile la tâche de

ceux qui l'ont perfectionnée. Ils ont puisé
dans ses écrits une foule d'expressions vives
et pittoresques, et même quelques tournures
hardies, qui rompent heureusement l'unifor-
mité de la construction directe, et s'appliquent
aux mouvements de la haute éloquence. Ils
lisaient Montaigne comme ils étudiaient les
chefs-d'œuvre de l'antiquité, et ils en reti-
raient le même fruit : car ce n'est pas seulement par la franchise du langage que Montaigne est comparable aux anciens; ce qui le
rapproche le plus de ces grands maîtres, ce
qui lui donne une physionomie imposante
parmi les modernes, c'est que son livre,
comme il nous l'apprend lui-même, « est un
livre de bonne foi. » Je m'arrête sur cette
idée, qui demande quelques développements.

Vous le savez : tout est vrai, tout est naturel dans les productions des écrivains illustres de l'antiquité; leur âme n'était envelop-
pée d'aucun voile, et cette noble franchise est
la source principale des beautés immortelles
qui brillent dans leurs chefs-d'œuvre, et qui
surpassent autant les combinaisons de l'art

que les grands effets de la nature surpassent les tableaux produits par le pinceau le plus habile et la poésie la plus élevée. De là cette vigueur de conception, cette touche brûlante, cette vérité de coloris, qui rend, pour ainsi dire, la pensée palpable, et dans l'écrivain vous montre l'homme tout entier. Leur pensée marche librement, se développe avec aisance, et communique à la parole son énergie et sa majesté. Cette *bonne foi* dominante, cette élévation d'un esprit indépendant, les a placés à une telle hauteur, que c'est déjà pour nous un grand mérite de les bien connaître et de savoir les admirer. Depuis le seizième siècle, des génies éminents ont illustré l'Europe, et dans les arts d'imagination ils ont même, en certains genres, surpassé les modèles qu'ils imitaient; mais, soumis plus ou moins au joug de l'opinion, ils ont perdu cette empreinte originale qui donne un caractère individuel aux écrivains de Rome et d'Athènes. L'esprit d'imitation, devenu général à la renaissance des lettres, jetait une couleur monotone sur les travaux littéraires; tandis que l'intolérance religieuse rendait la pensée ti-

mide et affaiblissait l'essor du talent. Comme
philosophes, quelques modernes ont mérité
une grande estime; encore, dans leurs plus
beaux ouvrages, est-il aisé de reconnaître l'influence des sectes, aussi funeste aux littératures qu'aux religions. Faut-il donc être surpris si cette force virile, cet accent de l'âme,
ce pouvoir suprême de la raison, qui distinguent les anciens, ne se retrouvent pleinement
que dans les pages de Montaigne, élève et non
imitateur de l'antiquité? Il y a toujours dans
le cœur de l'homme une partie secrète, des
sentiments cachés qui ne se produisent jamais
au-dehors. Montaigne ne connaît point cette
réserve; il ose dire tout ce qu'il ose penser.
Un tel caractère nous est devenu tellement
étranger, que nous avons même quelque peine
à le reconnaître, et nous en affaiblissons l'i-
dée en nommant naïveté cette courageuse
franchise de pensée et d'expression. Elle règne partout dans les écrits de Montaigne. Dès
son début vous en êtes frappé. C'est moins un
livre qui s'offre à vos regards que l'âme même
de l'écrivain, devenue en quelque sorte trans-
parente. Au milieu des discussions les plus

familières et des saillies les plus piquantes, vous le verrez se passionner pour l'héroïsme et pour la vertu. Jamais il n'affecte le ton grave et solennel de l'orateur ; mais il se livre quelquefois aux mouvements d'une éloquence vive et toujours naturelle. L'indignation que le spectacle de l'injustice et du crime excite dans son âme est souvent exprimée par une froide ironie, supérieure à tout l'artifice des développements oratoires. Veut-il faire sentir l'influence déplorable que les discordes civiles exercent sur la morale des peuples, il dédaigne ce faste d'énumérations qu'un rhéteur eût été si heureux d'employer; mais il s'écrie : « Il fait bon naître en un siècle fort dépravé : car, par comparaison d'autrui, vous êtes estimé vertueux à bon marché; qui n'est que parricide en nos jours et sacrilége, il est homme de bien et d'honneur ! » Heureux celui qui ne serait point frappé de l'énergie et de la profondeur de ces pensées! On pourrait supposer qu'il n'a jamais entendu la voix du crime et la logique des factions.

Si Montaigne, indigné de la barbarie de

son siècle, retrouve quelquefois la mordante hyperbole de Juvénal, il revient bientôt à cet enjouement philosophique dont la muse d'Horace nous a laissé les plus parfaits modèles. Cette souplesse de style, cette variété de tons, répand sur la lecture des *Essais* un charme toujours nouveau. Tantôt Montaigne serre sa pensée, comme Sénèque, pour lui donner plus de force ; tantôt il l'étend, la développe, comme Plutarque ; et l'environne de preuves qui commandent la conviction. Chez lui, l'alliance d'une imagination poétique avec une raison ferme et sévère donne de la grâce aux plus simples détails, et produit souvent de grandes images, des mouvements dramatiques et des tableaux pleins de vie et d'intérêt. Malgré la rapidité de ses conceptions, il sait ménager des contrastes, et rapprocher heureusement les objets, afin de les éclairer les uns par les autres. Il aimait à considérer la nature humaine sous un point de vue général et dans ses principes les plus essentiels. S'il s'occupe des individus, deux ou trois coups de pinceau lui suffisent pour détacher une figure de la foule et la placer sous vos yeux.

Ainsi, lorsqu'il veut prouver que, dans le monde ; « la gravité, la robe et les richesses donnent souvent crédit à des propos vains et ineptes, » il met en scène un personnage considérable par son rang et par ses emplois, d'une grande fortune et d'un mérite très mince... « Il n'est pas à présumer, dit-il, qu'un monsieur si suivi, si redouté, n'aie au-dedans qu'une suffisance autre que populaire ; et qu'un homme à qui on donne tant de commissions et de charges, si dédaigneux et si morguant, ne soit plus habile que cet autre qui le salue de si loin, et que personne n'emploie. » Voilà, si je ne me trompe, le genre de La Bruyère. N'y reconnaissez-vous pas le talent de voiler le trait satirique d'une apparence de naïveté pour le rendre plus vif et plus piquant ? Ce ne sont point des travers passagers que Montaigne livre au ridicule ; ils tiennent à l'essence même des sociétés, et méritent par là le regard du moraliste. Il s'est écoulé plus de deux siècles depuis l'apparition des *Essais;* et cependant, qui de nous, dans le cours de sa vie, n'a pas rencontré ce monsieur dédaigneux, morguant et inepte ?

Peu d'écrivains ont manié l'arme du ridicule avec plus de succès que Montaigne. « En général, ce ne sont pas nos folies qui le font rire, ce sont nos sapiences. » Cependant il honorait le vrai savoir comme une des plus nobles conquêtes de l'esprit humain ; mais il aurait voulu qu'il servît à rendre les hommes, non plus doctes, mais plus habiles ; « il ne s'enquérait pas qui était le plus savant, mais le mieux savant ; et pensait même « que toute science est dommageable à celui qui n'a la science de bonté. » Ses réflexions sur ce point se trouvent concentrées dans une maxime remarquable par sa justesse et sa précision. « En certaines mains la science est un sceptre, en d'autres une marotte. » Ces vérités générales, qui forment le code de la sagesse, ne peuvent être saisies que par l'esprit philosophique ; mais il faut que l'imagination les anime et les mette à la portée de tous les hommes. Ces deux qualités se réunissent dans Montaigne, et l'exercice de son jugement ne ralentit jamais l'essor de son imagination. Qu'on ne croie pas cependant que le talent de peindre la pensée, et de revêtir la vérité des formes de l'éloquence, soit seulement le fruit d'un heureux instinct : il suppose un discernement exquis, un goût sûr, dont le germe, présent de la nature, ne peut être développé que par l'étude et la méditation. Montaigne avait formé son goût sur celui des anciens. Les philosophes, les orateurs, les historiens, les poètes, passaient tour à tour sous ses yeux. Nul trait frappant, nulle vérité, ne lui échappait ; mais il les confiait à son jugement plutôt qu'à sa mémoire ; elles recevaient les couleurs de son imagination, et s'assimilaient à ses propres pensées. [Ses citations même, seul tribut qu'il ait payé aux habitudes scolastiques de son siècle, se combinent avec ses idées et en font naître de nouvelles. Lorsqu'il juge les anciens, non d'après l'idolâtrie des commentateurs, mais d'après ce sentiment éclairé des beautés et des défauts qui constitue le goût ; lorsqu'il reproche aux poètes dramatiques de son temps de manquer à la première des règles, à l'unité d'intérêt, et qu'il les renvoie à l'école du bon Térence, « les grâces et la mignardise du langage latin ; » je ne doute plus qu'il n'eût médité sur les principes des arts

d'imagination, et j'admire à la fois dans son
livre les vues du philosophe et la sagacité du
littérateur. Sans doute Montaigne se trompe quelquefois, mais il ne cherche jamais à
tromper ses lecteurs. Nul sophisme, nulle
subtilité réfléchie, ne déguise ses vrais sentiments. Son livre n'est que la narration fidèle
des impressions que la scène mobile du monde
et l'étude du cœur humain font tour à tour
sur son esprit. Il raconte ses pensées comme
l'historien impartial expose une série de faits.
Il se laisse aller aux sentiments qu'il éprouve,
aux idées qui le frappent, et s'abandonne sans
réserve à l'affection du moment. Cette disposition habituelle de l'écrivain vous révèle le
secret des beautés originales que nous admirons dans ses écrits et des imperfections qu'on
peut y découvrir. De là vient non seulement
cette gaîté franche et communicative, cette
heureuse soudaineté de pensée et d'expression,
cette verve étonnante qui toujours s'épanche
sans jamais s'épuiser ; mais aussi ces écarts fréquents et inattendus, ces modifications de la
même idée, qui ne se présente pas toujours à
son esprit sous le même aspect. A mesure

qu'il avançait vers le terme de là vie, sa morale devenait moins sévère, les faiblesses de l'humanité lui inspiraient plus d'indulgence; et ses principes, toujours essentiellement les mêmes, subissaient quelque changement dans la forme et dans l'application. S'il n'a point d'opinion arrêtée sur certains sujets métaphysiques dont l'utilité est douteuse et qui lui paraissaient placés hors du domaine de la raison, on reconnaîtra du moins qu'il ne s'est jamais écarté des vérités éternelles de la morale, et que sa philosophie renferme tout ce qui peut assurer le repos des hommes et contribuer à leur bonheur.

Quelques sages de la Grèce, considérant l'homme d'une manière absolue, lui proposaient pour modèle un être également abstrait dans lequel ils se plaisaient à réunir toutes les vertus au plus haut degré. Cette grande idée a produit sur quelques individus des effets qui tiennent du prodige; mais les prodiges ne peuvent être offerts comme modèles. La morale stoïcienne se trouvait hors de la portée du commun des hommes, et ses admirateurs mê-

me n'osaient espérer d'y atteindre. On confondait avec elle cette autre morale populaire
qui établit entre les hommes des rapports intimes, coordonne leurs affections avec leurs
devoirs, et embrasse tout le détail des mœurs.
Telle était la morale que les disciples de Socrate recueillaient dans ses entretiens sublimes, et qu'enseignait cet autre philosophe trop
long-temps méconnu, qui ne sépara jamais la
volupté de la tempérance et le bonheur de la
sagesse. Montaigne adopta les principes de ces
deux sages, parce qu'il les trouva fondés sur
la nature. Le but de sa morale est de régler
les passions, et non de les anéantir; il veut
que l'homme soit essentiellement homme; et,
sans s'égarer dans de vaines abstractions, il
attache le bonheur à l'exercice modéré de nos
facultés naturelles, au témoignage d'une conscience pure, et à la pratique des vertus publiques et privées. Comme Socrate, il élève
sa pensée vers la divinité, source inépuisable
de vie, éternel type de perfection. Frappé
d'un sentiment religieux à l'aspect de cet ordre et de ces lois immuables qui régissent les
mondes semés dans l'espace, il s'adresse aux

hommes et leur dit : « La Divinité est connue
» par ses ouvrages visibles ; Dieu a laissé en
» ces hauts ouvrages le caractère de sa toute-
» puissance. Ce monde est un temple très saint
» où vous êtes introduits pour contempler des
» statues, non ouvrées de mortelle main, mais
» celles que la divine pensée a faites sensibles,
» le soleil, les étoiles, les eaux et la terre, qui
» nous représentent les intelligibles. Cette vo-
» lonté unique et suprême est le principe de
» toutes choses ; c'est elle qui, mettant les
» passions dans votre cœur, vous a donné la
» raison pour contrepoids et pour régulateur.
» Que faut-il pour être heureux ? se rappro-
» cher de la nature, vivre en paix avec soi-
» même et avec les autres. Sachez, de plus,
» que la vraie vertu est la mère nourrice des
» plaisirs humains ; en les rendant justes, elle
» les rend sûrs et purs. Elle aime la vie, elle
» aime la beauté, la gloire, la santé ; mais
» son office propre et particulier, c'est de sa-
» voir user de ces biens-là modérément, et
» de les savoir perdre avec constance. Elle
» n'est pas, comme dit l'école, plantée à la
» tête d'un mont coupé, raboteux, inaccessi-

» ble : ceux qui l'ont approchée savent, au
» contraire, qu'elle est logée dans une belle
» plaine, fertile et fleurissante, d'où elle voit
» bien sous soi toutes choses ; mais celui qui
» en sait l'adresse y peut arriver par des rou-
» tes ombrageuses, gazonnées, semées de
» fleurs, et d'une pente facile et polie comme
» celle des voûtes célestes. »

C'est à ces premiers principes de toute
bonne morale que Montaigne s'efforce de rappeler les hommes. Les diverses conditions de
la vie humaine se présentent successivement
à son esprit, et partout il voit avec douleur
que l'homme « se fuit et s'évite sans cesse. »
Nous ne sommes jamais chez nous, nous sommes toujours au-delà. Le glorieux chef-d'œuvre de l'homme, c'est vivre pour lui et à propos. Avez-vous su composer vos mœurs,
vous avez plus fait que celui qui a composé
des livres ; avez-vous su prendre du repos,
vous êtes plus sage que l'ambitieux accablé
d'honneurs et d'ennui. »

Ces pensées conduisent Montaigne à une

autre vérité dans laquelle il trouve la règle de nos actions et la source de nos devoirs. Il pense qu'il suffit au sage de « retirer au-dedans son âme de la presse ; » et qu'au dehors il est tenu de respecter les coutumes généralement adoptées, et d'obéir aux lois protectrices des sociétés. Témoin des calamités inséparables de l'anarchie, il cherche ainsi les moyens de prévenir ces crises politiques dont l'influence terrible s'étend quelquefois sur plusieurs générations, et ne s'affaiblit, comme le mouvement d'une mer irritée, qu'après une longue et sourde agitation qui rappelle encore l'image des tempêtes et le souvenir des naufrages.

Montaigne ne confondait point les abus, dont l'existence amène par degrés les secousses funestes aux états, avec leurs lois fondamentales, auxquelles il est difficile de toucher impunément. Il savait que la réforme des abus est souvent l'unique moyen de prévenir le choc des intérêts et le soulèvement des factions. C'est en homme supérieur qu'il traite de toutes les matières relatives à l'ordre so-

cial. Il a combattu le premier une foule de
préjugés nuisibles, de coutumes barbares, dont
nous sommes heureusement délivrés. Il s'élève
contre l'imperfection des lois criminelles de
son temps, condamne la torture, demande
raison aux magistrats de cette épreuve de patience plutôt que de vérité, reproche à ses
contemporains de verser le sang des hommes
avec trop d'indifférence, et prépare ainsi la
voie aux éloquentes réclamations des Montesquieu et des Beccaria. S'il considère les calamités produites par les disputes de mots, il
prononce « que la plupart de nos troubles
sont grammairiens. » S'il jette un regard sur
l'organisation des sociétés modernes, il sé-
tonne « qu'il y ait doubles lois, celles de
l'honneur et celles de l'équité; que certains
hommes aient la parole, d'autres l'action; les
uns la raison, les autres la force; ceux - là le
savoir, ceux-ci la vertu. » Combien des con-
tradictions si bizarres devaient affliger le philosophe admirateur de ces temps héroïques
où les citoyens, institués pour la patrie, passaient de la tribune au champ de Mars, et du
prétoire volaient aux combats; où les vertus

et les talents siégeaient réunis sur le char de
triomphe qui, dans le même homme, offrait à
la vénération publique l'interprète de la justice, l'appui de l'innocence, le ministre de la
religion et le héros vainqueur des rois!

Si Montaigne revient souvent sur ces hautes considérations politiques, trop négligées
par les moralistes de profession, c'est qu'il se
place par la pensée au centre même de l'ordre social, et aperçoit les rapports qu'ont entre elles les diverses parties qui viennent s'y
réunir. Il a voulu non seulement connaître
l'homme de la nature, mais encore l'homme
envisagé comme membre d'une grande famille, agissant sur ses semblables par ses opinions et ses mœurs, et recevant à son tour
l'action de tout ce qui l'environne. Il sonde
toutes les plaies de l'humanité. C'est dans l'orgueil insensé des hommes, c'est dans les prestiges de leur imagination, qu'il découvre les
sources principales de leurs misères. Lisez ce
qu'il a écrit sur la vanité « de cette fragile et
calamiteuse créature qui ne sait rien que pleurer sans apprentissage. »

Méditez surtout ses pensées sur la mort ! Il emploie toutes les ressources de la parole, toute l'autorité du génie, pour affranchir notre imagination des terreurs qui l'assiégent « dans ce jour solennel, juge des autres jours. » Il accuse notre faiblesse, il accuse nos institutions, qui entourent la mort d'un appareil plus lugubre que la mort même. Tantôt il parle au nom de la raison, tantôt il fait parler la nature ; il veut même que la mort puisse être voluptueuse, et croit que Socrate et Caton, sur le point de quitter la vie, ont dû rendre grâces aux dieux d'avoir mis leur vertu à une si belle épreuve. Ailleurs, il nous invite à détourner nos regards de ces personnages « dont les âmes sont eslancées hors de notre sphère, » pour les fixer sur l'homme rustique, soutenu par le seul instinct de la nature, recevant la mort comme une condition de l'existence, sans frayeur et sans murmure, « avec plus de philosophie et de meilleure grâce qu'Aristote. » C'est ainsi que Montaigne appelle les faits à l'appui de ses opinions, et qu'il nous conduit à la sagesse par les routes de l'expérience et de la vérité. Ce qui m'étonne surtout en lui, c'est cette hauteur de vue qui plane sur toutes les erreurs et les folies des hommes; c'est cette vertueuse audace d'un génie libre et sage, qui, dans un siècle agité par l'intolérance et le fanatisme, ne s'écarta jamais des vrais principes de la morale et des lois sacrées de l'humanité.

Il respire partout dans son livre ce noble sentiment d'humanité, premier bienfait de la philosophie; mais il ne se montre nulle part plus énergique et plus éloquent que lorsque Montaigne, dans sa revue générale des hommes et des choses, porte ses regards sur le Nouveau-Monde, et n'aperçoit de tous côtés que des bourreaux et des victimes. A l'aspect des scènes de rapine et de violence qui désolaient ces malheureuses contrées, il frémit, il s'indigne; il condamne cet esprit insatiable de cupidité qui déshonore le commerce et l'a rendu trop souvent le fléau de l'humanité. Il gémit sur le sort de ces peuples inexpérimentés dont l'avare et cruel Espagnol dévorait le sang et les trésors. Il aurait voulu qu'une si importante conquête fût tombée « en des mains qui eussent doucement poli ce qu'on pouvait y trouver de sauvage, et développé les bonnes semences que la nature y avait produites... Vœux impuissants! la hache européenne n'a cessé de poursuivre l'homme des forêts, et bientôt il ne restera de ces nations proscrites que les souvenirs conservés par leurs oppresseurs.

L'humanité, la modération, la justice, voilà donc le fondement sur lequel repose toute la philosophie de Montaigne; « philosophie pratique, et non ostentatrice et parlière: » car il ne veut point qu'on fasse une science de la morale, un art de la sagesse, et qu'il soit nécessaire d'apprendre en forme de syllogisme ce qui tient à l'essence même de la nature humaine. Il désire que la sagesse règne dans les mœurs, qu'elle se change en habitude, et soit plutôt en sentiments ou même en sensations qu'en paroles. Il conseille d'enseigner la sagesse aux enfants comme on leur enseigne à se servir de leurs facultés physiques; d'en teindre leur âme, et non de l'en arroser; de leur apprendre à être plutôt qu'à paraître. Tout ce que la raison perfectionnée peut conseiller de plus utile pour former des hommes et des citoyens, tout ce que l'expérience nous a révélé sur ce sujet important, vous le trouvez dans Montaigne. Il ne fut point écouté de ses contemporains : il les avait devancés de trop loin pour qu'ils pussent l'entendre ; mais il parlait pour tous les âges. Le jour devait arriver où il serait compris, et quelques unes des productions philosophiques les plus estimées du dernier siècle ne sont que le commentaire de ses pensées.

C'est en effet dans ce siècle, époque de goût et de justice littéraire, que le mérite de Montaigne a été généralement reconnu. Les vérités qu'il avait déposées dans son livre furent recueillies par des écrivains du premier ordre, et reparurent avec de nouveaux développements et une force nouvelle. Tous les genres de littérature s'enrichirent de ce précieux héritage, et, jusque dans la poésie, vous retrouvez l'influence de ce génie vigoureux et indépendant. Toutefois, j'ose le dire avec assurance, c'est à nous qu'il appartient d'apprécier

Montaigne et de le mettre à son rang. Une terrible expérience nous a donné des lumières qui manquaient à nos devanciers; nous avons vu l'homme aux prises avec toutes les passions; nous avons vu cet être *léger, ondoyant et divers, bâtir aussi bien sur le vuide que sur le plein, et de l'inanité que de matière,* et nous pouvons assurer que nul ne l'a mieux connu et ne l'a peint avec des couleurs plus vraies que le philosophe du seizième siècle ; nous avons vu comme lui *qu'il ne se peut imaginer un pire état de choses, qu'où la méchanceté vient à être légitime et prendre avec le congé du magistrat le manteau de la vertu.* Voilà de ces traits dont jusqu'à nous on n'a pu sentir toute la vérité. Plus on fera de progrès dans la science de l'homme, plus les philosophes seront étonnés de la supériorité de Montaigne ; et l'on sera forcé d'avouer que ses essais sont le livre des sages et de ceux qui veulent le devenir.

Est-ce là, dira-t-on, ce penseur téméraire que tant de voix ont accusé de pyrrhonisme? Quel fut donc le scepticisme de Montaigne?

Faut-il vous le dire? il pensait que l'autorité de la coutume n'est pas toujours celle de la raison, « et que les choses inconnues sont le vrai champ de l'imposture ; » il attaquait le dieu même de la science scholastique, « cet Aristote dont la doctrine servait alors de loi magistrale, quoiqu'à l'aventure elle fut aussi fausse qu'une autre. » Doué d'une imagination sage et vigoureuse, il dévoilait les erreurs de cette autre imagination qui trouble le repos des hommes, et remplit le monde de crédulités et de vaines terreurs ; enfin il donnait à la morale l'autorité de la raison, à une époque où la raison était muette et la morale sans pouvoir. C'est ainsi que Montaigne était sceptique. Il employait le doute comme le seul instrument dont la philosophie pût se servir pour séparer la vérité du mensonge. Il porta dans les sciences morales le même esprit que Bacon, le plus illustre de ses contemporains, introduisit dans les sciences physiques. En soumettant les anciennes erreurs à l'examen de la raison, ils ont contribué l'un et l'autre à répandre en Europe cet amour du vrai, ce besoin de connaissances positives qui dirigent

vers un but noble et utile les forces réunies
de l'esprit humain. L'union de la philosophie
avec les sciences et la morale fut l'ouvrage
de ces deux hommes, qui, négligés de leurs
contemporains, n'ont été jugés avec équité
que plus d'un siècle après leur mort ; et, par
une étonnante conformité dans leur destinée,
la gloire de Montaigne a trouvé ses premiers
défenseurs dans la patrie de Bacon ; et la renommée de celui-ci n'est arrivée à toute sa
hauteur qu'après avoir été appuyée du suffrage des philosophes français.

Depuis deux siècles des hommes d'un rare
mérite ont écrit sur la morale avec force et
avec génie. Pascal, écrivain sublime, ne s'arrête qu'en tremblant dans les régions supérieu-
res de la pensée. Il refuse même le secours de
la raison, semblable à un voyageur qui, se
trouvant suspendu sur le bord d'un abyme,
ferme les yeux devant les profondeurs dont la
vue trouble ses sens et enchaîne son courage.
Pascal n'échappe au désespoir qu'en se réfu-
giant dans le sein de la religion, qui ne fit jamais une plus illustre conquête. Là même il

ne peut se rassurer qu'en s'attachant aux doctrines ascétiques dans leur plus rigoureuse abstraction ; et revient ainsi par une route dé-
tournée à la brillante chimère du stoïcisme (1).
Philosophe au milieu des cours, observateur
au sein des plaisirs , Larochefoucault a voulu
rapporter toutes les actions humaines à un seul
principe, sans s'apercevoir ou sans avouer que
ce principe, toujours le même en apparence,
se modifie au fond par les passions mêmes
qu'il met en mouvement, et devient noble ou
vil suivant les effets qu'il produit. La Bruyère
traduisit Théophraste ; mais ce fut de Montaigne qu'il emprunta l'idée piquante de mettre en action les ridicules et les folies humaines. Il n'envisagea dans la morale que son in-

---

(1) Lisez les *Pensées de Pascal,* chap. 1, contre
l'indifférence des athées. Lisez aussi sa *Vie,* par madame Périer. En voyant les efforts incroyables que
fit Pascal pour arriver à cet état d'impassibilité qu'il
regardait comme un état de perfection, on ne peut
s'empêcher de plaindre son erreur et de gémir sur la
faiblesse humaine et sur le sort d'un si beau génie.

fluence sur la vie extérieure des hommes;
mais il traita cette partie en maître; et il serait peut-être hors de tout parallèle s'il eût
été aussi profond dans les vues générales qu'habile à manier sa langue, et supérieur dans les
détails. Rousseau est celui de nos écrivains
qui, pour le fond des choses, se rapproche le
plus de Montaigne; et cependant quelle différence de l'un à l'autre! Il est vrai que leur
morale est fondée sur la même base, sur la
nature de l'homme et sur les rapports qui
l'unissent à ses semblables. Il est encore vrai
qu'ils ont exercé tous les deux une grande autorité sur les esprits; mais l'effet dans Rousseau tient plus au sentiment, et dans Montaigne à la pensée: aussi l'un a-t-il excité plus
d'enthousiasme, et l'autre plus d'estime. Montaigne remonte aux principes avec plus de sagacité; l'autre excelle dans l'art de développer
ces mêmes principes, et d'en faire sortir toutes les vérités qu'ils renferment. La philosophie du premier est plus ferme, plus inaccessible aux préjugés; celle du second plus séduisante, lors même qu'elle penche vers l'erreur. Leur imagination fut également forte

et brillante; mais cette faculté domine dans Rousseau, tandis que dans Montaigne elle est toujours docile et soumise à la raison. Ce dernier laisse des traces lumineuses sur tous les sentiers qu'il parcourt; comme les anciens, il porte en lui-même cette lumière philosophique qui se réfléchit si vivement dans ses écrits. Rousseau semble produire la lumière qu'il emprunte; cependant elle l'abandonne quelquefois : alors il s'égare et se perd dans l'exagération. On admirera toujours dans ses ouvrages la perfection du style, le talent de fortifier la raison par l'éloquence; on y cherchera ces traits passionnés, ce langage du cœur où tous ses mystères sont révélés. Mais on lira Montaigne pour s'instruire, pour exercer sa pensée au travail de la méditation, pour apprendre à supporter avec courage les revers de la fortune et les accidents de la vie. Considéré comme peintres du cœur humain, Rousseau a représenté la passion de l'amour avec une force et une chaleur inconnues aux anciens; Montaigne a peint l'amitié avec les traits simples, touchants et sublimes, de l'éloquence antique. La manière dont ils ont parlé d'eux-mêmes explique la différence de leur caractère et de leurs vues. En lisant les aveux de l'un, vous êtes toujours occupé de l'auteur; l'autre en se dévoilant à vos yeux vous ramène toujours à vous-même. Vous écoutez Rousseau avec l'intérêt qu'inspirent le malheur et le génie; mais vous êtes le confident intime et l'ami de Montaigne. Ces deux grands moralistes ont acquis des droits incontestables à la reconnaissance des hommes; toutefois, puisque l'un n'a pas été, comme l'autre, privé de modèles dans sa langue et supérieur à son siècle, je pencherais à croire que, si le premier est plus parfait comme écrivain, le second est plus estimable comme philosophe; et je concevrais plus aisément Montaigne à la place de Rousseau que celui-ci à la place de Montaigne (1).

Plus heureux que Rousseau, parce qu'il dé-

_____

(1) On reconnaîtra dans cette dernière phrase une tournure imitée de Montaigne.

pendait moins de l'opinion des autres et qu'il
conserva toujours plus d'empire sur lui-même,
Montaigne ne fut exposé ni aux attaques de
la haine ouvertement déclarée, ni à ces délations ténébreuses, arme éternelle de la bassesse et de l'hypocrisie. Mais après sa mort il
eut la gloire, comme tant d'autres philosophes, d'avoir pour ennemis tous les hommes
attachés à l'erreur par ignorance, par intérêt ou par orgueil. Si, dans sa retraite, lorsqu'il cherchait à éclairer son siècle, la calomnie eût élevé sa voix contre lui, sans doute il
aurait répondu comme Socrate, son maître et
son modèle : « Qu'on examine ma vie entière,
voilà mon apologie ! » C'est aussi la seule réponse que nous ferons à ses ennemis. Voyons
donc si la conduite de l'homme a démenti les
principes du moraliste. Tout ce qui peut servir à le faire connaître se trouve renfermé
dans le seul livre qui, suivant ses propres expressions, « soit consubstantiel à son auteur. »
S'il est difficile de le peindre, il est aisé de le
montrer.

Les premiers mouvements du cœur, les

premiers essais de l'intelligence, laissent dans
l'âme une impression ineffaçable; et le seul
moyen de former des hommes vertueux serait
peut-être de ne leur préparer, dès l'enfance,
que des souvenirs purs, en ne leur offrant que
des exemples de vertu. L'éducation de Montaigne confirme cette idée. Sa raison naissante
fut soustraite à l'influence des préjugés qui
régnaient autour de lui. Son père le sépara,
pour ainsi dire, de sa nation et de son siècle,
et le rendit contemporain des héros et des
sages de l'antiquité. Rome, libre et vertueuse,
devint sa patrie; la langue de Virgile et de Cicéron lui fournit les signes de ses premières
idées; et ce fut ainsi qu'il contracta l'habitude
de penser avec justesse, de s'exprimer avec
énergie, et d'agir avec rectitude. On était
peut-être loin de prévoir tous les effets qu'un
tel plan d'éducation devait produire. Montaigne entra dans le monde comme dans un pays
étranger, dont il fut obligé d'étudier la langue, les habitudes et les mœurs. On essaya
de l'y fixer; mais il reconnut bientôt que
nulle place ne convenait à son caractère, formé pour l'indépendance. Il ne se jeta point

dans la solitude ; mais il se fit une retraite intérieure, où il pouvait, en quelque sorte, retirer son âme au milieu des plaisirs du monde, et même de l'agitation des cours. Des passions vives troublèrent son repos ; l'amour, « ce mal qui est peut-être un bien (1), » lui fit souffrir, dit-il, « toutes les rages que les poètes disent advenir, à ceux qui s'y laissent aller sans ordre et sans mesure. » Mais il avait une âme trop forte pour céder lâchement à la tyrannie des passions. Il ne chercha point, il est vrai, à étouffer cette flamme céleste qui donne tant d'empire à la beauté, et tant de charme aux heures les plus douces de la vie ; elle échauffa son cœur sans éblouir sa raison. Ce fut toujours pour lui un commerce plein d'attraits que celui des belles et honnêtes femmes ; mais il savait que c'est un commerce « où il faut se tenir un peu sur ses gardes. Au demeurant il faisait grand compte de l'esprit, pourvu que le corps n'en fût pas à dire :

_____

(1) La Fontaine.

car, à répondre en conscience, si l'une ou l'autre des deux beautés devait nécessairement y faillir, il eût choisi de quitter plutôt la spirituelle. » Ces pensées, plus vraies que sentimentales, offenseront peut-être la délicatesse de notre siècle ; mais dans la vie comme dans les écrits de Montaigne on trouve l'histoire et non le roman du cœur humain.

Si les discours familiers de Socrate nous étaient parvenus tels que ses disciples ont dû les entendre, lorsqu'il fécondait par la puissance de sa raison les germes intellectuels qui restent inactifs au fond des âmes ; nous y trouverions sans doute une analogie frappante avec les *Essais,* qui sont aussi des conversations d'un ordre supérieur. C'est d'après cet ouvrage qu'on peut juger quel charme et quel intérêt devait offrir le commerce intime de ce vrai philosophe, lorsque, « se mettant au dehors et en évidence, » il se livrait tout entier à l'amitié. L'orgueil, qui tend à isoler les hommes, et cette espèce de réserve dédaigneuse qui sert trop souvent de voile à la médiocrité, n'étaient point à son usage. Mais dans les conférences même les plus sérieuses, qu'il nommait « l'exercice des âmes, » il désirait que le plaisir se joignît à l'instruction. Son esprit vif, éclairé, « prime-sautier, » se tournait sans effort vers la vérité, comme certaines plantes se tournent vers le soleil. Il n'oubliait jamais la dignité qui convient à l'homme que ses lumières et ses talents séparent du vulgaire ; et il trouvait « que de servir de spectacle aux grands, et faire à l'envi parade de son esprit et de son caquet, c'est un métier très messéant à un homme d'honneur. » Le vrai moyen de connaître son caractère est d'examiner la conduite qu'il a tenue dans les circonstances difficiles où il fut placé. On le verra toujours sensible, élevé, généreux. Il avait jugé la gloire, et, s'il la désire, c'est pour associer à son immortalité le meilleur des pères et le plus vertueux des amis. Si, contre son inclination particulière, il obéit à la coutume, et qu'on lui choisisse une femme, il regarde l'accomplissement des devoirs domestiques comme le but principal de la vie. S'il est employé comme médiateur entre les chefs des partis contraires, il ne connaît d'au-

tre politique que la bonne foi. « Il marche
partout la tête haute, le visage et le cœur ouverts. » Tandis que le crime triomphe et que
les lois se taisent, il ne cherche d'autre garantie pour sa sûreté personnelle que sa confiance
même et le noble abandon de la vertu. Appelé deux fois, par les suffrages libres de ses
concitoyens, à la première magistrature d'une
ville illustrée depuis long-temps par des hommes de mérite dans tous les genres, il remplit
avec courage et honneur des fonctions que les
circonstances rendaient si pénibles. Il calma
l'agitation des esprits, sut maintenir la tranquillité publique, et rentra dans la vie privée
avec des souvenirs exempts de remords. Ses
plus ardents ennemis n'ont osé démentir le
témoignage qu'il s'est rendu à lui-même après
une épreuve aussi décisive. « Ce n'est pas un
léger plaisir, s'écrie-t-il, de se sentir préser-
vé de la contagion d'un siècle gâté, et de dire
en soi : Qui me verrait jusque dans l'âme,
encore ne me trouverait-il coupable ni de l'af-
fliction et ruine de personne, ni de vengeance
ou d'envie, ni d'offense publique des lois, ni
de faute à ma parole. Ces témoignages de la

conscience plaisent., et nous est grand bénéfice
que cette esjouissance naturelle, seul paiement
qui jamais ne nous manque. » Je le demande
avec confiance, n'est-ce pas là l'effusion d'une
âme pure? n'y reconnaissez-vous pas l'accent
modeste de la vérité? Cette franchise n'est
plus dans nos mœurs. On parle rarement de son
propre mérite, et plus rarement encore du
mérite des autres, à moins d'un intérêt bien
positif; mais cette réserve qui maintient la
paix entre toutes les prétentions n'est peut-
être qu'un raffinement de l'amour-propre et
que le voile transparent de l'orgueil.

Ce ne fut donc qu'après avoir payé sa dette
de citoyen que Montaigne chercha la solitude
et le repos. Dans sa retraite, ouverte à tous les
partis, et, comme il s'exprime lui-même,
« vierge de sang, » il s'offre à mon imagination tel qu'un homme placé sur une tour élevée, qui contemple l'Océan battu de la tem-
pête, présente des feux salutaires aux naviga-
teurs errants dans les ténèbres, et plaint le
sort des malheureux qu'il ne peut secourir,
et que les vagues soulevées brisent sur les

écueils.. On ne saurait trop admirer cette phi-
lanthropie naturelle qui me paraît le trait le
plus frappant de son caractère et de ses écrits.
Ah! sans doute, cette pieuse humanité a son
origine dans le cœur; mais elle s'accroît et
devient plus active par la culture des lettres et
de la philosophie. Oui, l'étude bien dirigée
adoucit les mœurs, modère les passions et
nous familiarise avec tous les sentiments vertueux. C'est à l'étude que Montaigne avait re-
cours pour charmer sa solitude et consoler sa
vieillesse. « Les livres étaient la meilleure
munition qu'il eût trouvée en cet humain
voyage. » C'est dans ce commerce intime avec
les grands hommes de l'antiquité qu'il repo-
sait son âme, fatiguée du spectacle des malheurs publics, apprenait à soutenir le poids
de la mauvaise fortune, et se donnait à lui-
même « rendez-vous à sa dernière heure pour
juger ses opinions et sa vie entière. » J'aime
à me le représenter tel qu'il se peint lui-même, « feuilletant à cette heure un livre, à cette
heure un autre; sans ordre et sans dessein, à
pièces décousues; tantôt rêvant, tantôt enre-
gistrant ses songes. » Je cite ses propres paro-

les; elles rappellent à l'esprit ces songes que les anciens respectaient comme les révélations d'une intelligence supérieure.

On reproche à Montaigne de revenir trop souvent sur lui-même, et l'on oublie « qu'il s'était fait la matière de son livre. » Pour moi, je voudrais qu'il eût écrit l'histoire de sa vie comme celle de ses pensées. Avec quel intérêt ne le suivrions-nous pas dans une cour élégante et corrompue, dévote et licencieuse, où régnait cette Médicis qui confondit l'intrigue avec la politique, et la cruauté avec la force! Que ne puis-je retrouver les détails de ses entrevues avec ce duc de Guise, personnage d'une stature héroïque, à qui peut-être il n'a manqué qu'une volonté plus ferme pour fonder une dynastie royale, avec cet immortel Henri, auquel rien ne manqua pour faire le bonheur de son peuple! J'aimerais à savoir en quelles circonstances les vapeurs de l'ambition ont pu fermenter dans une tête aussi forte que celle de Montaigne; en quelle occasion il fut décoré de l'ordre du prince, à une époque où il était encore honorable de le recevoir. Combien je me plairais à le suivre lorsque, sorti pur du séjour de la corruption, il parcourt différentes contrées, « ôtant partout le masque des hommes et des choses ! » Ses voyages, qu'une ardente curiosité a tirés de l'oubli, ne sont qu'un simple itinéraire. Toutefois, je retrouve Montaigne lorsque, arrivé dans l'ancienne patrie des maîtres du monde, il reçoit le titre de citoyen romain, qui n'avait plus rien d'illustre, mais qu'il préférait à tous les autres : tant le nom seul de Rome charmait son imagination, remplie des grands souvenirs de l'antiquité ! A peine a-t-il touché cette terre des héros, que son génie s'enflamme et que son cœur s'émeut. On le prendrait pour un voyageur long-temps éloigné de sa patrie, qui ne retrouverait à son retour ni les amis qu'il y avait laissés, ni les chefs-d'œuvre des arts qui la décoraient ; il erre parmi ces débris comme l'ombre de quelque vieux Romain, cherchant de tous côtés et ce sénat, arbitre des rois, où les talents firent une si longue alliance avec la vertu ; et ce Forum où la parole exerçait une autorité sans limites ; et ce Capitole dominateur, où tous les dieux

de l'univers étaient convoqués par le génie de
Rome. Tout avait disparu, jusqu'aux ruines
de ces augustes monuments. Montaigne doute
s'il voit le tombeau de l'antique souveraine
des nations, et craint que sa sépulture même
ne soit ensevelie. Il en contemple les moindres vestiges avec un enthousiasme mêlé de
regrets. Ce fut avec peine qu'il abandonna cet
ancien théâtre de l'héroïsme et de la gloire,
et il s'arracha de Rome comme on s'exile de
de sa patrie.

Quelque temps après son retour en France,
le fanastime religieux, se ranimant avec une
nouvelle fureur, ébranla l'état jusque dans
ses fondements. Deux cultes rivaux, aveugles
dans leurs haines, cruels dans leurs vengeances, se disputaient les lambeaux ensanglantés
de la monarchie, et les torches de la révolte
allumée à Rome et à Madrid répandaient au
loin l'incendie et la mort. Un autre fléau se
joignit à celui des guerres civiles. La peste
ravagea ce que le glaive avait épargné. Les
champs incultes se dépeuplèrent, et la famine
vint mettre le comble aux malheurs pu-

blics (1). Ce fut alors que la retraite du sage
fut violée pour la première fois. Atteint d'une
infirmité douloureuse, Montaigne erra quelque temps avec sa famille, n'ayant d'autre
appui que la philosophie qui ne l'abandonna
jamais, et ne sachant où trouver un asyle
contre tant de calamités réunies. Enfin la
France respira de nouveau sous l'administration paternelle du meilleur des rois. Montaigne revit ses foyers, et ne songea plus qu'à
jouir du repos, et de cette paix de l'âme,
douce récompense de la vertu. Tout se réparait autour de lui; mais il avait fait une de
ces pertes qui ne peuvent se réparer, et dont
le souvenir, adouci par le temps, est encore
un des charmes de l'existence. Il avait survécu à son ami; mais si la Boëtie ne vivait
plus pour lui, il vivait pour la Boëtie; et le

_____

(1) Montaigne fait une peinture effrayante de ces
temps malheureux. Il ne fut alors respecté par aucun
parti. « Je fus, dit-il, pelaudé à toutes mains. J'étais
Gibelin aux Guelfes, et Guelfe aux Gibelins. »

soin de sauver de l'oubli la mémoire d'un
ami si vivement regretté était la plus douce
occupation de ses loisirs. C'est à ce soin religieux que nous devons le beau chapitre de
l'amitié , où Montaigne s'élève au-dessus de
toute comparaison. Aussi méthodique que
l'orateur romain , Montaigne l'emporte sur
lui par la chaleur et la vérité des sentiments.
Ses pensées , ses paroles même , ont quelque
chose de sacré. Ces mouvements passionnés,
ces retours fréquents sur lui-même et sur son
ami , cet abandon d'une âme fortement émue,
tout s'imprime dans le cœur , tout saisit l'i-
magination ; jamais l'éloquence du sentiment
n'a produit tant d'effet ; jamais le langage de
l'amitié ne fut plus sublime. Heureux qui
peut le comprendre ; plus heureux qui peut
l'inspirer !

L'amitié , telle que Montaigne et la Boëtie
l'ont éprouvée , cette union intime de deux
esprits éclairés , de deux âmes vertueuses ,
étonne aujourd'hui notre faiblesse et notre
stérile égoïsme. Ce fut au fond de leur cœur
qu'ils retrouvèrent cette passion héroïque que

nous avons perdue, et dont l'antiquité nous a transmis quelques touchants souvenirs. Montaigne était digne de renouveler cette noble alliance du génie et de la vertu. Nul n'a rendu des services plus éminents à la raison humaine. Envisagé comme moraliste, il a fondé la vraie philosophie en France ; considéré comme écrivain, il a contribué aux progrès de la langue ; ami de l'ordre et des lois, il fut sage sans affecter la sagesse, et passa au travers d'une génération barbare et fanatique sans participer à ses excès et à sa corruption. Enfin, après avoir élevé un monument utile aux hommes et glorieux pour sa mémoire, il vit arriver la mort avec la tranquillité d'un philosophe qui, pendant toute sa vie, avait appris à mourir. Fidèle à ses principes, il finit comme Socrate, « en se conformant *aux façons et formes reçues autour de lui,* » et sa dernière pensée fut un dernier hommage à la religion de ses pères.

Après avoir rassemblé les traits principaux qui m'ont paru caractériser Montaigne, j'oserai dire comme lui : « C'est ici un ouvrage

de bonne foi. » Tel il s'est montré à mes regards, tel je l'ai représenté aux vôtres, sans
chercher à exagérer, par le faste des paroles,
le mérite d'un homme ennemi de toute espèce
d'exagération. Comment aurais-je pu outra-
ger par la flatterie les mânes de ce philosophe qui, dans son livre, a condamné d'a-
vance les flatteurs par ces expressions remar-
quables : « Je reviendrais volontiers de l'autre
« monde pour démentir celui qui me présen-
« terait sous une autre forme que la mienne,
« fût-ce pour m'honorer. » Pourquoi ce vœu
d'une âme élevée ne peut-il s'accomplir ? Que
n'est-il en mon pouvoir de ranimer sa cendre ?
Vous le verriez paraître rayonnant de gloire
au milieu de vous, et, s'il m'était permis de
lui adresser quelques mots, je lui dirais au
nom de tous les amis de la vérité : « Jouis
« de la reconnaissance des hommes de bien.
« Entends la voix des siècles, qui te place au
« premier rang des écrivains philosophes !
« Comme ces anciens génies, dont tu fus
« l'admirateur et le rival, tu as survécu à ta
« langue, et tes pensées sont devenues la pro-
« priété commune des nations. La lumière

« que tu répandais autour de toi est arrivée
« jusqu'à nous ; elle a éclairé plusieurs géné-
« rations , et brille encore d'un nouvel éclat.
« Sans doute , le faible hommage que nous te
« rendons aujourd'hui ne peut rien ajouter à
« ta renommée ; mais, nous l'avons appris par
« ton exemple , il est toujours utile de rap-
« peler la mémoire des hommes illustres par
« leurs talents et leurs vertus. L'art de la pa-
« role s'épure et s'ennoblit en célébrant les
« bienfaiteurs de l'humanité , et l'éloge d'un
« sage est un triomphe pour la raison. »

NOTES.

—

PAGE 108.

Sous les règnes orageux des derniers Valois, d'il-
lustres personnages déployèrent un caractère
fier, de rares talents et des vertus dignes des beaux
jours de l'antiquité.

C'est une vérité dont il est aisé de se convaincre
en parcourant l'histoire du seizième siècle. Les
grands événements qui avaient précédé cette époque, tels que l'invention de l'imprimerie, la découverte du Nouveau-Monde, les navigations audacieuses des Portugais, annoncèrent avec éclat le
réveil de l'esprit humain. Les trônes de l'Europe
étaient occupés par des hommes aussi élevés au-
dessus de leurs sujets par le génie que par le pouvoir. « C'est, à Constantinople, un Sélim qui met
« sous la domination ottomane la Syrie et l'Égypte,
« dont les mahométans mamelucs avaient été en

» possession depuis le treizième siècle. C'est, après
» lui, son fils, le grand Soliman, qui, le premier
» des empereurs turcs, marche jusqu'à Vienne, et
» se fait couronner roi de Perse dans Bagdad, prise
» par ses armes, faisant trembler à la fois l'Europe
» et l'Asie.

» On voit en même temps, vers le nord, Gustave
» Vasa, brisant dans la Suède le joug étranger, élu
» roi du pays dont il est le libérateur.

» En Moscovie, les deux Basilides délivrent leur
» patrie du joug des Tartares, dont elle était tribu-
» taire; princes à la vérité barbares, et chefs d'une
» nation plus barbare encore; mais les vengeurs
» de leur pays méritent d'être comptés parmi les
» grands princes.

» En Espagne, en Allemagne, en Italie, on voit
» Charles-Quint, maître de tous ces états sous des
» titres différents, soutenant le fardeau de l'Europe,
» toujours en action et en négociation, heureux
» long-temps en politique et en guerre; le seul em-
» pereur puissant depuis Charlemagne, et le pre-
» mier roi de toute l'Espagne depuis la conquête des
» Maures; opposant des barrières à l'empire otto-
» man; faisant des rois et une multitude de princes;

» et se dépouilllant enfin de toutes les couronnes
» dont il est chargé, pour aller mourir en solitaire,
» après avoir troublé l'Europe.

» Son rival de gloire et de politique, Fran-
» çois Ier, roi de France, moins heureux, mais
» plus brave et plus aimable, partage entre Charles-
» Quint et lui les vœux et l'estime des nations.
» Vaincu, et plein de gloire, il rend son royaume
» florissant, malgré ses malheurs; il transplante
» en France les beaux-arts, qui étaient en Italie au
» plus haut point de perfection.

» Le roi d'Angleterre, Henri VIII, trop cruel,
» trop capricieux pour être mis au rang des héros,
» a pourtant sa place entre ces rois et par la ré-
» volution qu'il fit dans l'esprit de ses peuples, et
» par la balance que l'Angleterre apprit, sous lui,
» à tenir entre les souverains. Il prit pour devise
» un guerrier tendant son arc, avec ces mots : *Qui*
» *je défends est maître;* devise que sa nation a ren-
» due quelquefois véritable (1).

---

(1) Dès le seizième siècle le gouvernement britannique avait
la prétention de tenir la balance de l'Europe; mais il n'était fort

» Le pape Léon X est célèbre par son esprit,
» par ses mœurs aimables, par les grands hom-
» mes dans les arts qui éternisent son siècle, et
» par le grand changement qui, sous lui, divisa
» l'Église.

» Au commencement du même siècle, la reli-
» gion et le prétexte d'épurer la loi reçue, ces deux
» grands instruments de l'ambition, font le mê-
» me effet sur les bords de l'Afrique qu'en Alle-
» magne, et chez les mahométans que chez
» les chrétiens. Un nouveau gouvernement, une
» race nouvelle de rois, s'établissent dans le vas-
» te empire de Maroc et de Fez, qui s'étend jus-
» qu'aux déserts de la Nigritie. Ainsi, l'Asie, l'A-
» frique et l'Europe, éprouvent à la fois une

---

que par la faiblesse et les divisions des autres gouvernements. Il
n'avait dominé en France qu'à l'aide des grands vassaux de la
couronne, révoltés contre leur souverain légitime. Les journées
de Créci, d'Azincourt, de Poitiers, dont les Anglais parlent
encore aujourd'hui avec tant d'orgueil, ne se terminèrent en
leur faveur que parce que des Français rebelles combattaient
dans leurs rangs. Il a toujours été dans le caractère de ce peuple de s'attribuer tous les succès, et de rejeter ses revers sur ses
alliés.

» révolution dans les mœurs et dans les reli-
» gions.

» L'ancien monde est ébranlé ; le nouveau
» monde est découvert et conquis par Charles-
» Quint. Le commerce s'établit entre les Indes-
» Orientales et l'Europe, par les vaisseaux et les
» armes du Portugal.

» La nature produit alors des hommes extraor-
» dinaires presque en tous les genres, surtout en
» Italie. »

Je n'ai pu résister à l'envie de mettre ce tableau
frappant sous les yeux du lecteur. C'est Voltaire qui
l'a tracé avec cette supériorité de vue qui caractérise le génie de l'histoire.

La fin du seizième siècle ne répondit pas à
de si beaux commencements. Le fanatisme égara
tous les esprits, et inspira des crimes qui font
frémir l'humanité. Cependant, au milieu de ces
horreurs, on vit éclater des vertus et des traits
de magnanimité dont l'histoire a gardé le souvenir.

Dans cette foule de grands hommes dont s'ho-

nore le seizième siècle on distinguera toujours
François Ier, Bayard et Henri IV, les derniers chevaliers français ; les deux Guises , dont l'ambition
et le caractère furent également élevés ; le chancelier de l'Hôpital, le premier de nos législateurs ;
Sully, le modèle des ministres ; le président de
Thou, historien véridique et magistrat irréprocha-
ble dans un temps d'anarchie ; Montaigne enfin ,
le premier de nos philosophes , et l'un de nos plus
grands écrivains.

PAGE 120.

*Chez lui, l'alliance d'une imagination poétique
avec une raison ferme et sévère donne de la
grâce aux plus simples détails.*

Les deux grands philosophes du seizième siècle,
Montaigne et le chancelier Bacon, emploient tous
deux un langage hardi et figuré, qui blesse rarement le goût ; et donne plus de force à la pensée
ou au sentiment qu'ils expriment. Ils aiment à
se servir de comparaisons ; et souvent dans un
image ils trouvent un raisonnement. Il est aisé
d'expliquer ce rapport de style par la différence
même des langues dans lesquelles ils écrivaient.

Bacon se servait de la langue latine, qu'il pos-
sédait à un degré éminent. Son génie était à l'aise dans cette langue abondante et nombreuse, qui
ne se refuse à aucun détail, et se plie à tous les
mouvements de l'éloquence. Montaigne écrivait
dans une langue pauvre et timide ; et pour rendre
ses idées telles qu'il les concevait, il fut obligé de
s'abandonner à son imagination, et de chercher
partout des secours. Bacon avait trouvé un langage
élevé comme sa pensée ; Montaigne éleva le sien à
la hauteur de son génie. L'habitude qu'il avait con-
tractée d'exprimer ses pensées en latin lui rendit
cette tâche moins pénible. Il ne rejeta pas même
le secours de l'inversion, qui est si opposée à la
marche régulière de la langue française. S'il eût eu
moins de goût, son langage serait, en quelques
endroits, inintelligible pour la plupart des lecteurs ;
mais, guidé par un instinct sûr, il s'arrête presque
toujours à propos ; il coupe fréquemment ses périodes ; et d'ailleurs la lucidité de ses idées se répand sur ses expressions. Cette même habitude de
la langue latine est, je pense, la cause de cette liberté, ou, si l'on veut, de cette licence de langage
qu'on lui a reprochée avec tant d'amertume. Il ne
faut pourtant pas s'imaginer qu'il ait voulu outra-
ger les mœurs. Il se sert, comme Molière, et comme
nos anciens auteurs, de mots que notre délicatesse

réprouve; mais il n'a point d'images licencieuses;
il ne cherche point à émouvoir les passions, et se
tient toujours du côté de la vertu. Il croyait, peut-
être à tort, que les paroles sont indifférentes quand
le cœur n'est point corrompu. On était moins sévère, à cet égard, du temps de Montaigne que
dans le siècle où nous vivons. Les femmes, même
les plus distinguées, se servaient alors de termes
énergiques, que le bon ton et le bon goût ont justement proscrits. Nos mœurs sont-elles plus pures?
Elles en ont du moins l'apparence; et cela même
est un bien dont il faut nous contenter, faute de
mieux.

PAGE 124.

*Sans doute Montaigne se trompe quelquefois; mais
il ne cherche jamais à tromper ses lecteurs.*

Dans le petit nombre d'erreurs qu'on peut reprocher à Montaigne, j'ai remarqué le jugement
qu'il porte sur Cicéron. Il nomme bien son éloquence incomparable; mais il croit « que, hors la
la science, il n'y avait pas beaucoup d'excellence
en son âme. » Cet arrêt trop sévère n'a pas été
confirmé par la postérité. Cicéron ne fut pas sans
doute exempt de défauts, non plus que Montaigne

lui-même, et que tant d'illustres personnages dont le souvenir sera immortel. Mais avait-il une âme commune cet orateur que l'or, les intrigues, la violence des factions, ne purent ni corrompre ni intimider; qui déconcerta par l'autorité de son langage et la fierté de ses regards l'audace même de Catilina; qui, sur ses vieux jours, abandonnant les doux loisirs de Tusculum, reparut avec son génie sur le théâtre sanglant où les dépouilles du monde et de la liberté romaine étaient le prix offert aux triomphes de l'ambition, poursuivit de son courroux éloquent le plus implacable des triumvirs, et périt avec gloire, victime de son amour pour la patrie? Comment Montaigne a-t-il pu se ranger parmi les détracteurs de Cicéron, lui qui, défendant contre la calomnie Plutarque et Sénèque, déclare « que, loin de chercher des motifs pour rabaisser le mérite des grands hommes, il travaillerait volontiers à le rehausser! » C'est peut-être, dans ses jugements, la seule erreur grave qu'il ait commise, et j'ai cru nécessaire de l'indiquer. Il est plus équitable envers l'empereur Julien, que, dans un siècle d'intolérance, il a osé venger des accusations mensongères et des injures atroces que des écrivains, même respectables, avaient attachées à sa mémoire et à son nom *avec un zèle qui n'est pas selon la charité.* Il ne dissimule point les défauts de

ce prince ,.qui eut le malheur de n'être point frappé
des preuves alléguées de son temps en faveur du
christianisme ; mais je reconnais Montaigne, c'est-
à-dire l'ami de la vérité , lorsqu'il rend justice aux
qualités éminentes de ce héros. « Il avait , dit-il,
l'âme teinte des préceptes de la sagesse, dont il fit
la règle de ses actions. Il étonna le monde de ses
vert   , et mourut comme Épaminondas. »

PAGE 125 et 126.

A mesure qu'il avançait vers le terme de sa vie, sa
morale devenait moins sévère.

« La vieillesse, dit Montaigne, apporte plus de
rides en l'esprit qu'au visage. » Aussi cherchait-il
à dérider son esprit ; à chasser les sentiments d'é-
goïsme, les germes de mauvaise humeur, les craintes , les regrets, qui sont les rides de l'âme , et qui
accompagnent communément la dernière saison de
la vie. Plus il s'éloignait de la jeunesse, plus il devenait libre dans ses opinions, enjoué dans ses
propos. Les deux premiers livres des *Essais*, composés dans un temps où il jouissait d'une santé
ferme, où les incommodités et le malheur ne s'é-
taient point approchés de lui , sont d'une philosophie plus forte et plus sérieuse que ceux qu'il écri-

vit lorsqu'une maladie incurable le tourmentait fréquemment, et que la peste, et la guerre civile,
plus terrible encore, le forçaient de fuir la retraite
où il avait si long-temps trouvé le bonheur.

« Les ans m'entraînent s'ils veulent, mais à re-
culons, » dit-il dans son langage original. Ainsi,
détournant sa pensée des maux qui affligent la vieillesse, et des inquiétudes qu'inspire l'avenir aux
hommes affaiblis par l'âge, il se livrait sans réserve
à sa gaîté naturelle, jouissait du présent, et rappelait à son souvenir tout ce qui, dans le passé,
pouvait encore plaire à son esprit, ou flatter son
imagination. Il aimait de préférence les plaisirs qui
ne coûtent point de peine et ne laissent point de
regrets. « Je courrais d'un bout du monde à l'autre,
dit-il encore, chercher un bon an de tranquillité
plaisante et enjouée, moi qui n'ai autre fin que
vivre et me réjouir. La tranquillité sombre et stupide se trouve assez pour moi; mais elle m'en-
dort et m'enteste, je ne m'en contente pas. S'il y
a quelque personne, quelque bonne compagnie,
aux champs, en la ville, en France, ou ailleurs,
resséante ou voyagère, à qui mes humeurs soient
bonnes, de qui les humeurs me soient bonnes,
il n'est que de siffler en paume, je leur irai fournir
des essais, en chair et en os. »

Une telle philosophie n'est pas à l'usage de tous les hommes. C'est la récompense d'une vie pure et d'une conscience que le remords du crime n'a point agitée. Il ne m'en faut pas davantage pour savoir que Montaigne n'avait jamais été l'esclave des passions. Il n'appartient qu'à l'homme vertueux de se plaire dans ses souvenirs.

PAGE 127.

Sachez de plus que la vraie vertu est la mère
nourrice des plaisirs humains.

Ce sont ces maximes d'une philosophie aimable et populaire qui attirèrent sur Montaigne les anathèmes de Port-Royal. Les écrivains de cette école étaient des hommes de génie; mais il est plus facile d'admirer leurs talents que d'aimer leur caractère. Ils ne voyaient partout que des ennemis de Dieu et de Port-Royal. Épris d'une perfection imaginaire, ils ne savaient pas que l'excès de la vertu même est condamnable, parce qu'elle cesse alors d'être utile et qu'elle ne peut exister sans tolérance. Ils voulaient dominer sur les consciences comme ils dominaient sur les esprits. La philosophie de Montaigne était à leurs yeux un crime irrémissible, et ils le condamnaient comme ils auraient

condamné Socrate, Caton et Marc-Aurèle, tous
hommes vertueux, mais d'une vertu mondaine et
réprouvée.

Mallebranche accuse Montaigne d'effronterie,
d'ignorance et de vanité; Pascal s'écrie : « Le sot
» projet que Montaigne a eu de se peindre! » C'est
avec cette urbanité que les écrivains de Port-Royal
parlaient des hommes qu'ils n'aimaient pas. Ils
voulurent même lutter contre le philosophe dont
ils avaient attaqué la réputation, et ils engagèrent
un de leurs chefs, athlète éprouvé dans la contro-
verse, à publier des essais de morale. Le livre de
Nicole fut reçu avec transport; il fut loué, prôné
avec enthousiasme, et bientôt négligé. Il y a cependant du mérite dans son ouvrage, il est écrit
correctement, la morale en est pure; mais il est
froid; il ne parle ni au cœur ni à l'imagination.
On l'estime encore, mais on ne le lit plus. Ces mêmes hommes qui traitaient avec si peu de ménagement l'auteur des *Essais* ne dédaignaient pas
d'emprunter ses pensées, souvent même ses expressions, et le regardaient sans doute comme un
ennemi vaincu, dont il est permis de s'approprier
les dépouilles. Tout cela n'empêche pas que les solitaires de Port-Royal n'aient été des hommes supérieurs. Personne plus que moi n'admire leurs

travaux, et je les regarde comme les fondateurs de la saine littérature en France.

C'est une chose assez curieuse de voir de quelle manière Mallebranche parle du *pédantisme* de Montaigne, et quel formidable appareil de raisonnement il emploie pour établir cette opinion.

« Il n'est pas seulement dangereux de lire Mon-
» taigne pour se divertir, à cause que le plaisir
» qu'on y prend engage par degrés dans ses senti-
» ments, mais encore parce que ce plaisir est *plus*
» *criminel* qu'on ne pense : car il est certain que
» ce plaisir naît principalement de *la concupis-*
» *cence*, et qu'il ne fait qu'entretenir et fortifier les
» passions, la manière d'écrire de cet auteur n'é-
» tant agréable que parce qu'elle nous touche, et
» qu'elle réveille nos passions d'une manière im-
» perceptible.

» Il me semble que ses plus grands admirateurs
» le louent d'un certain caractère d'auteur judicieux
» et éloigné du pédantisme, et d'avoir parfaitement
» connu la nature et les faiblesses de l'esprit hu-
» main. Si je montre donc que Montaigne, *tout*
» *cavalier* qu'il est, ne laisse pas d'être aussi pé-
» dant que beaucoup d'autres, et qu'il n'a eu qu'une

» connaissance très médiocre de l'esprit, j'aurai fait
» voir que ceux qui l'admirent le plus n'auront point
» été persuadés par des raisons évidentes, mais
» qu'ils auront été seulement gagnés par la force
» de son imagination.

» Ce terme *pédant* est fort équivoque; mais l'u-
» sage, ce me semble, et même la raison, veulent
» que l'on appelle pédants ceux qui, pour faire pa-
» rade de leur fausse science, citent *à tort et à tra-*
» *vers* toutes sortes d'auteurs, qui parlent simple-
» ment pour parler et pour se faire admirer des
» sots, qui amassent sans jugement et sans discer-
» nement des apophthegmes et des traits d'histoire
» pour prouver ou pour faire semblant de prouver
» des choses qui ne se peuvent prouver que par des
» raisons.

» *Pédant* est opposé à *raisonnable;* et, ce qui
» rend les pédants odieux aux personnes d'esprit,
» c'est que les pédants ne sont pas raisonnables :
» car les personnes d'esprit aiment naturellement
» à raisonner; ils ne peuvent souffrir la conversa-
» tion de ceux qui ne raisonnent point.

» Il ne sera pas maintenant fort difficile de prou-
» ver que Montaigne était aussi pédant que plu-

174   NOTES.

» sieurs autres, selon cette notion du mot *pédant*,
» qui semble la plus conforme à la raison et à l'u-
» sage : car je ne parle pas ici de pédant à longue
» robe; la robe ne peut pas faire le pédant. Mon-
» taigne, qui a tant d'aversion pour la pédanterie,
» pouvait bien ne porter jamais la robe longue;
» mais il ne pouvait pas de même se défaire de ses
» propres défauts. Il a bien travaillé à se faire l'*air*
» *cavalier*; mais il n'a pas travaillé à se faire l'esprit
» juste, ou, pour le moins, il n'y a pas réussi.
» Ainsi il s'est plutôt fait un *pédant à la cavalière*
» et d'une espèce toute singulière qu'il ne s'est rendu
» raisonnable, judicieux et *honnête homme*, etc. »

C'est avec peine qu'on voit un homme tel que
Mallebranche descendre à des injures; mais il semble que ce soit là un privilége exclusif des savants.
Balzac, qui n'était pas un *pédant à longue robe*,
s'est aussi permis quelques personnalités contre
Montaigne; mais il les a couvertes de ce vernis de
politesse qui convenait à un *cavalier* comme lui.
Au reste, La Bruyère, qui voyait dans Montaigne
ce que Balzac et Mallebranche n'avaient pu apercevoir, a fait justice de leur critique dans le passage
suivant :

« Deux écrivains, dans leurs ouvrages, ont blâ-

» mé Montaigne, et il paraît que tous deux ne l'ont
» estimé en nulle manière. Balzac ne pensait pas
» assez pour goûter un auteur qui pense beaucoup;
» le père Mallebranche pense trop subtilement pour
» s'accommoder des pensées qui sont naturelles. »

(Caractères de La Bruyère.)

PAGE 143.

*Montaigne ne fut exposé ni aux attaques de la haine
ouvertement déclarée, ni à ces délations ténébreuses, arme éternelle de la bassesse et de l'hypocrisie.*

Montaigne jouissait du premier des biens après
la philosophie, d'une fortune indépendante. Il vivait dans la retraite, après avoir exercé pendant
plusieurs années une magistrature honorable. Les
circonstances politiques le favorisèrent. Tous les
esprits étaient occupés des dissensions civiles qui
menaçaient la fortune et la vie des citoyens. La
guerre la plus cruelle était déclarée entre les protestants, qui formaient un parti considérable, et
les catholiques, attachés à la cour de Rome. Des
intérêts d'une haute importance se mêlaient à ces
querelles. Les grands cherchaient, en attisant le

feu des guerres civiles, à regagner l'indépendance
et les priviléges des grands vassaux de la couronne,
qui s'étaient graduellement affaiblis depuis le règne
de Louis XI. Ils combattaient moins le pouvoir de
l'église que celui du souverain. Quelques idées ré-
publicaines flottaient même au travers de ce chaos
d'opinions opposées. Ainsi chacun s'occupait de ses
intérêts personnels en paraissant s'occuper de l'intérêt général, et la religion servait de prétexte à la
révolte et aux factions politiques. Montaigne n'a-
vait point été dupe des apparences; et, ne parta-
geant ni les fureurs ni les crimes d'aucun parti, il
se bornait à mettre en pratique la philosophie qu'il
avait puisée dans les écrits des anciens sages, et à
éclairer les hommes sur leurs devoirs et leurs vrais
intérêts.

Montaigne profita donc des circonstances. Il
avait encore un grand avantage. L'esprit de parti
qui divisait alors les savants ou plutôt les érudits
ne s'était point introduit dans la littérature, et n'en
avait point banni la franchise et la vérité. Il n'était
pas nécessaire pour réussir de se ranger sous une
bannière, d'appartenir à une école, de se faire l'a-
pôtre de certains principes; il suffisait de plaire et
d'instruire. Il n'existait point de coteries littéraires, de critiques de profession, toujours prêts à

distribuer le blâme ou l'éloge, non suivant le mérite de l'ouvrage, mais suivant les opinions de l'auteur. On n'achetait point les succès; on se conten-
tait de les mériter.

PAGE 144.

Rome, libre et vertueuse, devint sa patrie.

Il n'y a point d'exagération dans cette pensée.
C'est Montaigne lui-même qui rend témoignage de
son attachement et de sa tendresse presque filiale
pour cette grande cité, dont un poète célèbre a
dit :

Veuve d'un peuple roi, mais reine encor du monde.

Il faut l'entendre s'exprimer lui-même sur ce sujet:

« J'ai vu ailleurs des maisons ruinées et des
statues et du ciel et de la terre : ce sont toujours
des hommes. Tout cela est vrai; et si pourtant ne
saurois revoir le tombeau de cette ville si grande
et si puissante que je ne l'admire et révère. Le
soin des morts nous est en recommandation. Or
j'ai été nourri dès mon enfance avec ceux-ci. J'ai
eu connoissance des affaires de Rome long-temps
avant que je l'aie eue de celles de ma maison. Je

savois le Capitole et son plan avant que je sceusse
le Louvre, et le Tibre avant la Seine. J'ai eu plus
en teste les conditions et fortunes de Lucullus,
Métellus et Scipion, que je n'ai d'aucuns hommes
des nostres.

» J'ai soutenu cent querelles pour la défense de
Pompéius et pour la cause de Brutus. Cette ac-
coïntance dure encore entre nous. Les choses pré-
sentes mesmes, nous les tenons qué par fantaisie.
Me trouvant iuutile à ce siècle, je me rejette à cet
autre, et en suis si embabouiné, que l'estat de
cette vieille Rome libre, juste et florissante (car je
n'en aime ni la naissance ni la vieillesse), m'intéresse et me passionne. Par quoy je ne saurois revoir si souvent l'assiette de leurs rues et de leurs
maisons, et ses ruines profondes jusqu'aux Anti-
podes, que je ne m'y amuse. Est-ce par nature ou
par erreur de fantaisie que la vue des places que
nous savons avoir été hantées et habitées par personnes desquelles la mémoire est en recommandation nous esmeut aucunement plus qu'ouïr le
récit de leurs faits ou lire leurs escrits. Il me plaist
de considérer leur visage, leur port et leurs veste-
ments. Je remasche ces grands noms entre les
dents, et les fais retentir à mes oreilles.

» Et puis cette mesme Rome que nous voyons
mérite qu'on l'aime; seule ville commune et universelle. Il n'est lieu çà-bas que le Ciel ait embrassé
avec telle influence de faveurs et telle constance. La
ruine mesme est glorieuse et enflée, et retient-elle
au tombeau des marques et imaiges d'empire. *Ut
palam sit uno in loco gaudentis opus esse naturæ.* »

PAGE 151.

*Avec quel intérêt ne le suivrions-nous pas dans
une cour élégante et corrompue, dévote et licencieuse, où régnait cette Médicis qui confondit
l'intrigue avec la politique, et la cruauté avec
la force.*

On ignore assez généralement que Montaigne fut
quelque temps placé en qualité de secrétaire dans
le cabinet de la reine Catherine de Médicis. C'est
sans doute à cette époque qu'il fut décoré du cordon
de l'ordre de Saint-Michel, faveur très recherchée
avant l'institution de l'ordre du Saint-Esprit par
Henri III. •

Il nous reste un monument authentique de l'emploi que Montaigne exerçait à la cour : ce sont des
avis donnés par Catherine de Médecis à Charles IX,

peu de temps après sa majorité, et qui furent écrits
par Montaigne lui-même. Cette pièce est'un peu
longue; mais, comme elle sert à faire connaître
les mœurs du temps, j'ai cru devoir la conserver
dans son entier.

AVIS DONNÉS PAR CATHERINE DE MÉDICIS A CHARLES IX.

« Monsieur mon fils, vous ayant déjà envoyé
ce que j'ai pensé vous satisfaire à ce que me dites
avant que d'aller à *Gaillon*(1), il m'a semblé qu'il
restoit encore ce que j'estime aussi nécessaire pour
vous faire obéir à tout votre royaume, et reconnoître combien désirez le revoir en l'estat auquel
il a été par le passé durant les règnes des rois mes
seigneurs, vos père et grand-père. Pour y parvenir,
j'ai pensé qu'il n'y a rien qui vous y serve tant que
de voir qu'aimiez les choses réglées et ordonnées ,
et tellement policées que l'on connoisse les désordres qui ont été jusques ici par la minorité du roi
votre frère, qui empeschoit que l'on ne pouvoit
faire ce que l'on désiroit. Cela vous a tant desplu

---

(1) Maison de campagne près de Rouen.

que, incontinent qu'avez eu le moyen d'y remédier, et le tout régler par la paix que Dieu vous a donnée, que n'avez perdu une seule heure de temps à rétablir toutes choses selon leur ordre et la raison, surtout aux choses de l'église et qui concernent notre religion, laquelle pour conserver, et par bonne vie et exemple tascher de remettre tout à icelle, comme par la justice conserver les bons, et nettoyer le royaume des mauvais, et recouvrer par là votre autorité et obéissance entière.

» Encore que tout cela serve, et soit le principal pilier et fondement de toutes choses, si est-ce que je cuide que, vous voyant réglé en votre personne et façon de vivre, et votre cour remise avec l'honneur et police que j'y ai vus autrefois, que cela sera un exemple partout votre royaume, et une connoissance à un chacun du désir et volonté qu'avez de remettre toutes choses selon Dieu et la raison. Et afin qu'en effet cela soit connu d'un chacun, je désirerois *que prissiez une heure certaine de vous lever* ; et pour contenter votre noblesse, faire comme faisoit le feu roi votre père : car, *quand il prenoit sa chemise*, et que les habillements entroient, tous les princes, seigneurs, capitaines, chevaliers de l'ordre, gentilshommes de la chambre, maistres-d'hostel, gentilshommes servants, entroient lors,

et il parloit à eux et le voyoient , ce qui les contentoit beaucoup.

» Cela fait , s'en alloit à ses affaires ; et tous sor-
toient hormis ceux qui en estoient, et les quatre
secrétaires. Si faisiez de mesme, cela les contente-
roit fort, pour estre chose accoutumée de tout temps
aux rois vos père et grand-père.

» Après cela , que donnassiez une heure ou deux
à ouïr les dépesches et affaires qui , sans votre présence, ne se peuvent dépescher , et ne passer les
dix heures *pour aller à la messe.* Que tous les princes et seigneurs vous accompagnassent , et non
comme je vous vois aller , que n'avez que vos archers. Et au sortir de la messe disner s'il est tard ;
ou si non , *vous promener pour votre santé* , et ne
passer onze heures que ne disniez ; et après disner,
*pour le moins deux fois la semaine , donner au-
dience* , qui est une chose qui contente infiniment
vos sujets , et après vous retirer , *et venir chez moi
ou chez la reine , afin que l'on connoisse une façon
de cour* , qui est chose qui plaist infiniment aux
François. Ayant demeuré demi-heure ou une heure
en public , vous retirer ou à votre estude, ou en
privé , où bon vous semblera ; et sur les trois heures
après midi , vous alliez vous *promener à pied* ou *à*

cheval, afin de vous montrer et contenter la noblesse; et passer votre temps avec cette jeunesse
à quelque exercice honneste, si non tous les jours ,
au moins deux ou trois fois là semaine : cela les
contentera tous beaucoup, l'ayant ainsi accoutumé
du temps du roi votre père, qui les aimoit infiniment. Après cela , *souper avec votre famille;* et
l'après-soupée, deux fois la semaine, *tenir la salle
du bal*, car j'ai ouï dire au roi votre grand - père
» qu'il falloit, pour vivre en repos avec les Fran-
» çois, et qu'ils aimassent leur roi , les tenir joyeux,
» et occuper à quelque exercice. » Pour cet effet, il
faut souvent combattre à cheval, à pied, avec la lance. Au temps passé , les garnisons de gens-d'armes
estoient par les provinces, où la noblesse d'alentour
s'exerçoit à courre la bague ou tout autre exercice
honneste ; et outre qu'ils servoient pour la seureté
du pays , ils contenoient les esprits de pis faire.

» Or, pour retourner en la police de la cour , du
temps du roi votre grand-père, il n'y eut homme si
hardi d'oser dire dans sa cour injure à autre : car, s'il
eust été ouï, il eust été mené au prévost de l'hostel.
Les capitaines de ses gardes se promenoient ordinairement par les salles, et dans la cour ; et quand
l'après-disnée le roi étoit retiré en sa chambre, chez
la reine , ou chez les dames , les archers se tenoient

aux salles parmi les degrés et dans la cour, *pour empescher que les pages et laquais ne jouassent et ne tinssent les brelans* qu'ils tiennent ordinairement dans le chasteau où vous estes logé, avec blasphèmes et juremens, chose exécrable; et devez renouveler les anciennes ordonnances et les vostres mesmes, en faisant faire punition bien exemplaire, afin que chacun s'en abstienne. Aussi, les Suisses se promenoient à la cour ; et le prévost de l'hostel avec ses archers dans la basse-cour et parmi les cabarets et lieux publics, pour voir ce qu'il s'y fait et empescher les choses mauvaises, et pour punir ceux qui avoient délinqué. Les portiers ne laissoient entrer personne dans la cour du chasteau, si ce n'estoit *les enfants du roi, les frères et sœurs*, en coche, à cheval, *en litière.* Des princes et princesses descendoient dessous la porte; les autres hors la porte. Tous les soirs, depuis que la nuit venoit, le grand-maistre avoit commandé au maistre-d'hostel de faire allumer des flambeaux par toutes les salles et passages, et aux quatre coins de la cour et degrés, des falots; et jamais la porte du chasteau n'estoit ouverte que le roi ne fust éveillé, et n'y entroit ni sortoit personne quel qu'il fust. Comme aussi au soir, dès que le roi estoit couché, on fermoit les portes, *et on mettoit les clefs sous le chevet de son lit.* Au matin, quand on alloit ouvrir pour son disner , le gentilhomme qui tranchoit devant lui alloit quérir le couvert , et portoit en sa main la nef et les couteaux avec lesquels il devoit trancher ; devant lui , l'huissier de salle ; et après, les officiers pour couvrir. Comme aussi, quand on alloit à la viande, le maistre-d'hostel y alloit en personne et le panetier, et après eux, c'étoient enfants d'honneur et pages sans valetaille , ni autre que l'escuyer de cuisine, et cela estoit plus seur et plus honorable.

» L'après-disnée et l'après-soupée , quand le roi demandoit sa collation , un gentilhomme de la chambre l'alloit quérir ; et , s'il n'y en avoit point, un gentilhomme servant qui portoit en sa main la coupe ; et après lui venoient les officiers de la paneterie et échansonnerie. Ainsi , en la chambre n'entroit jamais personne quand on faisoit son lit ; et si le grand-chambellan ou premier gentilhomme de la chambre n'estoit à le voir faire, y assistoit un des principaux gentilshommes de ladite chambre ; et au soir le roi se déshabilloit en la présence de ceux qui au matin estoient entrés lorsqu'on portoit les habillements.

» Je vous ai bien voulu mettre tout ceci de la façon que je l'ai vu tenir aux rois vos père et grand-

père, pour les avoir vus tous aimés et honorés de
leurs sujets; et en étoient si contents que, pour
le désir que j'ai de vous voir de mesme, j'ai pensé
que je ne vous pouvois donner meilleur conseil
que de régler comme eux.

» Monsieur mon fils, après vous avoir parlé de
la police de la cour, et de ce qu'il faut faire pour
rétablir tous vos ordres en votre royaume, il me
semble qu'une des choses la plus nécessaire pour
vous faire aimer de vos sujets, c'est qu'ils connois-
sent qu'en toutes choses avez soin d'eux, autant de
ceux qui sont près de votre personne que de ceux
qui en sont loin. Je dis ceci, parce que vous avez
vu comme les malins, avec leur méchanceté, ont
fait entendre partout que vous ne souciez de leur
considération, aussi que n'aviez agréable de les
voir; et cela est procédé des mauvais offices et
menteries dont se sont aidés ceux qui, pour vous
faire haïr, ont pensé s'establir et s'accroître; et que
pour la multitude des affaires et négligence de ceux
à qui faisiez les commandements, bien souvent les
dépesches nécessaires, au lieu d'être diligemment
répondues, ne l'ont pas esté; au contraire ont demeuré quelquefois un mois ou six semaines; qui
estoit cause que, voyant telle négligence, on pensoit
estre vrai ce que disoient ces malins. Voilà ce qui

me fait vous supplier que dorénavant vous n'o-
mettiez un seul jour, prenant l'heure à votre commodité, que ne voyez toutes les dépesches, de quelque part qu'elles viennent, et que preniez la peine
d'ouïr celles qui vous sont envoyées. Si ce sont
choses de quoi le conseil puisse vous soulager, les
y envoyer, et faire un commandement au chancelier pour jamais, que toutes les choses qui concernent les affaires de votre estat, qu'avant que les
maistres des requestes entrent au conseil, qu'il aye
à donner une heure pour les dépesches; et après faire
entrer les maistres des requestes et faire suivre le
conseil pour les parties.

» C'est la forme que, durant les rois mes seigneurs, vos père et grand-père, tenoient M. le con-
nétable et ceux qui assistoient audit conseil. Les
autres choses qui ne dépendent que de votre volonté, après, comme dessus est dit, les avoir en-
tendues, commander les dépesches et réponses, et
selon votre volonté, aux secrétaires. Le lendemain,
avant que rien voir de nouveau, vous les faire lire,
et commander qu'elles soient envoyées sans délai.
Ce faisant, n'en viendra point d'inconvénient à
vos affaires. Vos sujets connoistront le soin qu'avez
d'eux; cela les fera plus diligents et soigneux; et
connoistront davantage combien vous voulez con-

server votre état et le soin que prenez de vos affaires. Quand il viendra, soit de ceux qui ont charge
de vous ou d'autres des provinces, pour vous voir,
il faut que vous preniez la peine de parler à eux,
leur demander de leurs charges, et, s'ils n'en ont
point, du lieu d'où ils viennent. Qu'ils connois-
sent que vous voulez savoir ce qui se fait parmi
votre royaume ; *et leur faire bonne chère*, et non
pas parler une fois à eux ; mais, quand les trouverez en votre chambre ou ailleurs, leur dire toujours quelque mot.

» C'est comme j'ai vu faire aux rois vos père et
grand-père, « jusqu'à leur demander, quand ils
» ne savoient de quoi les entretenir, de leur ménage,
» afin de parler à eux, et de leur faire connoistre qu'il
» avoit bien agréable de les voir. » En ce faisant, les
menteuses inventions qu'on a trouvées pour vous
déguiser à vos sujets seront connues de tous ; en
serez mieux aimé et honoré d'eux : car, retournant
à leur pays, feront entendre la vérité, si bien que
ceux qui vous ont cuidé nuire seront connus pour
méchants, comme ils sont. Aussi je vous dirai que,
du temps du roi Louis douzième votre aïeul, qu'il
avoit une façon que je désirerois infiniment que
vous voulussiez prendre pour vous oster toutes les
importunités et presses de la cour, et pour faire

connoistre à tous qu'il n'y a que vous qui donne
les biens et honneurs : vous en serez mieux servi,
et avec plus de faveurs. Il avoit ordinairement en
sa poche le nom de ceux qui avoient charge de lui,
fust-ce près ou loin, grands et petits comme de
toutes qualités ; comme aussi il avoit un autre roole
où estoient écrits tous les offices, bénéfices , et
autres choses qu'il pouvoit donner. Il avoit fait
commandement à un ou deux des principaux officiers en chaque province que , quelque chose
qui vaquast ou avinst de confiscations , aubaines ,
amendes et autres choses pareilles, nul ne fust averti
que premièrement ceux à qui il en avoit donné la
charge ne l'en avertissent par lettres expresses ,
qui ne tombassent ès mains des secrétaires ni autres,
que de lui-même. Lors, il prenoit son roole , et regardoit selon la valeur qu'il voyoit par icelui , ou
qu'on lui demandoit ; et selon le roole qu'il avoit
dans sa poche , il donnoit à celui que bon lui sem-
bloit , et lui en faisoit faire la dépesche lui-mesme
sans qu'il en sust rien ; il l'envoyoit à celui à qui il
le donnoit. « Et si de fortune , quelqu'un en étant
» averti le lui venoit demander, il le refusoit : car
» jamais à ceux qui demandoient il ne donnoit,
» afin de leur oster la façon de l'importuner. Ceux
» qui le servoient sans laisser leurs charges , sans
» venir le presser à la cour, et dépenser plus que

» ne vaut le don bien souvent, il les récompensoit
» des services qu'ils lui faisoient. »

» Aussi estoit-il le roi le mieux servi, à ce que
j'ai ouï dire, qui fut jamais : car ils ne reconnois-
soient que lui, et ne faisoit-on la cour à personne,
étant le plus aimé qui fut jamais, et prie Dieu qu'en
fassiez de même : car, tant qu'en ferez autrement
aux places ou autres inventions, croyez qu'on ne
tiendra pas le don de vous seul, car j'en ai ouï parler où je suis.

» Je ne veux pas oublier à vous dire une chose
que faisoit le roi votre grand-père, et qui lui con-
servoit toutes les provinces à sa dévotion. Il avoit
le nom de tous ceux qui estoient de maison dans les
provinces, et autres qui avoient autorité parmi la
noblesse, et du clergé des villes et du peuple. Pour
les contenter, et qu'ils tinssent la main à ce que
tout fust à sa dévotion, et pour estre averti de tout
ce qui se remuoit dans lesdites provinces, soit en
général ou en particulier, parmi les maisons privées ou villes, parmi le clergé, il mettoit peine
d'en contenter parmi toutes les provinces une dou-
zaine ou plus ou moins de ceux qui ont plus de
moyen dans le pays, ainsi que j'ai dit ci-dessus :
aux uns il donnoit des compagnies de gens-d'armes ;

aux autres, quand il vaquoit quelque bénéfice dans
le mesme pays, il leur en donnoit; comme aussi
des capitaines des places de la province et des officiers de judicature, selon et à chacun sa qualité.
Cela les contentoit de telle façon qu'il ne s'y remuoit rien, fust-ce au clergé ou au reste de la province, tant de la noblesse que des villes et du peuple, qu'il ne le sust. En estant averti, il y remédioit,
selon que son service le portoit, et de si bonne
heure, qu'il empeschoit qu'il n'advinst jamais rien
contre son autorité ni obéissance qu'on lui devoit
porter. Je pense que c'est le remède dont vous pourrez user pour vous faire aisément et promptement
bien obéir, et oster et rompre toutes autres lignes,
accointances et menées, et remettre toutes choses
sous votre autorité et puissance seule.

» J'ai oublié un autre point qui est bien nécessaire, et cela se fera aisément si vous le trouvez
bon : c'est qu'en toutes les principales villes de votre royaume vous y gagniez trois ou quatre des
principaux bourgeois, et qui ont le plus de pouvoir en la ville, et autant de principaux marchands
qui ayent bon crédit parmi leurs concitoyens; les
favorisant par bienfaits et autres moyens, sans que
le reste s'en aperçoive, et puisse dire que vous
rompiez leurs priviléges, tellement qu'il ne se fasse

et dise rien au corps de ville, ni par les maisons particulières, dont ne soyez averti, et que, quand ils viendront à faire leurs élections pour leurs magistrats particuliers, selon leurs priviléges, que ceux-ci, par leurs amis et pratiques, fassent toujours élire ceux qui seront à vous entièrement; qui sera cause que jamais ville n'aura autre volonté, et n'aurez point de peine à vous y faire obéir : car, en un seul mot, vous le serez toujours en ce faisant.

» Monsieur mon fils, vous en prendrez la franchise de quoi je le vous envoie, et le bon chemin. *Ne trouverez mauvais que je l'aie fait écrire à Montaigne,* car c'est afin que vous le puissiez mieux lire. C'est comment vos prédécesseurs faisoient.

» CATHERINE. »

Ceux qui ont étudié dans l'histoire le caractère et les mœurs de Catherine de Médicis, et qui ont lu avec quelque attention les réflexions que Montaigne a répandues dans son livre sur les devoirs des souverains, reconnaîtront sans peine que les avis qu'ils viennent de lire sont l'ouvrage de Montaigne lui-même. Charles IX ne sut point en profiter. Les désordres de toute espèce augmentèrent

sous son règne, et furent portés au comble sous celui de son successeur. De toutes les qualités distinctives des Valois, Henri III ne conserva que le courage personnel, la clémence et la libéralité. Fils d'une mère superstitieuse et livrée à la galanterie, il joignit la débauche à la superstition, et se rendit odieux à ses sujets. On connaît sa fureur pour les déguisements et les processions religieuses, toujours suivies d'excès en tout genre. Il avait institué des confréries de pénitents, dont les assemblées finissaient toujours par des orgies scandaleuses. Poncet, fameux prédicateur, leur en faisait en chaire de sanglants reproches. « J'ai été averti de » bon lieu, disait-il, qu'hier au soir, qui étoit le » vendredi de leur procession, la broche tournoit » pour le souper de ces gros pénitents, et qu'après » avoir mangé le gras chapon, ils eurent pour col- » lation de nuit le petit tendron qu'on leur tenoit » tout prêt. Ah! malheureux hypocrites, vous vous » moquez donc de Dieu sous le masque, et portez » par contenance un fouet à votre ceinture! Ce » n'est pas là, de par Dieu, où il faudroit le por- » ter : c'est sur votre dos et sur vos épaules, et vous » en étriller très bien! Il n'y a pas un de vous qui » ne l'ait bien gagné. »

Telle était l'éloquence du seizième siècle; et cette

audace du prédicateur annonçait assez la faiblesse du gouvernement et les révolutions qui devaient en résulter. Ces orateurs séditieux étaient pour la plupart vendus aux Guises. Poncet ne reçut d'autre punition que l'ordre de se retirer en son abbaye de Melun. Le duc d'Épernon voulut le voir lorsqu'il sortit de l'appartement du roi. « Monsieur notre » maître, on dit que vous faites rire les gens à vo- » tre sermon : cela n'est guère beau. Un prédicateur » comme vous doit prêcher pour édifier, et non pour » faire rire. — Monsieur, répondit Poncet avec fer- » meté, je veux bien que vous sachiez que je ne » prêche que la parole de Dieu, et qu'il ne vient » point de gens à mon sermon pour rire, s'ils ne » sont méchants ou athées, et aussi n'en ai jamais » fait tant rire que vous en avez fait pleurer. » Cette réponse hardie ferma la bouche au courtisan.

J'espère qu'on me pardonnera cette petite digression, qui sert à faire connaître le siècle où vivait Montaigne, et combien il était supérieur à ses contemporains.

PAGE 151.

Il fut décoré de l'ordre du prince à une époque où
il était encore honorable de le recevoir.

« L'ordre Saint-Michel, dit Montaigne, qui a été

si long-temps en crédit parmi nous, n'avoit point
de plus grande commodité que celle-là de n'avoir
communication d'aucune autre commodité. Cela
faisoit qu'autrefois il n'y avoit ni charge ni état,
quel qu'il fût, auquel la noblesse prétendît avec
tant de désir et d'affection qu'elle faisoit à l'ordre,
ni qualité qui apportât plus de respect et de grandeur, la vertu embrassant et aspirant plus volontiers à une récompense purement sienne, plutôt
glorieuse qu'utile.

» Il est bien certain que la récompense de l'ordre
ne touchoit pas, au temps passé, seulement la vail-
lance; elle regardoit plus loin. Ce n'a jamais été le
paiement d'un valeureux soldat, mais d'un capi-
taine fameux. La science d'obéir ne méritoit pas
un loyer si honorable. On y requéroit ancienne-
ment une expertise bellique plus universelle, et
qui embrassât la plupart et plus grandes parties
d'un homme militaire (*neque enim eædem militares
et imperatoriæ artes sunt*), qui fût encore, outre
cela , de condition accommodable à une telle dignité. »

Montaigne parle ensuite d'un nouvel ordre qu'il
s'agissait d'établir, et il ajoute : « Les règles de la
dispensation de ce nouvel ordre auroient besoin

d'être extrêmement tendues et contraintes pour lui donner autorité, et cette saison tumultuaire n'est pas capable d'une bride courte et réglée, outre ce qu'avant qu'on lui puisse donner crédit, il est besoin qu'on ait perdu la mémoire du premier et du mépris auquel il est chu. »

PAGE 152.

A peine a-t-il touché cette terre des héros que son génie s'enflamme.

La seule partie du voyage de Montaigne qui me paraisse digne de son talent, c'est celle où il parle de Rome; et je crois faire plaisir au lecteur d'en extraire ce qui s'y trouve de plus frappant.

Il disait « qu'on ne voyoit rien de Rome que le » ciel sous lequel elle avoit été assise et le plan de » son gîte; que cette science qu'il en avoit étoit une » science abstraite et contemplative, de laquelle il » n'y avoit rien qui tombât sous les sens. Ceux qui » disoient qu'on y voyoit au moins les ruines de » Rome en disoient trop, car les ruines d'une si » épouvantable machine rapporteroient plus d'hon- » neur et de révérence à sa mémoire : ce n'étoit

» rien que son sépulcre. Le monde, ennemi de sa
» longue domination, avoit premièrement brisé et
» fracassé toutes les pièces de ce corps admirable,
» et parce que, encore tout mort, renversé et défi-
» guré, il lui faisoit horreur, il en avoit enseveli
» les ruines même.

» Ces petites montres de sa ruine qui paroissent
» encore au-dessus de la bière, c'étoit la fortune
» qui les avoit conservées pour le témoignage de
» cette grandeur infinie que tant de siècles, tant
» d'incendies, la conjuration du monde réitérée
» tant de fois à sa ruine, n'avoient pu universelle-
» ment éteindre. Mais étoit vraisemblable que ces
» membres défigurés qui en restoient, c'étoient les
» moins dignes, et que la furie des ennemis de cette
» gloire immortelle les avoit portés premièrement
» à ruiner ce qu'il y avoit de plus beau et de plus
» digne. Les bâtiments de cette Rome bâtarde qu'on
» alloit à cette heure attachant à ces masures, quoi-
» qu'ils eussent de quoi ravir en admiration nos
» siècles présents, lui faisoient ressouvenir pro-
» prement des nids que les moineaux et les corneil-
» les vont suspendant en France aux voûtes et pa-
» rois des églises que les huguenots viennent d'y
» démolir. Encore craignoit-il, à voir l'espace
» qu'occupe ce tombeau, qu'on ne le reconnût par-

» tout, et que la sépulture ne fût elle-même pour
» la plupart ensevelie.

» Que cela de voir une si chétive décharge comme
» de monceaux de tuiles et pots cassés être ancien-
» nement arrivée à un monceau de grandeur si
» excessive qu'il égale en hauteur et largeur plu-
» sieurs naturelles montagnes (1), c'étoit une ex-
» presse ordonnance des destinées, pour faire sentir
» au monde leur conspiration à la gloire et préémi-
» nence de cette ville par un si nouveau et extraor-
» dinaire témoignage de sa grandeur. Il disoit ne
» pouvoir aisément faire convenir, vu le peu d'es-
» pace et de lieu que tiennent aucun de ces monts,
» et notamment les plus fameux, comme le Capi-
» tolin et le Palatin, qu'il y rangeât un si grand
» nombre d'édifices. A voir seulement ce qui reste
» du temple de la Paix, le long du *Forum roma-*
» *num*, duquel on voit encore la chute toute vive
» comme d'une grande montagne dissipée en plu-
» sieurs horribles rochers, il ne semble que deux
« tels bâtiments pussent tenir en tout l'espace du

(1) Il forme ce qu'on nomme aujourd'hui le Mont-Testacé,
Monte-Testaceo.

» Capitole, où il y avoit bien vingt-cinq ou trente
» temples, outre plusieurs maisons privées. Mais,
» à la vérité, plusieurs conjectures qu'on prend
» de la peinture de cette ville ancienne n'ont guère
» de vérisimilitude, son plan même étant infini-
» ment changé de forme, aucuns de ces vallons
» étant comblés, voire dans les lieux les plus bas
» qui y fussent, comme par exemple au lieu du
» *Velabrum*, qui, pour sa bassesse, recevoit l'égout
» de la ville, et avoit un lac ; il s'est tant élevé des
» monts de la hauteur des autres monts naturels,
» qui sont autour de là, ce qui se faisoit par le tas
» et monceaux des ruines de ces grands bâtiments ;
» et le *Monte Savello* n'est autre chose que la ruine
» d'une partie du théâtre de Marcellus. Il croyoit
» qu'un ancien Romain ne sauroit reconnoître l'as-
» siette de sa ville quand il la verroit.»

PAGE 154.

Mais si la Boëtie ne vivait plus pour lui, il vivait pour la Boëtie.

Je ne rapporte point ici ce que Montaigne dit de
la Boëtie : le chapitre de l'amitié est du petit nombre de ces ouvrages que tout le monde connaît, et
doit savoir par cœur. Je me contenterai de citer un

passage de l'Histoire du président de Thou qui montre l'idée qu'il s'était faite des deux amis :

« Étienne de la Boëtie, à peine âgé de trente-
» trois ans, conseiller au parlement de Bordeaux,
» mourut à Sarlat en Périgord, lieu de sa naissance.
» Il avait un esprit admirable, une érudition vaste et
» profonde, et une facilité merveilleuse de parler et
» d'écrire. Il s'appliqua surtout à la morale et à la
» politique. Doué d'une prudence rare et au-dessus
» de son âge, il aurait été capable des plus grandes
» affaires s'il n'eût pas vécu éloigné de la cour, et si
» une mort prématurée n'eût pas empêché le public
» de recueillir les fruits d'un si sublime génie. Nous
» sommes redevables à Michel de Montaigne, son
» estimable ami, de ce qu'il n'est pas entièrement
» mort ; il a recueilli et publié plusieurs de ses ou-
» vrages, qui font voir la délicatesse, l'élégance et
» l'étonnante sublimité de ce jeune auteur. Je ne
» puis omettre son *Anthénoticon* (la servitude vo-
» lontaire), dont j'ai déjà fait l'éloge, qui fut pris
» par ceux qui le publièrent en un sens tout-à-fait
» contraire à celui que son sage et savant auteur
» avait eu en le composant. » (*Hist. univ.* de J.-A.
de Thou, liv. XXXV.)

Montaigne était fait pour l'amitié. La célèbre

Marie de Gournay, qui s'intitulait sa fille d'alliance, lui fut sincèrement attachée ; et , quelque temps après la mort de son père adoptif, elle donna une nouvelle édition de ses œuvres. Cette édition , dédiée au cardinal de Richelieu , contient une préface de l'éditeur qui mérite d'être lue.

Montaigne, né en 1533, a vécu sous les règnes de François Ier, Henri II , François II , Charles IX , Henri III et Henri IV. Il avait été gentilhomme ordinaire de la chambre du Roi. Il succéda , dans la mairie de Bordeaux, au maréchal de Matignon ; et après quatre années d'exercice , il y fut remplacé par le maréchal de Biron. Le château de Montaigne est situé à deux lieues de la ville de Sainte-Foi, dans arrondissement de Libourne. Il existe encore, ou du moins il existait il y a quelques années. On y voyait cette tour, dont parle Montaigne, où il avait placé sa *librairie*. Cette pièce était couverte d'inscriptions grecques, latines et italiennes ; elle communiquait au corps du bâtiment par une galerie d'où il voyait tout ce qui se passait dans les cours, et dans une partie des champs qui environnaient sa demeure. C'est là qu'un livre à la main , il conversait avec les anciens philosophes, pesait leurs opinions dans la balance du doute, et promenait son imagination féconde sur tous les objets qui peuvent intéresser l'humanité. Quelques personnes ont imaginé qu'il penchait vers le stoïcisme. C'est une erreur. Les règles de conduite qu'il a constamment suivies prouvent qu'il avait adopté la morale de Socrate et celle d'Épicure, en rejetant ce qu'il y avait d'exagéré dans les doctrines du premier, et d'absurde dans le système physique du second. Il admirait les stoïciens ; mais il aimait Socrate, qu'il nomme son maître, et qu'il propose pour modèle aux hommes qui veulent se perfectionner par l'étude de la sagesse et par la pratique de la vertu.

PRÉCIS HISTORIQUE

SUR

LA VIE ET LES OUVRAGES

DE L'ABBÉ RAYNAL.

Guillaume-Thomas-François Raynal, l'un des écrivains philosophes les plus célèbres du dernier siècle, reçut, comme Voltaire, son éducation chez les jésuites. Il était né à St-Geniez, dans le Rouergue, en 1713; et ce ne fut que vers 1748 qu'il abandonna la compagnie de Jésus et parut dans le monde : il avait trente-cinq ans. Le plan de vie qu'il s'était fait jusque alors annonçait un adversaire plutôt qu'un

soutien des doctrines philosophiques; non
seulement il avait été ordonné prêtre, mais il
avait professé la théologie, et s'était essayé
avec quelque succès dans le genre d'éloquence
déjà perfectionné par Bourdaloue et Massillon. Un zèle peu réfléchi l'avait rendu mis-
sionnaire; bientôt la raison le rendra philosophe. Il est probable que l'étude des matières
théologiques n'avait pas entièrement absorbé
sa pensée, et qu'il négligeait quelquefois saint
Thomas ou saint Augustin, pour raisonner
avec Bayle, ou pour douter avec Montaigne.
Il était aimé des jésuites, qui, par une politique bien entendue, s'empressaient d'adopter
les jeunes gens nés avec d'heureuses dispositions, et dont les talents pouvaient honorer
leur société; mais l'amour de l'indépendance,
l'attrait des affections sociales, peut-être même le sentiment de ses forces et le besoin de
la célébrité, entraînèrent l'abbé Raynal. Il
quitta sa retraite, et fixa son séjour à Paris,
dans un temps où l'influence de la littérature
philosophique commençait à s'étendre, et à
épurer les opinions, en attendant l'amélioration des mœurs.

Ce contraste entre les mœurs et les opinions est un phénomène digne de remarque. Le monde se trouvait à cette époque sous l'empire de deux génies opposés. Tandis que la dépravation morale, née et entretenue dans la classe la plus élevée de la société, pénétrait graduellement toutes les conditions et desséchait les cœurs, la philosophie s'efforçait d'échauffer les âmes par le sentiment de l'humanité, d'agrandir la pensée par l'examen approfondi des droits et des devoirs de l'homme. Les factions ennemies qui troublaient l'église; les disputes théologiques, si frivoles dans leurs principes, si cruelles dans leurs résultats, les odieuses persécutions des protestants; les excès de l'intolérance, qui refusait au chrétien mourant sa dernière consolation; toutes ces causes réunies avaient affaibli le pouvoir des croyances religieuses. Les ministres de l'Évangile, occupés d'intérêts humains, oubliaient leur céleste patrie; les passions avaient envahi le temple; Dieu lui-même semblait absent du sanctuaire. Ce fut alors que la morale, flottante et sans appui, se réfugia dans la philosophie.

La société considérée sous ces deux aspects, il est facile d'expliquer les opinions, la conduite, les travaux de l'abbé Raynal. Quel est le spectacle qui frappa ses regards à son entrée dans le monde? D'un côté il voyait un monarque enseveli dans de honteux plaisirs, le pouvoir avili entre les mains d'une courtisane adultère, un fanatisme sans frein se mêlant à des voluptés sans décence, les atroces folies de la bulle *Unigenitus*, les refus de sacrements, le mépris, l'oubli des droits de l'humanité, les affections de famille devenues un sujet de ridicule, la licence alliée à la servitude, les vices privilégiés bravant la censure publique; de l'autre, apparaissaient quelques hommes armés de la toute-puissance de la raison, soulevant les sentiments généreux en faveur de la vertu méconnue, de la morale outragée. A cette époque parurent successivement les grands ouvrages philosophiques qui imprimèrent un caractère particulier au dernier siècle. Condillac soumet à l'analyse les opérations de l'entendement, et découvre cette importante vérité, qu'une science perfectionnée n'est qu'une langue bien faite (1); Montesquieu, pour me servir de la belle expression de Voltaire, « retrouve les titres perdus du genre humain; » J.-J. Rousseau ordonne aux épouses d'être mères, rappelle le bonheur au sein des familles, et donne à la vertu l'attrait de la volupté. Ce fut vers le milieu du siècle que commença, au défaut du sacerdoce, décrédité par ses propres excès, cet apostolat philosophique, dont le zèle se montra quelquefois exagéré, mais dont le but fut toujours digne d'éloge. Alors s'éleva ce monument encyclopédique où vinrent se réunir, comme dans un centre commun, les rayons épars de toutes les sciences, vaste dépôt des connaissances humaines, dont le plan seul est un ouvrage admirable. Dans le même temps, Voltaire, appuyé sur vingt chefs-d'œuvre en divers genres, citant à son tribunal l'injustice, la tyrannie, arrachait de malheureuses vic-

_____

(1) Les progrès de la chimie ont été le résultat de cette vérité.

times à l'oppression et au fanatisme. La raison n'eut jamais de plus habile défenseur ; jamais le talent ne montra plus d'activité et
d'énergie, soit pour anéantir des préjugés nuisibles, soit pour assurer le triomphe de la tolérance ; une émulation générale agitait fortement les âmes; la littérature, fécondée par l'esprit philosophique, s'appliquait à tous les sujets importants de législation, d'économie publique, et embellissait les plus sévères études.
Buffon, esquissant d'une main savante et hardie l'immense tableau de la nature, ouvrait
la carrière à d'autres talents, et préparait de
nouvelles renommées ; le domaine de la pensée s'agrandissait chaque jour, et l'admiration
publique décernait de justes triomphes aux
hommes de génie dont les immortelles productions honoraient la France et ajoutaient
un nouveau lustre à la gloire nationale.

Qu'on se figure un homme doué d'une brillante imagination, d'un esprit attentif, d'une
âme généreuse, jeté au milieu de ces direc-
tions opposées ! Il faut qu'il choisisse entre les
drapeaux du fanatisme et ceux de la philoso-

phie, entre l'erreur et la vérité. Raynal fit un choix digne de lui, le prêtre devint philosophe; et ce qui peut servir à marquer les progrès de l'époque, ce changement n'excita ni censure ni éloges; on trouva cette métamorphose toute naturelle : il semblait qu'on fût revenu à l'époque où la philosophie était aussi le sacerdoce. Cependant Raynal, peu favorisé des dons de la fortune, chercha dans la culture des lettres d'honorables moyens d'existence; et, ce qui est rare à toutes les époques, il eut le bonheur de les trouver. Quelques uns de ses premiers ouvrages, les *Anecdotes littéraires* et les *Mémoires de Ninon de l'Enclos*, fournirent à ses besoins, et firent peu pour sa renommée; ce sont des compilations qui n'ont laissé qu'un faible souvenir.

Il n'en fut pas ainsi de l'*Histoire du stathoudérat.* Cet ouvrage attira l'attention des connaisseurs; ils crurent y voir la promesse d'un talent distingué. Ce fut là tout le succès de cette production, dans laquelle l'auteur essaya ses forces. Il était facile d'y remarquer le germe des beautés qu'on admire dans l'*His-*

toire philosophique, même celui des défauts qu'une critique sévère doit pardonner : car les beautés sont d'un ordre supérieur, et les défauts disparaissent dans cette vaste composition, où l'éloquence du langage ennoblit presque toujours la pensée. L'*Histoire du sta-thoudérat* n'est qu'un précis des révolutions qui ont agité la Hollande depuis que le patriotisme de ses habitants brisa les fers de l'oppression. La république batave avait triomphé de l'orgueil espagnol, comme son industrie avait dompté les flots d'une mer orageuse. Malheureusement une lutte s'établit au milieu d'eux entre le pouvoir et la liberté : les princes d'Orange, fondateurs de la république, tendirent constamment à la dominer, et à rendre cette domination héréditaire; d'illustres citoyens se dévouèrent pour la cause publique; plusieurs d'entre eux périrent glorieusement, victimes de l'ambition irritée et de la fureur aveugle d'un peuple égaré. La maison d'Orange eut le malheur de réussir dans sa funeste entreprise ; cette famille produisit de grands capitaines; on y trouverait difficilement un grand homme.

En retraçant l'histoire des Provinces-Unies, Raynal se rangea du parti de la liberté ; l'un des premiers il combattit le préjugé qui attachait une sorte de dégradation au caractère et à la profession de commerçant. « Les négociants, dit-il en parlant de la Hollande, sont le nerf et la gloire de cet état ; il serait peut-être plus exact de dire qu'ils font tout l'état. Par leur industrie, un pays qui ne produit rien de ce qu'il faut essentiellement pour construire et pour équiper des vaisseaux couvre la mer de ses flottes ; il n'a nul objet de nécessité ou de luxe dont il puisse trafiquer avec ses voisins, et il est devenu le magasin de toute l'Europe. Tous ses havres, celui d'Amsterdam en particulier, sont si mauvais, que les plus petits navires n'y peuvent entrer sans risque, et il n'y a point de ports au monde si fréquentés. Les sages qui remonteront à la source de ces prodiges, bien plus intéressants pour l'humanité que les exploits des conquérants, trouveront que, tandis que d'autres peuples étaient agités de fureurs civiles, la Hollande jouissait de la tranquillité domestique. Un ridicule préjugé confondait dans certains pays le négociant qui donne des ordres dans toutes les parties du monde avec le plus vil ouvrier, et la Hollande l'élevait au rang de ses législateurs (1). »

« Si ce passage avait pu laisser quelque doute sur les opinions philosophiques de l'auteur, il n'aurait pu résister aux idées de tolérance qui lui dictèrent les réflexions suivantes. Il s'agit ici de religion. « Les partisans de diverses sectes qui s'égorgeraient ailleurs vivent dans une union étroite et même intime sur les terres de la république; ils se regardent comme des citoyens du monde sagement liés par les besoins et les devoirs de l'humanité. Le magistrat n'a pas encore senti la nécessité de troubler l'état pour détruire ou pour établir des opinions incertaines ou contestées; il paraît convaincu, malgré les fureurs des enthousiastes, que toutes les religions font des

_____

(1) *Histoire du stathoudérat*, pag. 215 et suiv. La Haye, 1748.

sujets soumis lorsqu'ils ne sont pas persécutés par la religion dominante. Il se peut qu'il y ait des pays où la religion fasse plus de bien, mais il n'y en a point où elle fasse moins de mal (1). »

Ces observations paraissent raisonnables et modérées; mais, à l'époque où Raynal écrivait, il fallait du courage pour les énoncer : les idées de tolérance étaient alors considérées comme des erreurs subversives de l'ordre social. Les factions religieuses qui se déchiraient avec tant de fureur ne suspendaient leurs attaques que pour s'opposer de concert au progrès irrésistible des lumières. La raison était repoussée de toutes parts; les amis de la tolérance étaient dénoncés comme de mauvais citoyens. Nous n'avons pas encore tout-à-fait rétrogradé jusque là; je crois même qu'on pourrait répéter aujourd'hui, sans craindre la censure qui condamna Marmontel : « On

_____

(1) *Histoire du stathoudérat,* p. 222, 223.

n'éclaire pas les esprits avec la flamme des bûchers (1). »

Vers le même temps, l'abbé Raynal traita l'*Histoire du parlement d'Angleterre* avec aussi peu de critique et de soin que celle du *stathoudérat*. Cette production est aujourd'hui oubliée, et cet oubli n'est qu'un acte de justice. L'auteur n'avait ni les connaissances nécessaires ni le genre de talent qu'exige un pareil sujet. On le trouve souvent en contradiction avec lui-même; et la haute politique, considérée comme science, lui paraît totalement étrangère. Ses jugements sur les révolutions d'Angleterre sont ou superficiels ou faux. Dans son dernier chapitre, où il parle de l'organisation du parlement britannique, son langage est plein de dérision ou d'amertume. Cet ouvrage parut à l'époque où l'ascendant de l'Angleterre humiliait le gouvernement français, dépourvu d'énergie et de dignité. Si Ray-

_____

(1) *Bélisaire*, chap. 15.

nal considéra la publication de son livre comme un acte de patriotisme, il se trompa : les Anglais étaient ce qu'ils devaient être, les Français ne l'étaient pas encore.

Je n'ai rencontré dans l'*Histoire du parlement d'Angleterre* qu'un seul passage où l'on reconnaisse l'auteur de l'*Histoire philosophique*. Après avoir tracé le portrait de Henri V, dont le règne devait être si funeste à la France, il ajoute : « Les princes sages qui ont voulu rendre leurs peuples capables de grandes choses ont toujours commencé par élever leur courage en affermissant leur liberté. Des nations esclaves sont toujours lâches, et nécessairement ennemies des monarques qui les gouvernent. Henri, qui avait formé de grands projets, crut avec raison que leur exécution dépendait de l'harmonie qu'il établirait entre les différents pouvoirs de la monarchie. Il fut assez habile et assez heureux pour bannir de ses états cette défiance cruelle qui avait toujours régné entre ses prédécesseurs et le parlement. Comme il n'empiétait pas sur les droits de ses sujets, ils ne cherchèrent point à attenter à sa prérogative. » Ces remarques sont d'un esprit juste ; elles étaient vraies au temps où l'auteur les publiait ; elles sont encore vraies aujourd'hui.

L'abbé Raynal, doué d'un esprit agréable et d'une belle figure, ne pouvait manquer de réussir dans le monde. Rien de plus séduisant que la société de Paris, vers le milieu du dernier siècle : la capitale de la France était devenue celle de l'Europe savante et littéraire ; c'était la Rome de Médicis, ou plutôt l'Athènes de Périclès. L'élégance qui régnait dans les manières commençait à se mêler aux raffinements du luxe ; les mœurs de la régence, qui avaient dicté les pages licencieuses de Crébillon fils, étaient de mauvais goût ; quelque décence accompagnait la corruption. Tandis que l'esprit philosophique créait l'indépendance de la pensée, en dirigeant l'opinion vers le beau et l'utile, la morale, long-temps oubliée, reparaissait avec l'attrait de la nouveauté et la force d'un sentiment ; du moins la vertu était honorée, et c'était déjà une amélioration. Tout homme qui montrait un

talent réel trouvait de sincères amis, et non
d'orgueilleux protecteurs. Un trait de vertu,
un acte d'héroïsme, excitaient l'enthousiasme,
qui se change aisément en émulation. Les
femmes, qui entraînent tout lorsqu'elles mêmes sont entraînées ; les femmes, dont le cœur
est si facilement accessible aux émotions généreuses et aux opinions exaltées, applaudis-
saient avec transport à tout ce qui apparais-
sait de noble ou d'éclatant dans les arts, dans
les lettres, dans la société. C'était dans les
cercles où elles régnaient en souveraines que
la vertu ou le génie trouvaient pour récompense l'amitié ou la gloire. Ces réunions, dont
le souvenir n'est pas exempt de regrets, étaient
formées des hommes distingués de tous les
pays, élite précieuse de la civilisation européenne. Il semblait que la France fût la patrie
commune de tous les hommes éclairés ; la littérature et la philosophie y faisaient chaque
jour de nouvelles conquêtes ; enfin elle était
respectée malgré la faiblesse et les fautes de
son gouvernement ; la gloire du génie rempla-
çait celle des armes : heureuse compensation
pour l'humanité !

Ce fut dans un monde pareil que Raynal se trouva jeté en sortant de l'obscurité d'un cloître. Dès qu'il fut remarqué, il trouva des amis. Ses liaisons avec les plus célèbres personnages du dernier siècle datent de l'époque où il fut chargé de la rédaction du *Mercure de France*. Ce recueil, qui jusque alors n'avait mérité qu'une médiocre estime, commençait à prendre de l'importance; il devait bientôt offrir un intérêt réel sous la direction de Marmontel et de La Harpe.

Les discussions littéraires, s'exerçant sur des sujets utiles, sur des matières philosophiques, fournissaient un aliment solide aux esprits, et recevaient un haut degré d'attention. Deux partis divisaient alors la république des lettres. Les uns, ceux qui voulaient perpétuer les abus dont ils faisaient leur profit, étayer des institutions qui tombaient en ruine, s'efforçaient de concentrer en elle-même la littérature, dont ils redoutaient l'influence; ils voulaient que les écrivains n'eussent d'autre but que la perfection de l'art : aussi n'attachaient-ils de prix qu'aux formes extérieures, à l'agencement des parties, à la régularité des plans, à la pureté et à l'harmonie du langage. Ils défendaient aux hommes de lettres d'ouvrir de nouvelles routes à la pensée, d'éclairer les peuples, de préparer les réformes exigées par de nouveaux besoins et de nouveaux rapports. C'était l'école de Desfontaines et de Fréron. *Vert-Vert* était pour eux un chef-d'œuvre plus admirable que *la Henriade;* ils préféraient Nicole à Montaigne, et daignaient à peine s'occuper de Montesquieu : ce n'était qu'un philosophe. Le reproche si vague et qui rend la critique si aisée, le reproche de déclamation, ils l'adressaient à Rousseau, qu'ils ne comprenaient pas, et en général à tous les écrivains de l'époque. Le sentiment de la haine n'était point étranger à cette accusation, et l'on y reconnaissait aisément l'inspiration de l'envie. Les autres, cédant à une direction nouvelle, voyaient dans l'art d'écrire un moyen de répandre la lumière, de détruire les préjugés qui tiennent les peuples dans un état honteux d'ignorance et de servitude, de leur apprendre à connaître leurs droits et leurs devoirs. Le talent n'était, pour ces écrivains, que l'auxiliaire de la vérité et l'instrument de la raison. Le théâtre, l'épopée, l'histoire, tous les genres de littérature, ne leur paraissaient dignes d'être cultivés qu'autant que les hommes pouvaient en recevoir des émotions patriotiques, de grandes leçons de morale, la haine du despotisme et de la superstition. C'était l'école de Voltaire et de Montesquieu; elle avait été fondée par Fénelon, soutenue par Fontenelle, ou plutôt elle était la conséquence naturelle des progrès de l'esprit humain. On peut remarquer chez tous les peuples civilisés deux sortes de littératures : l'imagination est l'âme de l'une ; la pensée anime l'autre. La première peint avec fidélité les objets extérieurs, les passions de l'homme, les émotions du cœur, les rêves de la mélancolie ; elle n'a d'autre but que d'émouvoir et de plaire ; c'est là sa perfection. L'autre, en conservant le même domaine, place l'utile à côté du beau : c'est l'union de la pensée et du sentiment qui en fait le charme et la perfection : c'est là ce qui élève Thucydide au-dessus d'Hérodote, Horace au rang de Virgile ; ce qui recommande à la même admiration

Euripide et Sophocle, Tacite et Tite-Live,
Molière et Térence, Corneille et Racine; ce
qui met hors de ligne Fénelon, Montesquieu,
Voltaire et Rousseau. Ceux-ci au titre de
grands écrivains joignent celui de bienfaiteurs de l'humanité. Ils n'ont ni tout pensé
ni tout dit sur les intérêts de la société, il leur
manquait l'expérience; mais leur pensée a
fait naître l'investigation, leur parole a été
féconde, ils ont renouvelé la civilisation. Leur
gloire résistera à toutes les attaques; elle est
immortelle comme la vérité.

Les deux genres de littérature dont je viens
de parler ne s'excluent point nécessairement.
Isocrate et Démosthène appartiennent à la
même époque; Horace, le poète de la raison,
donnait, en beaux vers, des leçons de goût et
de philosophie, tandis que Virgile maniait
avec un art sublime les pinceaux d'Homère.
Chez nous, le premier chef-d'œuvre de la
langue, les *Provinciales*, avaient un autre but
que l'art considéré en lui-même : c'était,
pour Pascal, un moyen d'action sur l'opinion. Souvent le même génie poursuit à la

fois les deux carrières. La muse de Pétrarque, après avoir gémi des rigueurs de Laure, prenait un ton épique, appelait Rome à l'indépendance et l'Italie à la liberté. Dans le dix-huitième siècle, la littérature française vivifia la pensée par le sentiment; elle invoqua toutes les puissances morales, et les rangea toutes sous le même drapeau, celui de l'humanité.

L'abbé Raynal combattit sous cette banière sacrée. Nous le voyons lié avec tous les philosophes ses contemporains. Rousseau lui rend dans ses *Confessions* (1) le témoignage suivant : « Je lui étais toujours resté attaché depuis un procédé plein de délicatesse et d'honnêteté qu'il eut pour moi et que je n'oublierai jamais. Cet abbé Raynal, ajoute l'auteur des *Confessions*, était certainement un ami chaud. »

Ce fut à peu près vers ce temps qu'il con-

_____

(1) Partie II, livre 8.

çut l'idée d'écrire l'*Histoire philosophique et politique des établissements et du commerce des Européens dans les deux Indes*. Comme ce grand ouvrage est aussi le grand événement de la vie de Raynal, je vais en parler avec quelque étendue.

Depuis les premières expéditions des Portugais dans l'Inde et la découverte du Nouveau-Monde, le commerce avait acquis en Europe une grande importance politique. Les brillantes destinées de Venise, de Florence, de Gênes, avaient déjà averti les gouvernements de l'utilité des relations commerciales. Une famille de marchands enrichis et parvenus, la famille des Médicis, avait donné un souverain pontife à l'église et des reines à la France; cependant le préjugé qui plaçait la profession de commerçant au nombre des professions ignobles résistait encore parmi nous aux leçons de l'expérience et aux progrès de la raison. Tel gentilhomme de campagne, dont l'oisive existence était un fardeau pour la société; tel anobli de fraîche date, dont les parchemins étaient le produit de l'usure, ou de la

servitude personnelle, regardait comme un
déshonneur l'alliance d'une famille devenue
opulente par la probité et l'industrie. Il fallut, pour ébranler ce ridicule préjugé, que le
commerce eût élevé la Hollande au rang des
passions prépondérantes, qu'il eût rendu l'Angleterre arbitre de l'Europe et souveraine des
mers ; il fallut encore que la philosophie joignît ses conseils à ceux de l'intérêt, et que des
écrivains populaires se servissent des armes de
l'éloquence pour faire triompher une vérité
utile. Tel fut le but que l'abbé Raynal se proposa en écrivant son *Histoire philosophique*.
Il faut avouer qu'il a contribué plus qu'aucun
autre à rectifier les idées sur ce point, et que
le commerce, considéré dans les rapports de
la société, doit à ses travaux une juste reconnaissance.

En considérant l'*Histoire philosophique et
politique du commerce des deux Indes,* on est
d'abord frappé de l'étendue et de la hardiesse
du plan, et des grandes difficultés de l'exécution. Que de travaux préparatoires! que de
recherches étaient nécessaires! que de maté-

riaux l'auteur devait rassembler et mettre
en ordre avant sa composition! Méditer tout
ce que les anciens ont écrit sur le commerce,
suivre sa marche et ses révolutions dans les
diverses parties du monde; marquer leur naissance, leurs progrès et leur résultat sur les
destinées des peuples; interroger les naviga-
teurs qui, en promenant sur les deux mers
leur pavillon tantôt paisible, tantôt mena-
çant, ont ouvert de nouvelles routes à l'industrie; rendre compte des productions utiles de tant de climats divers; décrire les habitudes, les mœurs, les arts de leurs habitants; rapprocher tous ces objets, les éclairer
les uns par les autres; montrer dans l'accrois-
sement du commerce une ère nouvelle de civilisation et de prospérité : telle était la tâche,
faiblement exprimée, que Raynal avait à
remplir. Comment exiger une perfection absolue dans toutes les parties de cet immense
ouvrage? Observons encore la nouveauté d'une
telle entreprise : aucun livre du même genre
ne pouvait servir de modèle; c'était une véritable création.

Si les critiques qui ont traité Raynal avec tant de sévérité, et qui lui ont reproché quelques erreurs peu importantes, quelques détails superflus, comme des vices essentiels, avaient consulté la justice, et non leurs passions personnelles, ils auraient avoué que peu d'ouvrages méritent autant d'estime que l'*Histoire philosophique*; en relevant les défauts, ils auraient fait ressortir les beautés; ils auraient surtout rendu hommage aux intentions de l'auteur, qui n'avait en vue que les intérêts des peuples. Mais la critique n'est plus, depuis long-temps, que l'expression d'une secte ou d'un parti; la république des lettres est aussi agitée par les discordes civiles, et le temps seul fonde les renommées littéraires comme les renommées politiques. Le temps a déjà prononcé sur le mérite de l'*Histoire philosophique* : cet ouvrage est du petit nombre de ceux qui appartiennent à tous les peuples civilisés, et qui ne peuvent plus périr. S'il n'est pas mis au rang des modèles, il restera comme un des grands monuments de l'esprit humain.

Dès qu'il parut, son succès ne fut pas dou-

ieux. Il portait l'empreinte d'un siècle éclairé : il fut applaudi par les philosophes, condamné par la Sorbonne, et brûlé par un arrêt du parlement. J'ai sous les yeux le réquisitoire qui précède cet arrêt, et je ne crois pas
que jamais on ait renfermé dans des limites
aussi étroites tant d'injures, tant d'accusations fausses et d'assertions hasardées. Le parlement, qui s'était mis en opposition avec les
jésuites, se croyait obligé, pour ne pas se
compromettre avec l'ordre entier du clergé,
de poursuivre les doctrines philosophiques ; il
protégeait l'intolérance pour ne pas être accusé
d'irréligion ; les ultramontains et les philosophes étaient tour à tour l'objet de sa sévérité.
Le système de bascule, aussi bien que celui
d'interprétation, est plus ancien qu'on ne
pense.

Le sophisme fondamental du réquisitoire
dont je viens de parler est de prendre sans
cesse la cause de la superstition et du fanatisme pour celle de la religion, et de supposer
que toute idée nouvelle est par cela même
dangereuse. Il n'est donc pas étonnant que

l'auteur de ce réquisitoire, écrit d'ailleurs avec adresse et avec un talent remarquable, ait lancé l'anathème sur le passage suivant, dans lequel Raynal examine la transition du paganisme au culte des chrétiens : « La philosophie, dit-il, commençait à éclairer la raison humaine. On ne voyait plus dans le paganisme vieilli que les fables de son enfance, l'ineptie ou la méchanceté de ses dieux, l'avarice de ses prêtres, l'infamie et les vices des empereurs qui soutenaient ses prêtres et ses dieux. Alors du débris des superstitions païennes et des sectes philosophiques il se forma un corps de rites et de dogmes que la simplicité des premiers chrétiens a sanctifiés ; le paganisme, démasqué d'avance par la philosophie, céda sa place au nouveau culte. »

Il est constant, pour tout homme qui n'est pas étranger à l'histoire de l'antiquité, que la philosophie platonicienne influa beaucoup sur les rites et les dogmes de la primitive église. On en retrouve surtout des vestiges dans l'Évangile selon saint Jean, et les écrivains de bonne foi sont d'accord sur ce point. Mais comme la morale est la base du christianisme, et que la morale évangélique brille d'un éclat divin, que toute la religion est dans la paix, la justice, la charité et l'espérance, c'est-à-dire dans la pratique de toutes les vertus, on ne leur ôte aucune autorité en montrant ce qui peut venir de l'homme, en lui donnant la philosophie pour auxiliaire et pour compagne. S'il est une opinion généralement adoptée, c'est que, dans le long cours des siècles, beaucoup d'abus se sont introduits dans l'église, et que d'étranges superstitions ont altéré les croyances primitives. N'est-ce pas rendre un service à la religion que de combattre ces superstitions et ces abus ? Soyons religieux, mais ne soyons pas fanatiques !

Le rédacteur du réquisitoire ne pardonne pas même à Raynal l'éloge de la philosophie ; et l'un des passages qu'il dénonce avec amertume, et qui lui paraissent le plus répréhensibles, est celui-ci :

« C'est elle (la philosophie) qui lie, éclaire, aide et soulage les humains ; elle leur donne

tout sans en exiger aucun culte ; elle demande, non le sacrifice des passions, mais un emploi juste, utile et modéré de toutes nos facultés. Fille de la nature, dispensatrice de ses
dons, interprète de ses droits, elle consacre
ses lumières à l'usage de l'homme ; elle le rend
meilleur pour qu'il soit plus heureux. Elle ne
hait que la tyrannie et l'imposture, parce
qu'elles foulent le monde ; elle fuit le bruit et
le nom de secte, mais elle les tolère toutes.
Les aveugles, les méchants la calomnient ; les
uns ont peur de voir, les autres d'être vus :
ingrats ! qui se soulèvent contre une mère
tendre, quand elle veut les guérir des erreurs
et des vices qui font les calamités du genre
humain. »

« La voilà donc cette philosophie ! s'écrie
» l'auteur du réquisitoire ; elle vient elle-mê-
» me de s'arracher le masque qui la dérobait
» aux yeux de l'univers, qu'elle veut séduire ;
» elle se montre enfin à découvert, et la dif-
» formité de ses traits ne sera plus cachée. On
» avait peine à la reconnaître à travers le voi-
» le de sagesse qu'elle avait emprunté. » En

comparant les deux passages que je viens de
citer, on conçoit difficilement que la lecture
du premier ait pu servir de texte au second.
La philosophie a reçu des éloges dans tous
les temps; elle en reçoit aujourd'hui, elle en
recevra toujours. La liberté des peuples a été
son ouvrage. Cicéron a fait de la philosophie
un éloge bien autrement énergique que celui
de Raynal, et l'histoire ne nous dit point qu'aucun préteur ait livré aux flammes le *Traité
des devoirs* ou les *Tusculanes*. Une chose digne de remarque, c'est la manière dont les
pensées de l'auteur se trouvent interprétées
dans ce réquisitoire : cette méthode, qui ne
vieillit pas, a sans doute été empruntée de
l'inquisition.

« Ainsi, dit le réquisitoire, dans le tableau
que nous venons de vous présenter, on dit
que la philosophie ne hait *que la tyrannie et
l'imposture, parce qu'elles foulent le monde*. Sans doute la tyrannie et l'imposture
sont des monstres dignes de la haine de tout
homme vertueux; sans doute l'imposture
et la tyrannie pèsent sur l'humanité, et sont

les fléaux les plus cruels des nations : sous ce
point de vue, l'expression n'a, sans contredit,
rien de répréhensible. Mais l'auteur entend
par cette dénomination générale et obscure
ce qu'il y a de plus précieux pour la tranquillité et le bonheur du monde entier : c'est la
souveraineté des puissances de la terre et la
religion chrétienne qu'il veut désigner; les
rois sont des tyrans, les ministres de l'église
sont des imposteurs.

» C'est ainsi que l'auteur, en annonçant
que la philosophie *vient guérir le genre humain des erreurs et des vices qui en font
les calamités,* donne à entendre, comme par
un résultat de tout ce qui précède, qu'en considérant avec attention la multitude des vices
et des erreurs qui conspirent pour affliger
l'humanité, la philosophie fait reconnaître
que cette chaîne funeste part également du
trône et de l'autel. »

Il serait difficile d'étendre plus loin le privilége de l'interprétation. Si cette méthode
était appliquée à tous les écrivains moralistes

il en est peu qui ne fussent exposés à subir une condamnation. Les puissances de la terre pouvaient peut-être se plaindre de quelque outrage ; mais c'est à l'auteur du réquisitoire que la plainte devait s'adresser : c'était lui qui, sortant du vague des généralités, rejetait sur ces puissances le reproche spécial d'imposture et de tyrannie. Si Raynal avait pu répondre, il aurait dit qu'il n'entendait pas ces phrases dans le même sens que son accusateur ; mais, à quelque époque que ce soit, quand l'attaque est permise et la défense interdite, il y a tyrannie, et quelquefois imposture.

Raynal fut jugé sans être entendu. Sa condamnation porte *qu'il sera appréhendé au corps et amené ès prisons de la Conciergerie du Palais.* Le philosophe ne crut pas convenable d'attendre l'exécution de cet arrêt. Ne pouvant soustraire son livre aux flammes judiciaires, il mit du moins son corps hors d'état d'être *appréhendé*, et partit pour les eaux de Spa, où se réunissait la meilleure compagnie de l'Europe. Il y trouva des admirateurs, et, ce qui vaut encore mieux, des amis. On lui rendait plus de justice dans l'étranger que dans son pays ; et ce n'est pas là ce qui peut nous causer de l'étonnement. La guerre américaine occupait alors tous les esprits ; l'Angleterre, qui a toujours aimé la liberté pour elle-même et la servitude pour les autres, l'Angleterre soutenait contre ses colonies une lutte injuste, et qui devait finir par l'indépendance d'un peuple dont les grandes destinées se développent rapidement. Les Anglais, battus sur terre, triomphaient encore sur les mers ; leurs vaisseaux couvraient les deux océans. Le neveu de Raynal, embarqué sur un bâtiment français, fut pris et conduit à Londres. Le ministre, apprenant quel était l'oncle du prisonnier, lui rendit la liberté, et annonça cette nouvelle à Raynal dans les termes suivants : « C'est le moins que nous puissions faire pour le neveu d'un homme dont les écrits sont utiles à toutes les nations commerçantes. » Il ajoute que son souverain (George III) approuvait sa conduite et ses sentiments. Nul témoignage d'estime ne pouvait être plus agréable à Raynal : il venait de la nation qui était alors la plus éclairée de

l'Europe, d'une nation qui aspire à tous les
genres de monopoles, même à celui du génie,
et dont les jugements ne sont pas toujours
exempts de partialité. Raynal, poursuivi par
le parlement, et chargé des anathèmes de la
Sorbonne, voyagea comme les anciens philosophes, et alla comme eux à la découverte
de la vérité. Il visita Frédéric, qui marchait
avec son siècle, et qui souvent même le de-
vançait. Raynal a déclaré que ses entretiens
avec ce grand roi avaient été pour lui une
source de lumières et d'instruction. De son
côté, Frédéric, qui avait peu de respect pour
les décisions de la Sorbonne et du parlement,
admirait la variété de connaissances, la profondeur de vues, la vivacité d'esprit, que le
philosophe français déployait dans la conversation. « A la manière, disait-il, dont il me
parle de la puissance, des ressources, et des richesses de tous les peuples, je crois m'entre-
tretenir avec la Providence. »

Toutes les actions, toutes les pensées de
Raynal, avaient pour but le perfectionnement
de son grand ouvrage. Il consultait les hom-

mes instruits de quelque nation que ce fût, recueillant les renseignements, pesant les autorités, comparant les témoignages et vérifiant tous les faits. « Si l'ont m'eût désigné, dit-il, sous la ligne ou sous le pôle, un homme en état de m'éclairer sur quelques points importants, j'aurais été sous le pôle ou sous la ligne le sommer de s'ouvrir à moi. » Les archives de la compagnie des Indes lui furent communiquées en Angleterre; les hommes les plus éclairés de l'Europe s'empressèrent de lui fournir des documents, de lui adresser des observations. L'édition de Genève fut le résultat de ces nouvelles recherches et des nouvelles méditations de l'auteur; elle eut un brillant succès. Raynal lui seul n'en fut pas entièrement satisfait, et l'on verra par la suite qu'il se proposait encore de l'améliorer.

On a prétendu que Raynal n'était pas le seul auteur de son ouvrage, et que plusieurs écrivains, entre autres Diderot, avaient partagé ses travaux; on attribue même à ce dernier les pages les plus éloquentes de l'*Histoire philosophique*. Cette opinion, accréditée par

la haine et l'envie, n'est pas accompagnée de
preuves suffisantes ; on ne connaît aucune réclamation de Diderot à cet égard. Il est possible, il est probable même que Raynal, lié
avec l'écrivain encyclopédique, ait reçu de
lui des conseils dont il ne fut jamais avare. On
sait que Diderot, sur le seul titre d'un livre,
se livrait au luxe de son imagination ; qu'il
traçait un plan, indiquait les parties principales, et que la lumière rayonnait de toutes
parts dans ces brillantes improvisations. Nul
doute que Raynal n'ait beaucoup profité dans
ces entretiens remplis de chaleur et d'intérêt ;
mais, d'une telle coopération au travail matériel et pénible de la composition, la distance est infinie. D'ailleurs chaque écrivain de
mérite, comme chaque peintre, a sa manière ;
il est difficile de s'y méprendre. La manière de
Raynal est remarquable : il aime à procéder
par l'énumération, et affecte souvent les formes dramatiques. Il y a de la clarté, de la
noblesse, et une élévation soutenue, dans son
style comme dans sa pensée. Il est peut-être
trop prodigue de mouvements et d'opposi-
tions ; mais l'intérêt n'est jamais absent, le

lecteur est entraîné, et les plus généreux sentiments se réveillent au fond de son cœur.
Tout l'ouvrage est écrit de verve et d'une manière uniforme. Ce n'est point là le caractère
des écrits de Diderot : son style est heurté;
sa pensée ne connaît point de limites; il fait
éprouver tour à tour l'admiration et la fatigue. Il était gêné par un plan; son imagination, comme celle de Montaigne, dominait
ses autres facultés; les longs ouvrages ef-
frayaient sa paresse : aussi ses entretiens
étaient, dit-on, supérieurs à ses écrits.

Des critiques d'une équité suspecte ont reproché à Raynal ce qu'ils nomment ses *déclamations*. Ils auraient voulu que cet écrivain
parlât de l'esclavage avec indifférence, et des
droits de l'humanité sans chaleur. Ils regardent comme des hors-d'œuvre, des inutilités,
les passages énergiques où il foudroie les préjugés nuisibles, où il donne aux peuples,
comme aux rois, de salutaires leçons. Il est
permis de croire que ces Aristarques si difficiles auraient pardonné la forme si le fond
eût été différent, et que Raynal serait à leurs

yéux un grand écrivain s'il eût protégé de
son talent les anciens abus, les doctrines serviles.

Je conviendrai sans peine que Raynal emploie fréquemment les formes oratoires, et
qu'il s'adresse aux hommes comme s'il leur
parlait du haut d'une tribune. En examinant
le plan de son ouvrage et le but qu'il s'est
proposé, on apercevra facilement la cause de
ces mouvements d'une éloquence quelquefois
passionnée. Forcé de parcourir les différentes
contrées de la terre, de fixer un regard attentif sur les divers gouvernements, sur l'état
des nations, il devait éprouver des émotions
de plus d'un genre, et ces émotions se repro-
duisaient naturellement dans ses récits. Pouvait-il rester insensible aux spectacles des
malheurs que l'ignorance, la barbarie, l'a-
varice, le fanatisme, attirent sur les peuples?
Lorsqu'il pose en frémissant le pied sur la terre brûlante de la servitude, sur cette Afrique
où l'homme trafique de l'homme, où la cupidité européenne sourit aux gémissements,
aux larmes, aux tortures du désespoir, pou-

voit-on exiger que l'écrivain philosophe con-
templât froidement ces scènes terribles, qu'aucun cri d'indignation ne s'échappât du fond de
son cœur? Ah! si, loin d'invoquer la pitié des
hommes et la justice du ciel, il eût épuisé
l'art du sophisme pour justifier le commerce
du sang humain, on ne l'eût pas accusé de
sortir de son sujet, de se répandre en discours
oiseux; on rendrait hommage à son talent,
on reconnaîtrait son génie !

Soyons plus justes : le vœu de la philosophie a été entendu ; les gouvernements ont à
la fin compris que les infractions aux lois
de l'humanité ne constituaient pas un droit,
et que l'esclavage des Africains était contraire
à la morale comme à la politique. La traite
est abolie, mais à qui devons-nous cet acte
de justice? Raynal n'est-il pas le premier qui,
au nom de tout ce qui est sacré parmi les
hommes, ait invité les souverains à se réunir,
à se concerter pour détruire ce commerce
sanguinaire et immoral.

« Rois de la terre, s'écrie-t-il, vous seuls

pouvez faire cette révolution, si vous ne vous jouez pas du reste des humains, si vous ne regardez pas la puissance des souverains comme le droit d'un brigandage heureux, et l'obéissance des sujets comme une surprise faite à l'ignorance. Pensez à vos devoirs ; refusez le sceau de votre autorité à ce trafic infâme et criminel d'hommes convertis en vils troupeaux, et ce commerce disparaîtra ; réunissez une fois, pour le bonheur du monde, vos forces et vos projets si souvent concertés pour sa ruine. Que si quelqu'un d'entre vous osait fonder sur la générosité de tous les autres l'espérance de sa richesse et de sa grandeur, c'est un ennemi du genre humain, qu'il faut détruire ; portez chez lui le fer et le feu. Vos armées se rempliront du saint enthousiasme de l'humanité ; vous verrez alors qu'elle différence met la vertu entre les hommes qui secourent des opprimés et des mercenaires qui servent des tyrans (1). »

---

(1) *Histoire philosophique*, etc., liv. XI.

Voilà l'une de ces déclamations audacieuses que la Sorbonne, que le parlement, condamnèrent, et que certains critiques réprouvent. On peut juger par cette seule citation du crédit que méritent les uns et les autres. Quel est l'homme impartial qui, en considérant l'influence de ces vives exhortations aux maîtres de la terre, et l'effet qu'elles ont produit, voulût les retrancher de l'ouvrage de Raynal? Qui oserait de nos jours traiter de fautes contre le goût ces inspirations de l'humanité, qui commandent la justice et qui se font obéir? Que ne dirait-on pas si on eût trouvé dans l'*Histoire du commerce des deux Indes* cette invocation à Vénus qui commence le vingt-troisième livre de l'*Esprit des lois?* Mais Montesquieu parle en publiciste, on le ménage; Raynal rend la vérité éloquente, il est traité en ennemi. Tous les deux, avec des mérites divers, ont droit à la reconnaissance des hommes.

Comme le jugement que je porte sur Raynal est exempt de prévention et d'enthousiasme, j'avouerai qu'on peut lui reprocher, comme un défaut de composition, ce passage, si remarquable d'ailleurs par la vivacité des sentiments, où il fait l'éloge funèbre d'une femme charmante, de cette Élisa Draper qui fut aimée de Sterne, et qui mérita l'amitié de Raynal. Elle était née dans l'Inde, sur le territoire d'Anjinga, où les Anglais ont établi un comptoir, et où elle mourut à l'âge de trente-trois ans. Elle devait revenir en Europe; elle devait se réunir à ses amis, Raynal l'attendait avec impatience, lorsqu'il reçut la nouvelle de sa mort. Il avait trouvé un cœur digne du sien, et sentit toute l'étendue de sa perte. Le temps n'adoucit point ses regrets; le souvenir d'Élisa Draper fut toujours la première de ses affections. Il est facile de concevoir que, visitant en imagination les différentes parties de l'Inde, le nom seul d'Anjinga ait réveillé dans le cœur de Raynal des pensées mélancoliques, qu'il ait même été séduit par le désir d'élever un monument à la mémoire d'Élisa. Peut-être y a-t-il un excès de sévérité à proscrire ces mouvements du cœur qui entraînent quelquefois un écrivain hors de son sujet, et qui le placent lui-même en présence du lecteur. Rien de plus touchant que les pages où Raynal raconte les qualités, les vertus, la beauté, les grâces de son amie, descendue au tombeau. L'expression pathétique de ses regrets, l'éloquence de sa douleur, sont pleines d'un charme attendrissant. Une critique inflexible peut condamner cet hymne funèbre à être arraché du livre de Raynal; mais ce n'est pas moi qui aurai le courage d'exécuter cet arrêt. Un reproche plus juste adressé à cet écrivain, c'est que, dans l'étonnante multitude des faits qu'il rapporte, il en est quelques uns d'inexacts (1).

---

(1) Toutes les inexactitudes ont été relevées dans l'édition publiée par le libraire Amable Costes, sur les notes mêmes et les documents trouvés dans les papiers de Raynal. Ce qui ajoute beaucoup au mérite de cette édition, c'est le travail auquel s'est livré M. Peuchet. Ce travail forme un supplément plein d'intérêt, où l'auteur fait connaître les changements survenus jusqu'à présent dans le système colonial, et les rapports commerciaux des possessions européennes dans les deux Indes.

Il reconnaissait lui-même ces erreurs, et il a passé sa vie entière à les rectifier. Un seul trait, dont je garantis l'authenticité, fera juger si jamais homme fut plus accessible à la vérité : il s'agit du comte de Lally-Tolendal, dont la mémoire a été calomniée par tant d'historiens, et qui périt sur l'échafaud, victime de la plus odieuse persécution.

Raynal partagea long-temps l'opinion de quelques écrivains mal instruits, qui, tout en reconnaissant l'injustice de l'arrêt de mort porté contre le lieutenant-général de Lally, Irlandais d'origine, mais Français de cœur comme de naissance, voyaient en lui l'auteur de tous les maux qui avaient accablé Pondichéry, et la cause unique de la perte de cette belle colonie. Il parla dans l'*Histoire philosophique* de l'infortuné Lally comme en parlaient ses accusateurs, qui formaient un parti en France connu sous le nom de *faction indienne*. Ils avaient à leur tête le gouverneur même de Pondichéry, le moine Lavaur et le père Saint-Estevan, de la société de Jésus. On conçoit combien il était difficile d'échapper à un système d'intrigues et de calomnies combiné par deux jésuites : à peine un homme entouré de protections eût pu s'en garantir ; un général appuyé de sa seule innocence devait succomber. Ce fut donc sur la foi périlleuse de ces deux moines et de leurs adhérents, reconnus presque tous pour des dilapidateurs et de malhonnêtes gens, que M. de Lally passa pour une espèce de monstre dominé par une imagination déréglée, emporté, soupçonneux, jaloux et tyrannique. Sa mort n'avait point affaibli la haine des méchants ; ils voulaient encore le tuer dans sa renommée, l'assassiner dans son honneur. Ils auraient atteint ce but odieux si M. de Lally n'eût laissé un fils digne de lui, un fils qui regarda comme la partie la plus chère de son héritage la pieuse obligation de venger la mémoire de son père, d'obtenir la seule réparation possible de l'erreur ou de la passion de ses juges, de démasquer ses calomniateurs, de le montrer à l'histoire, fidèle, généreux, attaché à ses devoirs, tel qu'il fut dans le cours d'une vie toujours agitée et souvent glorieuse, tel qu'on le vit dans les fers jusqu'à sa dernière heure. On

apprit alors que M. de Lally avait toujours
servi la France avec honneur et avec un dévoûment sans bornes ; qu'il avait surmonté,
à force de mérite et de services, les obstacles
de plus d'un genre qui s'opposaient à son
avancement ; que le maréchal de Saxe , le maréchal de Belle-Isle , le maréchal de Lowen-
dal , rendaient justice à l'éminence de ses talents ; que tous les braves de l'armée esti-
maient sa valeur ; que chacun de ses grades
avait été le prix d'une blessure ou d'une action d'éclat ; enfin que la violence de caractère qu'on lui reprochait n'était autre chose
que cette franchise, ou, si l'on veut, cette rudesse que donne l'habitude des camps, rudesse qui n'exclut aucun sentiment généreux,
et qui est presque toujours un garant de loyauté. On sut que M. de Lally avait mis la puissance anglaise de l'Inde en péril, et qu'il
aurait élevé la colonie française au plus haut
point de prospérité, si la jalousie du gouverneur, l'ineptie et la cupidité des agents de la
compagnie, l'incapacité d'un amiral, l'insub-
ordination de quelques officiers supérieurs,
l'indiscipline des troupes , les manœuvres des

deux jésuites, n'avaient ou retardé ou fait manquer ses opérations ; qu'abandonné à ses propres ressources, à son seul courage, il n'avait cédé Pondichéri qu'après avoir fait les derniers et les plus glorieux efforts pour sauver cette ville. Ces vérités, exprimées avec éloquence, accompagnées de preuves incontestables, imposèrent silence à l'imposture ; l'arrêt du parlement fut cassé, et la mémoire du comte de Lally judiciairement réhabilitée. Elle l'était déjà dans l'opinion publique. La seconde édition de l'*Histoire philosophique* avait paru, lorsque M. le comte de Lally-Tolendal publia les mémoires qui justifiaient la conduite de son père. Raynal regretta vivement de ne les avoir pas connus. Un jour le hasard lui fit rencontrer l'auteur de ces beaux mémoires ; il s'empressa de lui témoigner ses regrets avec la franchise d'un honnête homme indigné d'avoir servi d'organe involontaire à la calomnie (1).

---

(1) Ce fut dans l'été de 1792 que cette rencontre eut lieu. Un jour que M. le comte de Lally-Tolendal

Il promit solennellement de rectifier une erreur qu'il avait adoptée, comme Voltaire, sur des rapports mensongers. Les agitations

---

avait dîné en famille chez son ami M. Malouet, demeurant alors rue d'Enfer, ce dernier, comme on sortait de table, reçut la visite de Raynal et de plusieurs personnes. M. Malouet proposa de faire une promenade dans le jardin du Luxembourg, sur lequel son jardin particulier avait une ouverture : la proposition fut acceptée. M. de Lally étant resté en arrière, et sortant le dernier du petit jardin pour entrer dans le grand, M. Malouet, qui avait gagné les devants avec l'abbé Raynal, se retourna, et dit à haute voix au comte de Lally :

« Monsieur de Lally, avez-vous fermé la porte et pris la clé ! — M. de Lally ! s'écria Raynal avec transport, M. de Lally ! » Puis, s'élançant vers le comte :

« Ha ! monsieur, poursuivit-il, combien de fois j'ai désiré de vous rencontrer ! combien de fois j'ai formé le projet d'aller vous trouver, sans jamais oser l'exécuter ! Vous m'avez traité sévèrement dans vos écrits ; je le méritais : je vous ai blessé au cœur. J'écrivais révolutionnaires qui surprirent la vieillesse de Raynal ne lui ont pas permis de dégager cette promesse. On a trouvé dans ses papiers

---

dans le camp de vos ennemis; je ne vous avais pas lu. Quelle réparation vous faut-il? »

M. de Lally, touché de la franchise et des regrets de l'abbé Raynal, lui répondit qu'il serait plus que satisfait s'il avait la générosité de les publier un jour. L'abbé reprit avec la même vivacité :

« C'est trop peu que des regrets, monsieur; une amende honorable, je le répète, je la dois au père et au fils. Elle ne me coûtera pas envers le héros de la nature, devenu le héros de la patrie. »

M. de Lally, prenant alors les mains de Raynal, lui dit d'une voix émue :

« Monsieur, je ne sens plus dans ce moment que la reconnaissance due à l'homme de génie qui, le premier après Voltaire, a foudroyé l'arrêt meurtrier de mon père. Promettez-moi de rendre publiquement à son caractère la même justice que vous avez rendue à son innocence, et je vous jure de tout mon cœur audes notes à ce sujet et des observations qui seront publiées dans une des livraisons subséquentes de l'*Histoire philosophique*.

J'ai dit que la révolution de l'Amérique septentrionale fixait alors l'attention de l'Europe; jamais événement ne produisit une sensation plus vive, ne réveilla plus de craintes, d'espérances, de vœux contraires. Les amis

tant d'amitié que vous m'avez inspiré malgré moi d'admiration. »

Raynal promit solennellement ce qu'on lui demandait. M. Malouet, les yeux pleins de larmes, prit la main du comte et celle de l'abbé, et les joignit dans les siennes en disant :

« Je réponds de tous deux à tous deux. Vous vous embrassérez chez moi ; maintenant, promenons-nous et ne faisons pas scène, car on commence à nous regarder beaucoup. »

Cette anecdote est consignée dans une lettre écrite par M. le comte de Lally-Tolendal au feu comte Portalis.

de la raison et de la justice comprirent aussitôt qu'il s'agissait moins de l'indépendance
particulière de l'Amérique du nord que de
l'émancipation générale et graduelle de tous
les peuples civilisés. Il s'établissait une lutte
de principes dont l'issue devait exercer sur
l'avenir une influence directe et irrésistible.
L'ancien continent tressaillit à ces grands
noms de liberté et de patrie qui parlent avec
tant de force à l'imagination, et qui remuent
si profondément les cœurs généreux. Tous les
hommes que fatiguait l'opposition, si manifeste dans la plus grande partie de l'Europe,
entre des mœurs nouvelles et des institutions
usées par le temps; tous ceux qui croyaient
qu'il n'existe de devoirs que là où les droits
légitimes sont reconnus; enfin tous les philosophes dont la voix éloquente sollicitait depuis un siècle l'affranchissement de la pensée, la tolérance religieuse, l'égalité civile,
applaudirent à cette déclaration d'indépendance, qui leur parut un arrêt solennel de la
destinée.

Raynal fut un des premiers à offrir le tribut

de ses lumières aux législateurs qui fondaient
ce nouvel empire. L'ouvrage qu'il composa
sur cet important sujet est plein d'observations judicieuses. Les écrivains même qui
combattirent quelques unes de ses proposi-
tions rendirent justice à la pureté de ses principes et à la hauteur de ses vues. Raynal ne
connaissait peut-être pas assez le peuple auquel il adressait des conseils : ce peuple était
formé pour la liberté, lorsqu'il réclama et
obtint son indépendance. Cette remarque suffit pour expliquer le peu de résistance intérieure qu'il éprouva, et la stabilité de ses institutions politiques. Ce sont les résistances
toujours inutiles qui précipitent la marche
des révolutions, et jettent les peuples hors
des limites de la liberté.

Raynal avait sollicité et obtenu la fin de
son exil ; mais à peine son séjour fut-il fixé
dans le midi de la France, que commença
cet ébranlement de l'ordre social dont nous
éprouvons encore les secousses, et qui ne ces-
sera que lorsque les lois et les institutions seront parfaitement d'accord avec nos mœurs,

nos besoins et nos intérêts. Raynâl, dont le cœur était plein d'humanité, ne put voir sans indignation les premiers excès de la licence. Il s'aperçut que, pour commettre ou absoudre des crimes, on abusait des principes de la philosophie, comme les fanatiques ont tant de fois abusé des préceptes de la religion. Il adressa à l'Assemblée constituante une lettre où il lui parlait des dangers de l'exagération, et lui marquait la route qu'elle aurait dû tenir. C'était la voix d'un sage qui s'élevait au milieu du choc des intérêts divers, du déchaînement des passions opposées : elle ne fut point entendue. Quelques personnes ont pensé, d'après cette lettre, que Raynal avait abjuré les principes, dont la défense et le développement avaient occupé sa vie entière. Rien ne justifie une telle opinion. Raynal avait trop de bon sens pour confondre l'abus avec l'usage ; la philosophie ne lui paraissait pas plus responsable que la religion des excès qu'on peut commettre en leur nom.

Depuis cette époque, Raynal s'occupa constamment à recueillir de nouveaux matériaux

sur le commerce et l'industrie des deux
mondes ; il ne vivait plus, pour ainsi dire,
que dans ses ouvrages ; leur perfectionnement
était l'unique objet de ses soins. Bienfaisant
par caractère, il avait épuisé la plus grande
partie de sa fortune en dotations à diverses
académies, pour l'avancement des lumières,
et en actes d'une charité éclairée. Les bénédictions du pauvre consolaient sa vieillesse
délaissée, et ranimaient un cœur brisé par le
spectacle des maux de son pays plus que par
ses propres infortunes. Accablé par l'âge et
les infirmités, il chérissait la retraite, et ne
voulut point en sortir lorsque le ministre
Benezech lui fit part de sa nomination à l'Institut national.

« Ceux de ses membres qui ont bien voulu
m'appeler à eux, répondit-il, ignoraient vrai-
semblablement que la campagne est depuis
long-temps mon séjour unique, que j'ai qua-
tre-vingt-trois ans, et que des infirmités ha-
bituelles me rendent incapable de toute occupation suivie ; mon devoir est d'informer la
société de ces particularités, afin que, si cela

lui paraît convenable, elle puisse me remplacer par un écrivain plus en état que moi
de la seconder dans ses importants et glorieux
travaux. »

Raynal survécut peu à cette lettre ; il mourut le 6 mars 1796. Sa mort fut celle d'un
sage qui, après les courts plaisirs et les longues
peines de la vie, voit disparaître toutes les illusions, et descend avec calme au séjour de
l'éternelle paix.

Peu d'écrivains ont exercé sur l'opinion
plus d'autorité que Raynal : de là viennent
les critiques injustes et passionnées dont il a
été l'objet pendant sa vie et depuis sa mort.
C'est à lui qu'on doit principalement la destruction de ce triste préjugé qui rangeait au
nombre des occupations serviles la profession
de commerçant, si utile et si honorable lorsqu'elle est accompagnée de lumières et de
vertus. Ce préjugé, l'un des derniers vestiges
de l'orgueil féodal, ennoblissait l'oisiveté,
retardait les progrès de l'industrie et le développement de la prospérité nationale. On doit

quelque reconnaissance à l'écrivain qui en a
démontré la tendance nuisible et l'absurdité.
Le temps n'est peut - être pas éloigné où tous
les hommes seront d'accord sur ce point : car
il ne faut pas se laisser tromper par les apparences; l'esprit humain poursuit sa marche
en dépit de tous les obstacles qu'on lui oppose,
et le triomphe des saines doctrines n'est plus
douteux.

Mais le plus grand service que Raynal ait
rendu aux peuples, c'est d'avoir pris une ini-
tiative courageuse dans la question de la traite
des noirs, d'avoir fait retentir jusque dans
le palais des rois les gémissements de l'infortune, les malédictions de l'Afrique. Et
lorsqu'on pense à toutes les haines, à toutes
les passions, à tous les intérêts que la voix
du philosophe devait soulever, peut-on ne
pas reconnaître en lui l'un des plus généreux
interprètes de la vérité ? Ceux qui considèrent
l'ouvrage de Raynal sous des rapports purement littéraires n'en donneront jamais une
idée juste. Qu'on refuse d'admettre cet écrivain au nombre des auteurs classiques, j'y

consens : il a sa place marquée parmi les hommes de génie et les défenseurs de l'humanité.

MÉLANGES
DE LITTÉRATURE.

ESSAI

SUR

L'ETABLISSEMENT MONARCHIQUE DE LOUIS XIV
ET SUR L'ALTERATION QU'IL EPROUVA PENDANT
LA VIE DE CE PRINCE, AVEC UN EXTRAIT DES
MEMOIRES DE DANGEAU ;

PAR LEMONTEY.

On accuse souvent les Français de négliger
les études sérieuses : c'est un reproche qu'on
ne prononce plus que par habitude, et parce

qu'il en coûté toujours un peu de renoncer
aux formules de dénigrement. C'est ainsi que
nous subissons encore le blâme d'une frivo-
lité dont les grands spectacles de la politique,
et une alternative inouïe de succès et de revers, ont dégagé le caractère national. Il faut
pourtant se résoudre à croire que ce qui était
vrai il y a trente ans peut être faux aujour-
d'hui. Je sais qu'il existe un certain nombre
de phrases rédigées en forme de sentence, et
destinées à rattacher ou plutôt à confondre
deux époques bien différentes. Ces apophthè-
gmes vulgaires sont à la portée de toutes les
mémoires, et trouvent place dans les esprits
les plus étroits; mais des liens aussi fragiles
ressemblent à ces fils légers que l'industrie
d'un insecte attache aux ruines des vieux monuments, et que le moindre souffle fait disparaître.

Depuis que la nation est comptée pour quelque chose et que la machine du gouvernement
a été montée au grand jour, les temps passés
sont devenus l'objet d'une utile investigation.
L'ancienne monarchie a éprouvé le sort de

tant d'hommes célèbres exposés, pendant leur vie, à l'indifférence contemporaine, et qui excitent, après leur mort, une vive curiosité. Nous demandons des historiens à notre littérature avec autant d'instance qu'on lui demandait autrefois des historiographes. S'il manque aux annales françaises un Tacite ou un Tite-Live, l'esprit de notre époque n'en est point responsable ; tout est prêt, le génie peut arriver quand il voudra.

L'introduction à l'histoire critique de la France depuis 1715, qui vient d'être publiée sur le titre modeste d'*Essai sur l'établissement monarchique de Louis XIV*, nous annonce un historien, et l'apparition de ce phénomène est une bonne nouvelle que je me hâte d'annoncer à la république des lettres. Je me propose d'examiner à loisir cette production remarquable sous plusieurs rapports ; je vais me débarrasser aujourd'hui des *Nouveaux mémoires* de ce Dangeau, que M. Lemontey nomme judicieusement le Suétone du dix-septième siècle : en effet, ce courtisan ne quitte jamais l'antichambre, et on reconnaît

aisément dans son style l'influence de la livrée.

C'est aux soins de madame de Genlis que
nous devons les anciens mémoires de Dangeau. En parcourant, à l'époque de la publication, ce recueil indigeste d'événements
vulgaires et d'anecdotes sans intérêt, je fus
surtout frappé de l'immense labeur auquel
madame de Genlis s'était volontairement con-
damnée. Comme cette dame a trop d'esprit
pour se livrer à des travaux stériles, je cherchai quel avait pu être son but en disputant
à l'oubli les pages arides du grand-maître de
l'ordre de Saint-Lazare. Sa préface m'assurait
qu'elle avait voulu rendre service à la mémoire
de Louis XIV, et fournir de nouveaux ar-
guments aux ennemis de la philosophie ; mais
la lecture de l'ouvrage produisit un effet contraire. Louis XIV est un de ces rois qu'il ne
faut pas considérer avec une attention trop
familière, et qui ont besoin, pour faire effet,
du prestige de l'éloignement et d'un costume
de théâtre. On peut nous montrer Henri IV
jouant avec ses enfants en barette et en justau-

corps : ce sera toujours le bon roi ; mais je ne conseillerai jamais aux admirateurs de Louis XIV de nous le présenter sans la majesté d'une chevelure empruntée et la décoration d'un ample manteau royal. L'imagination ne peut séparer ce roi des attributs extérieurs de la royauté. Il figure assez bien dans l'histoire ; mais les mémoires particuliers lui donnent une attitude gauche et fâcheuse : le despotisme n'est jamais à son aise en robe de chambre.

Ces considérations si simples avaient-elles échappé à la pénétration de madame de Genlis ? Je ne puis me déterminer à le croire. Personne plus que moi ne rend justice à la variété de ses connaissances, à la finesse de son esprit et à la délicatesse de son goût. J'ai lu la plupart de ses ouvrages avec un extrême plaisir ; et c'est précisément cette haute opinion de ses talents qui me fit penser qu'elle avait tendu un piége innocent à ses lecteurs. En conséquence, je remerciai madame de Genlis, au nom des philosophes, de la publication des mémoires de Dangeau ; je prouvai sans peine qu'on ne pouvait mieux s'y prendre pour détruire les illusions du pouvair absolu, et pour nous faire apprécier les grands avantages d'une liberté constitutionnellement établie. Les *Nouveaux mémoires* dont je vais parler viennent à l'appui de cette opinion.

Veut-on une preuve de l'insensibilité de Louis XIV? Lisez le trait suivant :

Le prince de la Roche-sur-Yon avait suivi le roi à la chasse. Le cerf le blessa d'un *coup d'andouiller* entre l'œil et la tempe, et l'enleva fort haut de dessus son cheval. On fut obligé de lui recoudre la peau du visage. « Le roi, dit Dangeau, n'a point envoyé savoir de ses nouvelles, ni n'en a demandé. » Ce que madame de Genlis nomme peu grammaticalement les *étiquettes* ne permettait peut-être pas à Louis XIV de s'informer si la blessure du prince de la Roche-sur-Yon était dangereuse ; mais je suis porté à croire qu'en pareille occurrence, le cœur de Henri IV aurait oublié le cérémonial.

Louis XIV était crédule ; jamais roi ne fut plus aisément trompé par ses ministres. Cette assertion paraîtrait téméraire si elle n'était appuyée par des faits incontestables. Écoutons le marquis de Dangeau : « Le roi dit à monsieur le Nonce (9 octobre1685), à son lever, qu'il avait eu nouvelle que la ville d'Uzès se convertissait tout entière, à l'exemple de Nîmes et de Montpellier, et qu'il ne doutait pas que le pape ne se réjouît fort de ces belles nouvelles-là. »

Les simples lumières du bon sens auraient dû faire sentir à Louis XIV que des conversions générales et subites, en présence de la proscription et des échafauds, n'avaient rien de réel, et qu'on ne changeait pas aussi aisément de conscience que de masque. Mais il ne discernait pas les embûches de la flatterie, et l'ivresse du pouvoir absolu lui enlevait jusqu'à la faculté de la réflexion. Il paraît, et j'en fais l'observation avec plaisir, qu'on lui cachait avec soin l'atrocité des moyens mis en œuvre par des prêtres bourreaux pour opérer ce qu'ils appelaient, dans leur langage hypocrite, la *conversion des villes du Midi.*

Les bonnes nouvelles dont il vient d'être question parvinrent au pape. L'auteur des mémoires annonce ainsi cet événement : «Le pape a fait faire de grandes réjouissances pour la conversion des hérétiques de France. Il a tenu un consistoire exprès, où il a donné de grandes louanges au roi, et a fait tenir une chapelle où l'on a chanté le *Te Deum.* Ce qui a été suivi d'illuminations dans toute la ville pendant trois jours. »

Il n'est pas inutile d'observer que, dans le temps même où l'on chantait le *Te Deum* à Rome, et où le roi s'applaudissait à Versailles de la conversion des hérétiques, on était forcé d'élargir les prisons, pour recevoir les malheureux protestants, et d'entourer nos frontières d'une triple ceinture de baïonnettes, pour empêcher deux millions de Français de chercher hors du royaume un refuge contre la conversion et les tortures. Le désespoir bravait quelquefois ces redoutables barrières.

Dangeau nous apprend de quelle manière on traitait ces émigrés :

« On eut nouvelle que le marquis de Bordage avait été arrêté auprès de Trelon, entre Sambre et Meuse ; il voulait sortir avec sa famille du royaume. Sa femme a été blessée d'un coup de fusil. On mène le marquis de Bordage dans la citadelle de Lille, sa femme dans celle de Cambrai, et mademoiselle de la Moussaie, sa belle-sœur, dans celle de Tournai ; on fait revenir les enfants à Paris, où ils seront élevés dans notre religion. »

Je m'abstiendrai de toute réflexion sur ce raffinement de cruauté : je craindrais qu'on ne m'accusât de vouloir diminuer l'horreur que nous inspirent les excès révolutionnaires. Il y a en effet un assez grand rapport entre les crimes des deux époques ; seulement les premiers n'excitèrent aucun remords ; on les couvrit d'un voile religieux, et ce fut un crime de plus.

Il se trouve assez fréquemment des personnes, transportées d'enthousiasme pour les

beaux-arts, qui s'accommoderaient volontiers
d'un règne tel que celui de Louis XIV , pour-
vú qu'il fût accompagné de ses pompes et
du génie de ses artistes. Peu leur importerait
l'honneur de la France, la liberté des citoyens,
la prospérité de l'état , s'ils voyaient la scène
française dans une situation florissante , si des
poètes comme Racine et des orateurs comme
Bossuet illustraient encore notre littérature.
Pour moi, quelle que soit mon admiration
pour les chefs-d'œuvre de ces grands maîtres,
je trouve que ce serait payer un peu trop cher
sa place au théâtre ou au sermon. Je ne me
plairais nullement dans une prison , quand
même l'extérieur, décoré avec un goût exquis,
serait comparable , en grandeur et en magnificence , à la façade de Saint-Pierre ou à la
colonnade du Louvre. Je ne connais point
de chef-d'œuvre plus sublime qu'un bon gouvernement, point de spectacle plus intéres-
sant que celui d'une nation libre et digne de
l'être.

.Depuis plusieurs années, Louis XIV a été,
pour un certain parti , l'objet d'une adoration

spéciale. On ne trouvait point de roi qui représentât mieux le despotisme auquel on voulait nous ramener. Son nom était un signe de ralliement pour les partisans du pouvoir absolu, et l'on ne peut même aujourd'hui hasarder quelque doute sur la bonté de son gouvernement sans encourir la haine des ennemis de la liberté. Il est heureux que madame de Genlis et M. Lemontey nous aient donné un auxiliaire tel que Dangeau. Il nous révèle dans ses récits ce que l'imagination la plus hardie aurait eu peine à concevoir. C'est l'ami ou plutôt le serviteur de Louis XIV, qui ne veut pas qu'on oublie la résolution que prit ce monarque de rouvrir les frontières de son royaume aux protestants pour avoir l'occasion de confisquer leurs propriétés.

« Le roi, dit-il, a résolu de faire sortir du royaume tous les gens de la religion qui y restent. Il confisque leurs biens, et leur donne permission de se retirer où il leur plaira : il les fera conduire hors du royaume. »

Ce qu'il y a de plus singulier dans cette narration, c'est la naïve simplicité de l'écrivain. Il semble croire que les *gens de la religion* étaient trop heureux d'avoir la permission de sortir du royaume, et que ce privilége était un dédommagement plus que suffisant de la confiscation de leurs biens. *Ils se retireront où il leur plaira; on les accompagnera hors du royaume.* De quoi ces gens-là pourraient-il se plaindre? manque-t-on envers eux d'égards et de politesse?

Que faisait Louis XIV dans ces temps de proscriptions? il cherchait à se désennuyer par des fêtes et des parties de chasse. « Après dîner, dit l'auteur des mémoires, le roi, monseigneur, Madame, les princesses et les dames, sont allés aux toiles où M. Degvilly avait enfermé six loups qu'on prit aux lévriers avec beaucoup de plaisir.

» Le roi mena le roi d'Angleterre et la reine à la chasse du sanglier; et au retour ils virent, de la terrasse du grand appartement, la curée du cerf que le roi d'Angleterre et

Monseigneur avaient pris le matin. Ce spec-
tacle-là aux flambeaux fut très agréable. »

Est-on curieux de savoir comment Louis
XIV traitait les personnes qui lui adressaient
des plaintes ? le trait suivant va nous l'apprendre :

« M. de Saint-Pierre, et M. le chevalier
des Adrets, qui furent mis en prison, l'année
passée, pour avoir voulu faire une remon-
trance au roi, au sujet de l'École de marine
du Petit-Renaut, ont été cassés. Ils étaient
capitaines de vaisseau, et sont même en réputation d'être bons officiers. »

Lorsque Louis XIV se fut livré à son confesseur, il voulut que la dévotion régnât dans
sa cour, et il fut servi à souhait. L'église de
Versailles était aussi fréquentée que l'œil-
de-bœuf, et les courtisans se plaçaient de
manière à être vus du roi et de madame de
Maintenon. C'était là, à peu près, toute leur
religion, comme il est aisé de s'en convaincre
en parcourant les *Nouveaux mémoires*. Pre-

nons pour exemple le comte de Grammont ,
l'un des valets de cour les plus assidus. Les
mémoires de ce grand seigneur, si spirituel-
lement écrits par Hamilton , son beau-frère ,
donnent une juste idée de sa probité. L'anecdote suivante nous fait connaître ses progrès
en matière de religion :

« Le comte de Grammont , qui est malade
à Paris depuis Fontainebleau , reçut les sacrements. Il a soixante-treize ans , et on ne
croit pas qu'il en puisse échapper. Sa femme,
dans cette maladie, lui apprit les premiers
éléments de la religion , et comme elle lui ré-
citait le *Pater :* « Comtesse, lui dit son mari ,
» répétez - moi encore cela ; cette prière est
» belle ! qui l'a faite ? »

On a dit souvent que Louis XIV avait été
le protecteur des hommes de lettres , et cela
est vrai jusqu'à un certain point. Il est sûr
qu'il répandit ses faveurs sur Boileau , Racine , Molière , Quinault , et en général sur les
écrivains qui flattaient son orgueil ou qui
contribuaient à ses plaisirs ; mais il laissa dans

l'indigence ou il persécuta tous ceux qui portaient de mauvaise grâce le joug de la dépendance, et qui ne sacrifiaient à ses préjugés ni leurs affections ni leur conscience. Corneille et Lafontaine ne sortirent point de leur honorable pauvreté ; les solitaires du Port-Royal, ces grands maîtres dans l'art d'écrire, qui, les premiers, fixèrent la langue, et soumirent la pensée à la discipline du raisonnement, furent l'objet d'une infatigable persécution. Arnaud, qui obtint de son siècle le nom de *Grand*, mourut dans l'exil. Le marquis de Dangeau raconte ainsi cet événement :

« On a nouvelle que M. Arnaud est mort. M. de Pomponne a dit au roi qu'il ne savait pas précisément en quel endroit, et qu'il croyait que c'était à Liége, ou en quelque endroit de Flandre. M. Arnaud était un docteur de Sorbonne, fameux par ses ouvrages, par sa vertu et par la vie qu'il a menée. Depuis l'année 1642, il a presque toujours été caché, et n'a paru en ce pays-ci que deux ou trois ans. Madame de Longueville l'avait tenu long-temps caché dans sa maison, où elle lui portait à manger elle-même. »

Louis XIV était ignorant ; mais ce reproche doit moins s'adresser à ce prince qu'aux personnes qui furent chargées de son éducation. Souvent il rencontra des gens dont la profession exigeait quelque savoir, et qui n'étaient guère plus instruits que lui. L'aventure du cardinal de Coislin en est une preuve remarquable.

« Le roi avait ouï chanter le psaume où se trouve le passage *nycticorax in domicilio*. Ce mot l'avait frappé ; comme il ne savait point le latin, il en demanda l'explication à M. de Coislin, alors évêque d'Orléans. Celui-ci rêva un peu, puis répondit que *nycticorax* était le nom propre d'un roi d'Israël qui vivait fort en solitude. Chacun baissa les yeux ; mais on ne put s'empêcher de rire, et le roi n'en sut pas davantage. »

Le droit de propriété est le fondement de la société civile ; il est généralement établi sur des lois fixes. C'est ce premier de tous les droits qui donne une patrie au citoyen et une garantie à l'existence des familles. Je n'aurais jamais imaginé, sans le témoignage irrécusable du marquis de Dangeau, que le despotisme de Louis XIV eût été jusqu'au point de priver arbitrairement des Français de leurs propriétés pour en faire don à un valet de chambre. Que de réflexions on pourrait faire sur le trait que je vais transcrire!

« Le roi a fait acheter toutes les terres qui sont entre la maison de Cavoye et la rivière, en a fait don à Cavoye, qui désirait passionnément cette augmentation à sa maison, et qu'il n'aurait pas pu faire sans la bonté du roi, parce que ces terres étaient à beaucoup de particuliers qui lui faisaient tous les jours des difficultés nouvelles. Ce présent est plus considérable par l'attention que le roi a eue de faire plaisir à Cavoye que pour l'argent qu'il en pourra coûter; et les jardins de Lucienne par là deviendront tout-à-fait aimables. »

18.

J'avais noté un grand nombre d'autres anecdotes propres à donner une idée juste du caractère et du gouvernement de Louis XIV;
mais je sens que l'espace me manque, et je
veux, avant de finir, reprocher à madame de
Genlis une petite infidélité, la seule probable-
ment dont elle ait jamais été coupable. Ce
n'est, à dire vrai, qu'un péché très véniel, dont
elle obtiendra facilement la rémission, d'autant plus qu'il s'agit d'un philosophe. Je veux
parler de Voltaire, dont la gloire fait tant
d'ombrage à madame de Genlis.

Le marquis de Dangeau avait inséré dans
son journal l'anecdote suivante : « Arouet a
été mis à la Bastille. C'est un jeune poète accusé de faire des vers fort imprudents. Il avait
déjà été exilé il y a quelques mois. » Madame
de Genlis, en préparant son édition des *Mémoires de Dangeau*, a trouvé cette note peu
satisfaisante, et n'a pu résister à la tentation
d'y ajouter ces mots piquants : *Il est incorrigible.*

Dangeau ne dit pas que le jeune poète a fait

des vers imprudents, mais qu'il est accusé d'en avoir composé, ce qui est un peu différent. L'accusation pouvait être fausse, et nous savons aujourd'hui que c'était une calomnie. Comment, sur une simple prévention, l'auteur des Mémoires aurait-il pu raisonnablement affirmer que ce jeune poète *était incorrigible?* M. Lemontey a découvert l'interpolation, et il s'est contenté de l'indiquer sans réflexion. J'imiterai sa réserve d'autant plus volontiers que, sur ce point, comme sur beaucoup d'autres, je me plais à croire que madame de Genlis n'est pas incorrigible.

Depuis quelques années, le règne de Louis XIV est devenu le sujet d'une attention spéciale; c'est l'époque de notre histoire où les écrivains qui professent les dogmes du pouvoir absolu se reportent le plus volontiers, et où ils se plaisent à rencontrer les défenseurs des doctrines populaires. Ceux-ci, forcés d'examiner le terrain sur lequel ils sont appelés à combattre, en ont reconnu les diverses positions, et ne craignent point de s'y engager.

L'espoir du triomphe animera leurs efforts
tant que le bonheur des nations paraîtra pré-
férable aux prestiges d'une gloire équivoque,
et l'intérêt de l'humanité aux jeux brillants de
l'imagination.

A la distance où nous sommes du siècle
de Louis XIV, la pensée échappe difficilement
aux surprises de l'admiration. Il ne reste de
cette époque que la splendeur de ses monuments, les chefs-d'œuvre de son génie. Les
gémissements des victimes de l'ambition ne
traversent point les âges; les larmes de l'opprimé coulent sur la terre sans y laisser de
traces, et le sang injustement versé n'a jamais
soulevé les tombeaux; l'histoire elle-même
apprend à flatter le pouvoir qui n'est plus;
tout parle de la grandeur des souverains, tout
est muet sur la misère des peuples.

Considérez Louis XIV au milieu de sa cour:
rien de plus magnifique qu'un tel spectacle.
Tous les arts l'environnent de leurs prodiges,
tous les talents conspirent à sa gloire; il assiste
lui-même à son apothéose : c'est un dieu dont

les volontés sont des lois. La nature fléchit
devant lui ; les forêts disparaissent sous ses
yeux, les montagnes s'aplanissent, les eaux
s'élèvent, les mers se rapprochent, le monde
est plein de sa renommée.

Mais ne sortez point de cette cour si brill-
lante et si polie ; ne portez point vos regards
au-delà de ces palais somptueux, de ces mar-
bres qu'anime un ciseau créateur, de ces bron-
zes qui respirent, fidèle image des courtisans.
N'entrez point dans les chaumières ; vous n'y
trouveriez que la servitude et le désespoir.
Les murs de ces palais ont été cimentés avec
les sueurs du peuple ; la subsistance de cent
familles a été dévorée par ce groupe d'airain ;
des provinces entières ont été ruinées pour
creuser ces canaux et suspendre ces aqueducs.
Le monarque lui-même, au milieu de ces
décevantes prospérités, est rongé d'ennui.
Bientôt la fortune lui apprend qu'il n'est sé-
paré des destinées humaines que par une de
ces fictions qui prouvent l'infirmité de notre
intelligence ; il meurt, et la joie publique outrage ses funérailles. Telle est en peu de mots

l'histoire du règne le plus brillant de la monarchie absolue.

On pourrait croire que le temps est venu
où la publication de ces faits authentiques
n'est suivie d'aucun inconvénient. Ce serait
une erreur : les habitudes et les préjugés pous-
sent leurs racines à une profondeur qui n'a
point été encore calculée. Il existe des hommes qui, ne pouvant se résoudre à se passer
d'illusions, regardent comme leurs ennemis
personnels tous les ennemis du mensonge. Il
est curieux d'entendre ces docteurs se répandre en invectives contre les écrivains véridi-
ques, et parler de la gloire nationale comme
s'ils avaient quelque chose à démêler avec elle.
Tout fier d'une faconde stérile, d'une modération apprêtée que déguisent mal un cœur
ulcéré d'envie et les cruelles inquiétudes de la
médiocrité, ils ne pardonnent que les succès
qui sont le fruit de l'intrigue ou le prix de
la servilité.

M. Lemontey n'est point un de ces auteurs
dont les productions s'adressent aux passions

contemporaines, et qui écrivent sous la dictée d'un lâche intérêt. Jamais il ne sera regardé comme un historien de *circonstance*. A quelque époque que la presse reproduise ses ouvrages historiques, il ne sera forcé d'y changer ni des maximes arrangées dans l'intérêt du pouvoir dominant, ni des portraits tracés par la flatterie du jour. Aussi les suffrages des hommes éclairés et l'estime publique deviendront l'honorable récompense de ses travaux.

Cet écrivain, avare de paroles et prodigue de pensées, définit ainsi l'établissement monarchique de Louis XIV : « Cette monarchie, dit-il, fut pure et absolue ; elle reposa toute dans la royauté, et la royauté toute dans le roi. »

L'enfance de Louis XIV fut bercée de ces doctrines par les soins d'une mère espagnole et d'un abbé ultramontain. Anne d'Autriche et Mazarin ne comprenaient ni les prétentions aristocratiques de la noblesse, ni les privilèges des corps de magistratures, ni les

droits du peuple : ils ne reconnaissaient de raison que la force, de loi que la nécessité, de
pouvoir que le despotisme. Ils excitèrent dans
l'âme du jeune prince le mépris des hommes;
et, le jour où il parut en bottés, et le fouet à
la main, au milieu du parlement, pour or-
donner l'enregistrement de ses édits bursaux,
le caractère de sa monarchie fut déterminé.

L'expérience du pouvoir absolu ne pouvait
être essayée dans des circonstances plus favo-
rables : l'état des choses, la personne du prince,
lui étaient également propices. L'anarchie de
la Fronde avait lassé la patience du peuple, qui
s'était aperçu, un peu tard, que ses intérêts
étaient tout-à-fait étrangers aux agitations
de la magistrature et aux soulèvements de
l'aristocratie. Jamais d'ailleurs la royauté
n'avait eu de représentant plus séduisant et
plus majestueux que le jeune monarque. Il
réunissait toutes les qualités et tous les défauts qui peuvent faire illusion à un peuple
spirituel et sensible, dont la raison et la liberté n'ont pas mûri le jugement. Louis XIV.
avait de la force dans le caractère, de la di-

gnité dans les manières, et une sorte d'instinct qui l'avertissait de ce qui était beau
dans les arts et noble dans les pensées. Il ne
connaissait des passions vulgaires que le sentiment de l'amour, de toutes les faiblesses
royales celle que les Français considèrent avec
une indulgence qui ressemble quelquefois à
l'intérêt; enfin Louis XIV, sans être bon comme son aïeul, n'avait pas un cœur inaccessible
à la clémence. Son règne parut souvent tyrannique : non qu'il eût l'âme d'un tyran,
mais parce que le pouvoir arbitraire dans sa
marche impétueuse écrase sans distinction
comme sans remords tout ce qui ne cède pas
immédiatement à ses caprices. D'ailleurs, ce
prince fut tenté de la gloire militaire, qui
éblouit les peuples et se réfléchit vivement sur
les rois. Cette terrible distraction fut toujours
un de ses premiers besoins. Il vécut trop de
plusieurs années : ce qui est un malheur pour
les conquérants abandonnés de là victoire,
L'âge amenant la faiblesse et les infirmités, le
pouvoir absolu tomba entre les mains d'une
dévote surannée. et d'un confesseur hypocrite ou fanatique : alors nulle décoration ne

voilà la nudité du despotisme, et il devin
odieux au peuple.

M. Lemontey n'a déguisé aucun de ces faits,
et il les a développés avec un talent qui nous
promet un historien d'un ordre élevé. Il examine d'abord les doctrines qui servirent de
bases à l'établissement monarchique de Louis
XIV. « Le roi, dit-il, se confondit avec la
Divinité, et eut droit comme elle à une obéissance aveugle. Il fut l'âme de l'état, et ne tint
ses droits que du ciel et de son épée ; il devint
la source de toute grâce, de tout pouvoir, de
toute justice, et toute gloire lui fut rapportée.
Sa volonté fit la loi sans partage, et regarda
comme un opprobre ces mélanges aristocratiques ou populaires qu'on désigne plutôt
qu'on ne les définit par le nom de *monarchie
tempérée*. Il eut, ainsi que les califes, la disposition et la propriété de tous les biens ; et
ce qu'il en laissa au peuple, et même au clergé,
fut un bienfait de sa modération. S'il voulut
ménager le sang de ses sujets, ce ne fut ni par
devoir ni par pitié, mais par intérêt de pro-
priétaire. Cette doctrine eut pour sanction sa

propre volonté, et il prit soin que l'âme de ses héritiers s'en pénétrât dès l'enfance. Enfin , le Coran de la France fut contenu dans quatre syllabes , et Louis XIV les prononça un jour: « *L'état , c'est moi.* »

Toutes les pensées et les institutions de Louis XIV eurent pour but de détruire les résistances qui pouvaient embarrasser l'action de sa volonté , qu'il regardait comme une inspiration divine. La crainte et l'admiration furent les appuis du nouveau système ; la première s'entretint par la force et la seconde par un éclat continu.

« Ce fut , ajoute l'auteur, à bien établir ces deux ressorts que s'attacha la politique du roi. L'armée fut fortement organisée ; la puissance royale en fit un instrument simple, prompt et docile, qu'elle appliqua sans trop de réserve à toutes les branches de l'administration : ainsi les troupes allèrent dans les provinces protéger l'extension progressive de l'autorité des intendants ; elles remplirent les citadelles, dont les feux plongeaient sur des

villes turbulentes ; dans les temps ou dans
les lieux difficiles elles hâtèrent par la terreur la levée des impôts ; enfin on leur confia
jusqu'à l'emploi assez extraordinaire de ramener la conscience des dissidents à l'unité
de la foi.

» L'établissement civil ne fut pas moins favorable au développement du pouvoir arbitraire que la nouvelle organisation de l'armée.
Le despotisme des ministres et leur indépendance des rares délibérations des conseils con-
servaient le nerf de la volonté royale. Louis
XIV taxait les personnes et les propriétés
sans contradiction.; les casuistes le rassu-
raient sur la légitimité de cette prérogative.
Mézerai perdit sa pension pour avoir rappelé
des principes contraires ; et les précepteurs
des deux dauphins, Bossuet et Fénelon, eurent
la faiblesse de cacher à leurs élèves l'existence
de cet historien honnête homme. »

Louis XIV ne permit pas que le peuple
fût exposé à d'autres vexations qu'à celles des
agents de son autorité. Des gentilshommes ,

trop pleins de leurs vieux souvenirs, ayant opprimé les laboureurs de quelques provinces écartées, se virent promptement atteints par les vengeances du trône.

« Ils s'étaient mis, dit l'auteur, en société de crimes avec les prévôts et leurs juges, aussi pervers et aussi décriés que les bandits de la Sicile. Des commissions du parlement de Paris et de celui de Toulouse furent envoyées tenir les *grands-jours*, pour châtier ces rejetons de tyrannie, et le roi ne dédaigna pas d'encourager la sévérité des magistrats. »

Quant aux prévôts et aux juridictions prévôtales, voici ce qu'en pensaient les Talon, les Lamoignon, et les autres grands magistrats du dix-septième siècle : « Les prévôts oppriment les innocents et déchargent les coupables; la plupart sont plus à craindre que les voleurs même. Ils vexent les sujets du roi en prenant connaissance de toutes matières. Toutes les oppressions que peuvent commettre ou les voleurs, ou les personnes puissantes qui s'engagent à mal faire, n'approchent point des

concussions des prévôts. Cette vérité a été re-
connue aux grands-jours de Clermont, où
l'on a fait le procès à plusieurs de ces officiers.
L'on a été persuadé d'ailleurs qu'il n'y en avait
pas un seul dont la conduite fût innocente.
Les assesseurs, bien loin de veiller sur les
actions des prévôts, partagent la proie avec
eux, et commettent souvent plusieurs mal-
versations de leur chef. La juridiction pré-
vôtale devrait être resserrée dans des bornes
étroites par le mauvais usage qu'on en fait. »

La rupture de cette fédération entre les petits aristocrates des provinces et les cours prévôtales contribua jusqu'à un certain point à
réconcilier le peuple avec le gouvernement
arbitraire. « Ce qui restait de l'ancienne che-
valerie, dit M. Lemontey, était peu propre
à inspirer des regrets. Cette institution men-
songère, qui prétendait guérir l'anarchie par
un remède anarchique, et dont les préceptes
et les actions se montrèrent si dissemblables,
ne survivait que dans la licence de quelques
jeunes gens impétueux et grossiers. Les vols
de manteaux sur le Pont-Neuf étaient son

dernier exploit. Le lieutenant de police d'Argenson ferma la lice des chevaliers en France un peu moins plaisamment que Cervantes ne l'avait fait en Espagne. »

L'auteur fait un tableau piquant de l'embarras où se trouva le gouvernement au milieu des ruines de la féodalité. L'état ne savait que faire de trente mille familles de hobereaux oisifs, remuants, présomptueux, et n'ayant d'autre instruction, dit l'historien, qu'une gymnastique brutale fort décréditée par l'invention des armes à feu. On en fit des corps privilégiés qui excitèrent des jalousies, amenèrent le goût du faste et rendirent peu de services. Ce fut en vain qu'on leur ouvrit la carrière du commerce maritime, où ils pouvaient entrer sans dérogeance. Ceux même dont les pères avaient acquis la noblesse à prix d'argent se soulevèrent contre cette innovation : il fallut les nourrir dans l'oisiveté. L'énorme quantité de pensions alimentaires exigea de grands sacrifices et de nouveaux impôts. Cette lèpre attachée à la nation depuis des siècles n'a jamais été entièrement guérie.

Un événement remarquable servit à décré-
diter entièrement la noblesse comme institution politique. En 1674, au milieu des désastres de la guerre, on se souvint du ban et
et de l'arrière-ban des époques féodales, et
on en fit solennellement la convocation. « Cet
essai, dit l'historien, ne mit au jour que des
exemples de désordre et de faiblesse. Cette
masse de nobles montrée à l'ennemi abandonna en fuyant son capitaine-général, et
dès lors on dédaigna de troubler le repos de
ces races, soit qu'elles fussent en effet dégé-
nérées, soit que l'art de la guerre ne s'accom-
modât plus de ces tourbes sans discipline. »

La magistrature et le clergé subirent à leur
tour des modifications inévitables dans le nouvel ordre de choses. L'influence parlemen-
taire ne survécut point aux saturnales de la
Fronde. Le parlement de Paris conserva, il
est vrai, la faculté des remontrances, mais
tellement limitée par la loi de 1667, que l'u-
sage en devint illusoire. Cependant la magistrature sortit des moules du despotisme moins
altérée que la noblesse. « L'ignorance et l'é-

tourderie des preux cédaient aux mœurs graves et studieuses des parlementaires, et le pa-
tronage passait insensiblement des hommes
d'armes aux gens de loi. S'il m'était permis
d'éclairer ce parallèle par une image physique, je dirais que le temps imprimait à la noblesse la rouille de fer, qui le tache et le détruit, et à la magistrature la rouille de bronze,
qui l'embellit et le conserve. Ces antiques
cours souveraines se dirigeaient par des maximes et des traditions consacrées dans leur sein.
Les historiens, qui, pour la plupart, les ont
ignorées, accusent souvent les hommes de
l'imperfection des choses, et ne comprennent
pas comment les erreurs du corps furent plus
d'une fois le résultat de la vertu et de la fidélité de ses membres. On ne saurait juger
avec trop de réserve tant de personnages distingués qui achetaient à de grands prix l'obligation d'une vie dure, fastidieuse et désinté-
ressée, et dont l'âme s'était trempée dans ces
anciennes familles de robe, où la science, la
foi, le courage et la pudeur, se transmettaient
comme des biens héréditaires. Si, au milieu
de la corruption commune, quelques belles pa-

ges restaient à nos annales, c'étaient principalement celles que remplissait la vie des
grands magistrats. »

La grande erreur de la magistrature fut
d'abuser le peuple sur la perte dé ses droits,
en usurpant l'autorité des états-généraux, et
en remplaçant par des formules de greffe l'im-
prescriptible nécessité du vote libre de la nation pour la levée des impôts. Les parlements
firent tomber ainsi la seule barrière imposante
qui pût arrêter l'invasion du pouvoir despotique, et ils en ont été les victimes, car cette
erreur fondamentale n'a pu être redressée que
par une révolution.

« Louis XIV, pieux, mais fier, songea plus
à faire du trône l'appui de la religion que de
la religion l'appui du trône. Après la mort de
Mazarin, il n'appela aucun ecclésiastique dans
ses conseils. D'Estrées, Polignac et Janson,
remplirent seuls au-dehors des missions de
quelque importance. La voix des prédicateurs, qui, même sous le règne précédent, s'é-
tait plus d'une fois mêlée aux débats politi-

ques, rentra timidement dans le domaine de l'Évangile.

» Témoin du naufrage de ses libertés, le clergé en sauva quelques lambeaux pour lui-même. Au lieu d'être taxé pour l'impôt, il eut l'air de l'octroyer; et, sous le prétexte du don gratuit, il figura tous les cinq ans une sorte d'assemblée délibérante. Tout cela s'obtenait par ruse et par évasion : c'était l'esprit des faibles. Il s'en fallait bien que Louis XIV avouât de telles concessions; mais un peu de besoin d'argent, un peu de superstition et beaucoup d'autres affaires lui firent tolérer cette situation équivoque. En un mot, ce qui fut le premier ordre de l'état n'offrit plus qu'une espèce de communauté, concentrée dans l'égoïsme de sa conservation, négociant sur la quantité de ses dons, et temporisant avec une guerre intestine allumée dans son sein par la monstrueuse inégalité des fortunes : car les vices des hommes avaient, pour ainsi dire, transporté l'iniquité des fiefs dans la maison du Christ. Les grands-bénéficiaires nageaient en suzerains dans l'oisive opulence; une abjecte

pauvreté était le partage du commun des pas-
teurs, attachés comme des serfs à la glèbe du
sanctuaire, tandis que les moines, semblables
aux possesseurs d'allodiaux, mettaient leurs
soins à se défendre contre la cupidité des premiers et contre la misère des seconds. »

L'asservissement général une fois complet,
la passion dominante de Louis XIV se trouva
satisfaite. Sa volonté parcourut avec une force
irrésistible la vaste étendue de ses états, et, ne
trouvant partout qu'une aveugle obéissance,
put pousser à son gré une immense population
sur le territoire de ses voisins, et grossir ses
trésors des modiques épargnes de l'industrie.
Ainsi se trouva réalisée l'audacieuse fiction
d'un état personnifié; mais, par une conséquence inévitable, les infirmités de la nature
humaine se firent sentir dans le gouvernement.
Tant que Louis XIV fut jeune et plein de
santé, la marche des affaires ne parut point
embarrassée; l'industrie se réveilla, et fournit
au monarque les moyens de poursuivre ses
projets d'agrandissement; mais, au milieu de
son règne, ce prince se trouva frappé d'une

révolution humorale qui altéra la force de son tempérament, et changea le cours de ses idées.

» Sa carrière fut coupée en deux moitiés, dont la première forma sa vie héroïque, et la seconde sa vie subjuguée ; enfin, puisqu'il faut dire cette vérité abjecte, le sort de la monarchie dépendit d'une fistule. Le roi, échappé au fer de son opérateur, semble se succéder à lui-même. Louis XIV ne paraît plus à quarante-sept ans que l'ombre de lui-même. La France étonnée voit dans son sein la misère et les larmes, et dans ses armées la honte et les revers. Certes il y a loin du souverain qui dictait la paix de Nimègue, creusait le canal du Languedoc et faisait représenter le *Tartufe*, au dévot amoureux qui transporte l'empire dans la chambre de la veuve de Scarron.

» De cet obscur réduit sortirent des fléaux sans gloire. La révocation de l'édit de Nantes, qui ressemble à la Saint-Barthélemy autant qu'un crime français peut approcher d'un crime italien, ouvrit une longue carrière de proscriptions. Des pertes irréparables en richesses et en citoyens utiles certifièrent l'aveuglement du persécuteur. Les protestants français portèrent à l'Angleterre le secret et l'emploi des premières machines qui ont fondé sa prodigieuse fortune industrielle, tandis que la juste plainte de ces proscrits alla cimenter dans Augsbourg une ligue vengeresse. »

Qui croirait qu'il se trouve aujourd'hui des hommes qui regrettent un ordre de choses où la honte et la gloire, la misère et la prospérité des peuples, dépendent d'un dérangement dans les humeurs du chef de l'état. Tel est cependant le sort des gouvernements fondés sur des volontés arbitraires.

Quand Auguste buvait, la Pologne était ivre. Cette plaisanterie est une sérieuse réalité sous un régime despotique. Quand Louis XIV souffrait, tout souffrait en France. Pendant la vieillesse de ce prince, le gouvernement offrit les caractères de la décrépitude, et l'état pencha vers son déclin. Aussi ce règne, tout brillant qu'il fut dans sa première partie, est l'argument le plus irrésistible qu'on puisse al-

léguer en faveur de la monarchie constitutionnelle. Les garanties offertes par le caractère des souverains, quelque justes, quelque
sages qu'ils soient, paraîtront toujours incertaines, et c'est à la stabilité des institutions
libres que sont attachés le bonheur des peuples et la durée des gouvernements.

LES RUINES,

ou

MÉDITATIONS SUR LES RÉVOLUTIONS DES EMPIRES;

PAR C. F. DE VOLNEY.

Si les ruines des antiques monuments, si les débris des cités jadis florissantes, nous inspirent un si vif intérêt, c'est qu'elles rappellent tout à la fois la force de l'homme et sa faiblesse, la création et le néant. Ces deux idées extrêmes s'unissent par une foule d'idées intermédiaires qui embrassent toute la destinée humaine. Ainsi, l'aspect de Carthage renversée dans la poussière retraçait à Marius l'inconstance de sa propre fortune. Les plus graves, les plus utiles leçons de morale et de

politique, sont gravées sur les ruines des empires; mais il n'appartient qu'à la philosophie
de les comprendre et au génie de les traduire.
Les grandes ruines sont muettes pour l'homme
dégradé par la servitude et privé d'énergie in-
tellectuelle. Les fakirs de l'Asie errent avec
une stupide indifférence sur les décombres de
Persépolis, comme les fakirs de l'Occident sur
les nobles débris du Capitole. Ces monuments
d'une grandeur évanouie ne parlent avec éloquence qu'aux âmes élevées, qu'aux esprits
éclairés par les lumières de l'expérience et par
celles de la raison.

Nul philosophe, nul écrivain, n'a été mieux
inspiré par la contemplation d'un tel spectacle
que M. de Volney. Il avait quitté l'Europe,
où le génie de la civilisation luttait contre
l'esprit ténébreux de la barbarie, et parcou-
rait ces contrées mémorables où l'homme
éleva pour la première fois un regard intelligent vers les cieux, et y découvrit quelques vérités défigurées depuis par tant d'erreurs. L'aspect de ces provinces qui jadis
furent les royaumes d'Égypte et de Syrie

l'affligea sans l'étonner : car il suffit de savoir qu'un peuple est livré au despotisme religieux et politique pour être sûr qu'il y a tyrannie d'une part, et misère de l'autre.

« Chaque jour, dit M. de Volney, je trouvais sur ma route des champs abandonnés, des villages déserts, des villes en ruines ; souvent je rencontrais d'antiques monuments, des débris de temples, de palais et de forteresses, des colonnes, des aquéducs, des tombeaux ; et ce spectacle tourna mon esprit vers la méditation des temps passés, et suscita dans mon cœur des pensées graves et profondes. »

Le voyageur s'était rapproché de la partie du désert où s'élevait cette magnifique Palmyre, dont les souvenirs et les vastes ruines ont traversé les siècles ; il voulut connaître par lui-même les restes si vantés de cette ville, autrefois célèbre par l'activité de son industrie et la beauté de ses monuments. Après avoir traversé une vallée remplie de grottes et de sépulcres, il aperçut dans la plaine la scène de ruines la plus étonnante. « C'était, ajoutet-il, une multitude innombrable de superbes colonnes debout, qui, telles que les avenues de nos parcs, s'étendaient à perte de vue en files symétriques ; parmi ces colonnes étaient de grands édifices, les uns entiers, les autres demi-écroulés ; de toutes parts la terre était jonchée de semblables débris, de corniches, de chapiteaux, de fûts, d'entablements, de pilastres, tous de marbre blanc, d'un travail exquis. Après trois quarts d'heure de marche le long de ces ruines, j'entrai dans l'enceinte d'un vaste édifice qui fut jadis un temple dédié au soleil ; je pris l'hospitalité chez de pauvres paysans arabes qui ont établi leur chaumière sur le parvis même du temple, et je résolus de demeurer pendant quelques jours pour considérer en détail la beauté de tant d'ouvrages. »

Chaque jour notre voyageur visitait quelqu'un des monuments qui couvraient la plaine. Un soir qu'il s'était avancé jusqu'à la *Vallée des Sépulcres,* il monta sur les hauteurs qui la bordent, d'où l'œil domine à la fois l'ensemble des ruines et l'immensité du désert.

« Le soleil, dit-il, venait de se coucher ;
un bandeau rougeâtre marquait encore sa trace
à l'horizon lointain des monts de la Syrie ; la
pleine lune, à l'orient, s'élevait sur un fond
bleuâtre, aux planes rives de l'Euphrate ; le
ciel était pur, l'air calme et serein ; l'éclat
mourant du jour tempérait l'horreur des ténèbres ; la fraîcheur naissante de la nuit cal-
mait les feux de la terre embrasée ; les pâtres
avaient retiré leurs chameaux ; l'œil n'aper-
cevait plus aucun mouvement sur la plaine
monotone et grisâtre ; un vaste silence régnait
sur les déserts ; seulement, à de longs inter-
valles, on entendait les lugubres cris de quelques oiseaux de nuit et de quelques chacals.
L'ombre croissait, et déjà, dans le crépus-
cule, mes regards ne distinguaient plus que
les fantômes blanchâtres des colonnes et des
murs..... Ces lieux solitaires, cette soirée
paisible, cette scène majestueuse, imprimèrent
à mon esprit un recueillement religieux. L'aspect d'une grande cité déserte, la mémoire
des temps passés, la comparaison de l'état
présent, tout éleva mon cœur à des hautes
pensées. Je m'assis sur le tronc d'une haute

colonne; et là, le coude appuyé sur le genou, la tête soutenue sur la main, tantôt portant mes regards sur les déserts, tantôt les fixant sur les ruines, je m'abandonnai à une rêverie profonde. »

La méditation du philosophe se porte d'abord sur la comparaison de l'état actuel de Palmyre avec ce qu'elle fut jadis. Le contraste qui en résulte est peint des plus vives couleurs. Cette ville reparaît sous les pinceaux de l'écrivain animée par le commerce, embellie par le génie des arts, et puissante par la sagesse de ses institutions; ensuite il nous la montre ensevelie comme un lugubre squelette sous les sables brûlants du désert, ne conservant de son antique grandeur qu'un nom recueilli par l'histoire, et quelques débris, objet d'une stérile curiosité.

« Comment s'est éclipsé tant de gloire? s'écrie le sage observateur..... comment se sont anéantis tant de travaux?.... Ainsi donc périssent les ouvrages des hommes! ainsi s'évanouissent les empires et les nations! »

Le voyageur , cédant à une première impression d'étonnement et de douleur, accuse
le sort de ces terribles catastrophes ; il lui
semble que l'homme est condamné à une lutte
inégale contre une aveugle et inflexible destinée ; il pense , comme le vulgaire , que ce
sont les décrets d'une justice céleste qui s'ac-
complissent, et il désespère de sonder les profondeurs d'une divinité mystérieuse et redoutable dans ses vengeances.

C'es ici que finit la partie historique du
livre des *Ruines*. L'auteur, plongé dans ses
hautes méditations, suppose qu'un de ces génies avec lesquels l'imagination des Orientaux est depuis long-temps familiarisée lui
apparaît sous une forme fantastique.

« Tout à coup, dit-il, à ma gauche, dans
le mélange du clair-obscur de là lune, au travers des colonnes et des ruines d'un temple
voisin, il me semble voir un fantôme blan-
châtre, enveloppé d'une draperie immense,
tel que l'on peint les spectres sortant des
tombeaux. »

C'est ce génie qui, n'étant soumis ni aux faiblesses ni aux erreurs de l'humanité, se charge de dissiper les doutes du voyageur, d'éclairer son esprit, de fortifier sa raison, de lui révéler le secret de la misère et de la prospérité des peuples. Cette évocation, parfaitement assortie au lieu de la scène et aux grands objets que l'auteur va traiter, est une idée heureuse ; elle lui fournit des mouvements dramatiques et des ressources de composition sans lesquels il eût couru les dangers de la sécheresse et de la monotonie.

Le génie prend la parole, et commence par repousser cette opinion impie qui calomnie la Providence, en lui attribuant les calamités qui pèsent sur les nations.

« Lorsque la guerre, dit-il, la famine, la peste, ont moissonné les hommes, si la terre est restée déserte, est-ce Dieu qui l'a dépeuplée ? est-ce son avidité qui pille le laboureur, ravage les champs producteurs, et dévaste les campagnes, ou est-ce l'avidité de ceux qui gouvernent ? Est-ce son orgueil qui suscite des guerres homicides, ou l'orgueil des rois et de leurs ministres? Sont-ce enfin ses passions qui, sous mille formes, tourmentent les individus et les peuples, ou sont-ce les passions des hommes? »

Après une véhémente justification de la nature, qui a donné à l'homme tant de moyens de se conserver, d'être heureux, nous arrivons à la conclusion suivante :

« La source des calamités de l'homme n'est point reculée dans les cieux, elle est près de lui sur la terre, elle n'est point cachée au sein de la divinité, elle réside dans l'homme même, il la porte dans son cœur. »

Ces pensées, si vraies et si heureusement exprimées, sont le texte dont une partie de l'ouvrage de M. de Volney est un éloquent commentaire. Montaigne a dit, avec son énergie accoutumée : « Le vrai champ et subject de l'imposture sont les choses inconnues. » M. de Volney pense à cet égard comme Montaigne, et nous rend cette vérité palpable, soit en s'appuyant sur le témoignage de l'histoire, soit en réfutant des erreurs trop longtemps accréditées. Il nous dit que tous les tourments de la vie humaine viennent *de l'ignorance et de la cupidité :* de l'ignorance, qui fait tomber les peuples dans tous les piéges du charlatanisme ; de la cupidité, qui dessèche les âmes et déchaîne toutes les passions incompatibles avec le repos et le bonheur des sociétés.

Il faut lire avec attention, dans l'ouvrage même de M. de Volney, les développements de ces vérités fondamentales. Cette lecture est d'autant plus utile aujourd'hui, qu'il existe encore parmi nous des partisans de cette antique ignorance, si favorable à tous les genres de despotisme. Nous avons vu, nous voyons tous les jours certains personnages, dont l'existence est fondée sur l'erreur et le mensonge, s'opposer au progrès de l'instruction. C'est avec une sorte de fureur qu'ils repoussent cette méthode nouvelle, qui rend l'enseignement accessible à toutes les classes des citoyens, heureuse découverte destinée à rendre les peuples dignes de la liberté. Que d'efforts inutiles pour faire reculer la raison humaine, qui marche en avant, soutenue par la vérité! que de vaines déclamations pour reproduire des préjugés nuisibles dont le règne est passé sans retour! Ce sont là les dernières tentatives des hommes avides de domination, et qui, sans l'appui de *l'ignorance,* ne sauraient satisfaire leur *cupidité.*

En recherchant les causes de la prospérité des anciens peuples, M. de Volney les résume en ces termes : « Les anciens états prospérèrent parce que les institutions sociales y furent conformes aux véritables lois de la nature, et parce que les hommes, y jouissant de la *liberté* et de la *sûreté* de leurs personnes et de leurs propriétés, purent déployer toute l'étendue de leurs facultés. »

Ce peu de mots renferme toutes les conditions du bonheur des peuples; c'est la mesure commune avec laquelle on peut déterminer la valeur réelle de chaque gouvernement. Le meilleur de tous est celui où les lois garantissent le plus sûrement à chaque citoyen l'exercice légitime de ses facultés, sa liberté, la sûreté de sa personne et de ses propriétés. A mesure que les gouvernements descendent de ces principes, les peuples sont plus malheureux, jusqu'à ce qu'enfin ils rencontrent le despotisme, qui, comme l'anarchie, est le dernier degré de la corruption et le fléau de l'humanité.

C'est parce qu'ils ont été frappés de ce terrible fléau que les anciens états ont perdu leur gloire et leur existence ; c'est le despotisme d'une seule idée, la *fatalité*, qui, consacrant la tyrannie militaire et religieuse des successeurs de Mahomet, a couvert l'Asie de tombeaux et de ruines ; elle a éteint tous les sentiments généreux dans le cœur de l'homme, et plongé les nations dans cette funeste apathie, avant-coureur de la destruction des empires. Telle est la force de l'opinion : une seule erreur tue les peuples, une seule vérité les ressuscite.

Je n'ai point prétendu faire l'analyse complète d'une production aussi généralement

connue que le livre des *Ruines*, et qui est en-
tré dans le grand dépôt littéraire commun à
tous les peuples civilisés. Chargé d'annoncer
une nouvelle édition de cet ouvrage, je devais
peut-être me borner à dire que l'auteur l'a
revue avec soin, et qu'il y a fait de notables
améliorations; mais je n'ai pu résister au désir d'en extraire quelques considérations propres à exercer la pensée, et qui peuvent trouver une application facile dans les circonstances où les sociétés européennes sont aujour-
d'hui placées. D'ailleurs mon suffrage ne fe-
rait point autorité pour la partie scientifique
de ce livre, sur le mérite duquel tous les bons
esprits sont depuis long-temps d'accord.

J'ai parlé du succès européen de cet ouvrage, et ce n'est point là une de ces vagues formules d'éloge trop généralement adressées à
l'amour-propre des écrivains : c'est un fait
réel, et dont il est facile de rassembler les
preuves. En 1801 une traduction italienne des
Ruines fut imprimée à Milan, et, bien qu'un
peu verbeuse, elle se répandit bientôt dans les
divers états de l'Italie. Déjà, en 1794, un sa-

vant Allemand, l'illustre Forster, en avait
publié une traduction qui jouit d'une grande
estime, et qui a eu neuf ou dix éditions.
Deux écrivains hollandais ont aussi traduit cet
ouvrage. On accorde la préférence à la dernière version, qui parut en 1797, et qui passe
pour un modèle de goût et de style.

En 1792, une première traduction anglaise
fut publiée à Londres chez Johnson. On lui
reproche de graves contre-sens et un style dé-
nué de grâces et de correction. Ces défauts
engagèrent M. Joël-Barlow, le célèbre auteur
de *la Colombiade*, mort ambassadeur des
États-Unis en France, à traduire de nouveau
les Ruines en 1801, sous les yeux de M. de
Volney son ami. Aussi cette traduction est-
elle supérieure à l'autre sous tous les rapports.
Elle fut imprimée à Paris en 1802, et l'édition entière passa aux États-Unis par les soins
de M. Stone. On assure qu'en ce moment il
s'en prépare une traduction en grec vulgaire,
ce qui introduirait ce livre jusque chez les
Turcs, dont il réfute le dogme, ou plutôt
l'erreur favorite, je veux dire la fatalité.

D'un autre côté il ne peut manquer d'arriver tôt ou tard que la traduction anglaise ne le fasse connaître à quelques Persans dans l'Inde ; et il est aisé de prévoir quelle serait chez les Orientaux l'influence d'un ouvrage singulièrement approprié au génie de ces peuples, et qui semble composé exprès pour frapper leur imagination et agir sur leur caractère.

Enfin, j'ai sous les yeux une traduction espagnole des *Ruines*, imprimée à Paris sous le titre de *Méditation*, etc., sans nom d'auteur. Presque toute l'édition a été envoyée aux États-Unis, où elle se débite sous son véritable titre. Elle a obtenu en Espagne les honneurs de la proscription ; le saint-office s'est armé contre elle de la plus rigoureuse sévérité. Ainsi rien ne manque à la gloire de l'auteur, ni la haine des apôtres de l'intolérance, ni les suffrages des hommes de bien.

MÉMOIRES

ET

CORRESPONDANCE DE MADAME D'ÉPINAY.

———◄◦◦◦►———

Cet ouvrage est, dit-on, recherché avec une sorte de fureur. Je n'en suis point étonné : les *Mémoires* de madame d'Epinay renferment ses confessions ; et une femme qui se confesse est toujours bonne à entendre. Je ne prendrai pas sur moi d'affirmer que les aveux de madame d'Épinay soient tous conformes à la vérité historique, et qu'on n'y trouve rien à désirer sous le rapport des circonstances et des accidents ; mais on ne pourrait lui appliquer sans injustice un mot de madame de Staal (mademoiselle de Launay). Interrogée sur la manière dont elle raconterait ses intrigues ga-

lantes, elle répondit avec franchise : « Je me
peindrai en buste. » Madame d'Epinay ne
s'est pas contentée de ces humbles propor-
tions: la hardiesse de son crayon a franchi le
buste, et n'a respecté aucune des formes sail-
lantes de l'original. Ce ne sont pas toutefois des
nudités qu'elle offre à nos regards; elle ne
quitte jamais ces voiles légers qui suffisent à
la pudeur moderne. Aussi les personnes même les plus austères peuvent considérer ce
portrait, sans avoir à craindre l'abandon des
touches et la licence du pinceau.

C'était un singulier spectacle que celui de
la bonne compagnie à l'époque qui précéda
immédiatement la révolution. Le contraste
des mœurs et des opinions, des actions et du
langage, étonne l'esprit, et fait naître des réflexions de plus d'un genre. Il est impossible
d'imaginer plus de délicatesse dans les sentiments et moins de réserve dans la conduite,
de parler de morale avec plus d'enthousiasme,
et d'être vicieux avec moins de retenue. C'est
là, je crois, ce qu'on peut appeler la perfection
des mauvaises mœurs.

M. d'Épinay, fils d'un fermier-général, était jeune encore lorsqu'il épousa sa cousine Emilie d'Esclavelles : ce fut un mariage d'inclination. Le premier mois de cette union, ce mois précieux que les Anglais nomment énergiquement *the honey-moon*, la lune de miel, était à peine écoulé, que M. d'Epinay portait déjà avec indocilité le joug de l'hymen ; il se jeta bientôt ouvertement dans la dissipation. On ne pouvait guère alors se dispenser de prendre une maîtresse : c'était un meuble nécessaire. M. d'Epinay fit un choix dans le magasin de l'Opéra, et son étoile le fit tomber sur une petite danseuse dont le nom de guerre était la *Rosette*. C'est avec elle qu'il passait les jours, et la plus grande partie des nuits avec quelques amis de son âge, entre autres avec un certain chevalier de C..., mauvais sujet déterminé, et pâle copie du comte de Grammont. Le fils d'un fermier-général, quel trésor pour une nymphe de l'Opéra ! Il y eut des présents réciproques. Ceux de M. d'Epinay étaient dignes de la caisse paternelle ; c'étaient de l'or, des bijoux, des étoffes précieuses. Le don de la *Rosette* fut d'un genre différent, et

eut des suites fâcheuses; il était difficile de
faire un plus mauvais marché.

Le veuvage et la solitude ne convenaient
point à la tendre Émilie : elle avait goûté avec
délices les premières joies de l'amour; le souvenir d'un bonheur trop fugitif ne lui permettait de prendre aucun repos. Quelques
raccommodements passagers et périlleux ne
suffisaient ni aux besoins de son cœur, ni à
la brûlante activité de son imagination. Elle
eut des explication et des scènes fort vives avec
M. d'Épinay; les reproches les plus amers,
les retours de tendresse les plus touchants, la
naissance même d'un fils ardemment désiré,
rien ne put l'arracher à ses orgies nocturnes
et à ses amours de coulisses. La jeune femme,
désespérée, devint triste et vaporeuse. Voici
comment elle dépeint sa situation en écrivant
à M. de Lisieux, son tuteur :

« Toutes les occupations qui étaient pour
moi des ressources contre la peine et contre
l'ennui me sont devenues fastidieuses; la lecture m'ennuie, la peinture me dégoûte, le

travail me fatigue, et je ne sais plus que faire. Toutes mes idées sont noires; je me porte bien, et je m'écoute toute la journée, dans l'espérance de me trouver malade. »

Madame d'Epinay, pour se distraire, forma quelques liaisons. Mademoiselle d'Ette, dont Rousseau a fait une mention peu flatteuse dans ses *Confessions* (1), lui inspira beaucoup d'intérêt, et devint bientôt son intime amie. Ces dames ne pouvaient se passer l'une de l'autre. Mademoiselle d'Ette avait une expérience qui manquait à Emilie; elle lui servit bientôt de conseil et de guide. Un jour madame d'Epinay lui fit une peinture fidèle de sa situation :

« Je me sens, lui dit-elle, de la pesanteur, de l'ennui; je bâille à tout instant. La tris-

(1) Elle passait pour méchante, dit Rousseau, et vivait avec Valori, qui ne passait pas pour bon.

tesse s'empare de moi , et je me sens le besoin de dire que je suis triste. Les larmes me viennent aux yeux, je ne puis y tenir. Je vous demande pardon , je crois que ce sont des vapeurs ; je me sens bien mal à mon aise. »

Mademoiselle d'Ette devina sur-le-champ de quoi il s'agissait. « Vraiment oui, répondit-elle , vous avez des vapeurs, et j'en sais bien la cause : c'est l'ennui du cœur. »

Je ne puis m'empêcher d'observer , en passant , que dans ce temps-là on tirait un grand parti du cœur. C'est une remarque que M. de Boufflers a faite en riant , et qui n'en est pas moins vraie. Jamais expression ne fut plus heureusement trouvée ; elle suffirait pour caractériser l'époque où elle devint d'un usage si fréquent et d'une application si utile. L'ennui du cœur ! est-il rien de plus joli que ce mot-là ; il doit faire fortune.

Le plus difficile n'est pas de connaître la cause d'une maladie, mais de la guérir. Mademoiselle d'Ette entreprit de dissiper les va-

peurs de son amie, et de faire disparaître cet
ennui du cœur qui la tourmentait. « Vous
n'aimez plus votre mari, lui dit-elle ; votre
haine n'est autre chose que l'amour humilié
et révolté ; vous ne guérirez de cette funeste
maladie qu'en aimant quelque autre objet
plus digne de vous. C'est un homme de trente
ans, raisonnable, que je voudrais ; un homme
en état de vous conseiller, de vous conduire,
et qui prît assez de tendresse pour vous, pour
n'être occupé qu'à vous rendre heureuse. Cela
remplirait le vide de votre cœur, et vous
n'auriez plus d'idées noires. »

Il faut rendre justice à Emilie, son premier mouvement fut d'être scandalisée du remède qu'on lui proposait. Le dialogue suivant
s'établit entre ces deux dames. C'est madame
d'Epinay qui raconte :

« Oh ! je n'aurai jamais d'amant, lui dis-
je. — Et pourquoi cela ? est-ce par dévotion ? — Non ; mais je ne crois pas que les
torts d'un mari autorisent à se mal conduire.
— Qu'appelez-vous se mal conduire ? Je ne

vous propose pas d'afficher un amant, ni de
l'avoir toujours à votre suite. Je ne veux point
de rendez-vous, point de confidences, point
de lettres, point de billets, en un mot rien
de ces fadaises qui ne causent qu'une légère
satisfaction, et qui exposent à mille dangers.
—Fort bien : vous voulez qu'on ait un amant,
qu'on ne le voie point, qu'on n'en soit point
occupée. — Ce n'est point cela ; mais je veux
qu'on ne le soit que d'une façon, qui laisse le
public indécis sur le jugement qu'il doit en
porter.—Ah ! vous convenez donc que, malgré tant de précautions, on en parlera ; et me
voilà perdue de réputation.—Mais où prenez
vous cela ? Quelle est la femme dont on ne
parle point ? Dans ce monde on dit tout ce
qu'on imagine ; on croit tout, et rien de ce
que l'on entend dire. On en parlera pendant
huit jours, peut-être même n'en parlera-t-on
point. — Je ne puis me faire à cette morale.
Il y a trois choses dans tout cela qui ne m'entrent point dans l'esprit : la première est qu'on
puisse avoir un amant, et le regarder sans
rougir ; la seconde qu'on puisse avoir un amant
sans qu'on le sache ; la troisième qu'on puisse

soutenir les regards de ceux qui en sont instruits ou qui le soupçonnent. »

Cette belle résistance d'Emilie embarrassa
un peu mademoiselle d'Ette. Elle tenait en
réserve un argument décisif ; mais elle ne voulait s'en servir qu'à la dernière extrémité.
Enfin, après avoir rêvé quelques instants, elle
prit courageusement son parti.

« Je connais, dit-elle à madame d'Epinay,
votre franchise et votre discrétion : quelle est
l'opinion qu'on a de moi dans le monde ? —
La meilleure, et telle, que vous ne pourriez la
conserver si vous pratiquiez la morale que
vous venez de me prêcher. — Voilà où je vous
attendais. Depuis dix ans que j'ai perdu ma
mère, je fus séduite par le chevalier de Valori, qui m'avait vue, pour ainsi dire, élever.
Mon extrême jeunesse et la confiance que j'a-
vais en lui ne me permirent pas d'abord de
me défier de ses vues. Je fus long-temps à
m'en apercevoir ; et lorsque je m'en aperçus,
j'avais pris tant de goût pour lui, que je n'eus
pas la force de lui résister. Il me vint des scru-

pules : il les leva en me promettant de m'é-
pouser. Il y travailla en effet ; mais, voyant
l'opposition que sa famille y apportait, à
cause de la disproportion d'âge et de mon peu
de fortune, et me trouvant d'ailleurs heureuse
comme j'étais, je fus la première à étouffer
mes scrupules, d'autant plus qu'il est assez
pauvre. Il commençait à faire des réflexions.
Je lui proposai de vivre comme nous étions :
il accepta. Je quittai ma province et je le sui-
vis à Paris. Vous voyez comme je vis : quatre fois la semaine il passe la journée chez
moi ; le reste du temps, nous nous contentons
réciproquement d'apprendre de nos nouvelles,
à moins que le hasard ne nous fasse rencontrer. Nous vivons heureux, contents ; peut-
être ne le serions-nous pas tant si nous étions
mariés. »

Je n'ai pas voulu abréger cette citation,
parce qu'elle est instructive, et qu'elle peint
fidèlement les mœurs de l'époque où vivait
madame d'Epinay. J'ai lu avec édification les
homélies de quelques écrivains qui gémissent
sur la perversité du siècle, et qui regrettent

amèrement les mœurs de l'ancienne monarchie. J'ai été touché de leur éloquence ; mais
ma raison n'a pas été convaincue. Je ne suis
pas sûr que les mœurs soient aujourd'hui plus
corrompues qu'elles ne l'ont été sous le règne
de Louis XIV et sous celui de ses deux successeurs immédiats. Je crois même qu'il serait facile de prouver le contraire; mais je
réserve cette dissertation pour une autre occasion.

Le premier mouvement de madame d'Epinay ne fut pas d'une longue durée. Il survint
à mademoiselle d'Ette un puissant auxiliaire
qui décida la victoire en sa faveur. Emilie
avait déjà vu plus d'une fois M. de Francueil,
bien connu par les *Confessions* de Rousseau ;
mais il avait fait peu d'impression sur elle : il
portait le menton trop en l'air, et il était trop
poudré. Cependant le hasard voulut qu'il s'of-
frît à ses regards à l'instant même où elle fi-
nissait sa conversation avec mademoiselle
d'Ette. Il lui parut plus aimable qu'aupara-
vant. « Il a des talents, dit-elle dans son journal, il fait de la musique. Sa société m'a plu

beaucoup pendant mes couches; elle pourra m'être encore de quelque ressource. »

Cette ressource ne manqua pas à madame d'Epinay. M. de Francueil, qui avait des vues sur elle, la visitait assidument; ils faisaient ensemble de la musique. La musique est fort agréable, mais on ne peut pas toujours chanter : les entr'actes se passaient en conversations qui, peu à peu, les amenaient au but où tous les deux avaient envie d'arriver. Madame d'Epinay raconte une de ces conversations. Elle détaillait avec complaisance les qualités qu'elle aurait exigées dans un amant. On pense bien que dans tout cela le cœur n'était pas oublié.

« Je veux, dit madame d'Epinay un cœur!... un cœur comme on n'en trouve point! qui soit délicat, constant, fidèle. — Mais cela va sans dire, répondit M. de Francueil; rien de si commun ni si aisé à trouver.

» — Pas tant que vous le croyez; il y a mille cas où je le trouverais peut-être fort loin de l'unisson que je désire. Quant à l'esprit, par exemple, vous croyez peut-être que j'en voudrais trouver beaucoup ! Non, ce n'est pas cela : c'est une certaine tournure, une manière d'envisager les objets..... d'entendre à demi-mot. — Madame, le cœur donne cet esprit-là. »

Madame d'Epinay fut sans doute contente de cette réponse : car, après quelques petits combats, les choses s'arrangèrent à l'amiable. Dès ce moment, il ne fut plus question de tristesse ni de vapeurs. Toutefois il arriva un accident qui pensa tout gâter; mais ce ne fut pas la faute de madame d'Epinay : elle ignorait la part qu'elle avait eue au présent de la *Rosette*, et le passa innocemment à M. de Francueil.

« Votre mari est un monstre, lui écrivit-il, et vous une adorable créature. » On ne pouvait révéler plus obligeamment un pénible secret. Madame d'Epinay fut au désespoir; elle eut même quelque envie de se jeter par la fenêtre. Heureusement mademoiselle d'Ette vint à son

secours. « Je l'embrassai, dit-elle, je la con-
solai du mieux qu'il me fut possible, et je
parvins à lui faire entendre qu'ignorant elle-
même son état, elle n'avait aucun reproche à
se faire. » M. de Francueil, toujours généreux, fit aussi les plus grands efforts pour réconcilier Émilie avec elle-même ; on rejeta
tout l'odieux sur le mari, qui, à cette époque,
était absent ; et il fut convenu que madame d'E-
pinay n'avait pas cessé d'être un ange. On prit
en outre les précautions nécessaires pour prévenir une rechute ; bientôt il n'y parut plus,
et toute la bande des amours revint au co-
lombier.

Ce fut quelque temps après cette fâcheuse
aventure qu'Emilie fixa sa résidence à Epinay
avec madame d'Esclavelles, sa mère ; M. de
Bellegarde, son beau-père ; madame d'Houdetot, sa belle-sœur, et mademoiselle d'Ette,
sa chère amie : M. le chevalier de Valori et
M. de Francueil ne furent point oubliés. On
résolut de voir du monde et de se procurer à
la campagne les amusements de la ville. Un
joli théâtre fut construit dans le château, et

l'on joua la comédie. Le goût du théâtre était, depuis quelques années, généralement répandu ; de graves magistrats se plaisaient à chausser le cothurne ; plus d'un courtisan jouait les Crispins avec une rare perfection ; et l'on sait que le chancelier Maupeou n'avait pas son pareil dans les rôles d'Arlequin.

Les acteurs d'Epinay débutèrent par une pièce nouvelle, dont l'auteur, alors peu connu, devait bientôt se placer au premier rang de nos écrivains : on devine que je veux parler de Rousseau, qui avait été présenté à Emilie par M. de Francueil. Madame d'Epinay décrit ainsi les premières impression que fit sur elle le citoyen de Genève. Ce morceau m'a paru curieux.

« Nous avons débuté par *l'Engagement téméraire*, comédie nouvelle de M. Rousseau, ami de M. de Francueil, qui nous l'a présenté. L'auteur a joué un rôle dans sa pièce. Quoique ce ne soit qu'une comédie de société, elle a eu un grand succès. Je doute cependant qu'elle pût réusssir au théâtre ; mais c'est l'ouvrage d'un homme de beaucoup d'esprit, et peut-être d'un homme singulier. Je ne sais pas trop cependant si c'est ce que j'ai vu de la pièce ou de l'auteur qui me fait juger ainsi. Il est complimenteur sans être poli, ou au moins sans en avoir l'air. Il paraît ignorer les usages du monde; mais il est aisé de voir qu'il a infiniment d'esprit. Il a le teint brun, et des yeux pleins de feu animent sa physionomie. Lorsqu'il a parlé et qu'on le regarde, il paraît joli; mais lorsqu'on se le rappelle, c'est toujours en laid. On dit qu'il est d'une mauvaise santé, et qu'il a des souffrances qu'il cache avec soin, par je ne sais quel principe de vanité : c'est apparemment ce qui lui donne de temps en temps l'air farouche. M. Belle-garde, avec qui il a causé long-temps, en est enchanté, et l'a engagé à nous venir voir sou-vent. J'en suis bien aise; je me promets de profiter beaucoup de sa conversation.

J'ai long-temps regardé comme une chimè-re l'espèce de conjuration dont Rousseau pré-tend avoir été victime, et à la tête de laquelle il a placé Grimm et Diderot. La lecture des

Confessions de madame d'Epinay m'a prouvé que, s'il y avait quelque exagération dans ses idées, il y avait au moins un fond de vérité incontestable. Il ne faut pas juger Rousseau comme un homme vulgaire; il faut le prendre avec les susceptibilités d'une imagination exaltée et toujours ombrageuse: c'était, pour me servir d'une expression nouvellement créée, l'homme le plus *impressionnable*. Un tel caractère est toujours à la merci de l'envie et de la méchanceté; il ne sait éviter aucun piége.

Nous avons laissé madame d'Epinay, madame d'Houdetot, mademoiselle d'Ette, MM. Francueil, de Valori et J.-J. Rousseau, jouant la comédie à *la Chevrette* (1). La plus douce harmonie régnait dans cette petite société. Madame d'Epinay était d'une gaîté charmante, et faisait avec une grâce infinie les honneurs de sa maison. Elle eût été parfaitement heureuse si M. d'Epinay ne fût revenu de sa tournée. Il avait appris les assi-

---

(1) C'est le nom du château situé à Épinay.

duités de M. de Francueil auprès de sa femme,
et il parut bourgeoisement atteint d'une jalousie du plus mauvais ton. Quoiqu'il eût des
torts bien graves à se reprocher, il s'avisa de
blâmer les tendres liaisons de madame d'E-
pinay. Il y avait là de quoi soulever tous les
maris complaisants de la cour et de la ville :
aussi craignait-il par dessus tout de donner
un tel scandale. « Je suis au bout de ma patience, et je n'y tiens plus, écrivait Emilie
dans son journal; je ne sais que devenir depuis le retour de mon mari. Il continue à
mener une vie dissipée; et ce qui m'étonne,
c'est que, malgré son désordre, il paraisse jaloux de moi; il l'est jusqu'à m'épier; il me
fait des scènes à me faire perdre la tête toutes
les fois qu'il sait que M. de Francueil vient
ici; et il est le premier à l'aller prier d'y venir
lorsque je suis deux jours sans le voir. »

Dans ce temps-là les gens du monde pouvaient tout braver, excepté le ridicule. Avant
d'agir il fallait se demander sérieusement :
« Cela se fait-il, ou cela ne se fait-il pas ? »
Car la mode ou l'opinion exerçait alors une

influence tyrannique, et tout ce qui se trouvait contraire à cette règle universelle était jugé ridicule. De là vient qu'à cette époque les esprits et les caractères paraissent formés sur le même modèle, et qu'il y avait si peu d'énergie dans les actions, si peu de ressort dans les âmes ; tout était de convention dans le monde comme au théâtre. On avait décidé qu'un homme du monde ne pouvait être ouvertement jaloux de sa femme, sous peine de ridicule : en conséquence de ce principe, M. d'Epinay s'efforçait de cacher sa jalousie. Il est vrai qu'il oubliait quelquefois son rôle ; mais il y rentrait bientôt, comme un acteur intelligent, et jouait à merveille, quoiqu'en enrageant un peu, le personnage de mari comme il faut.

Cependant il se dédommageait de cette contrainte lorsqu'il se trouvait par hasard tête à tête avec madame d'Epinay. Celle-ci supportait avec peine une situation aussi équivoque, et fit toutes les démarches nécessaires pour assurer son indépendance. M. d'Epinay, convaincu qu'il ne pouvait, sans choquer l'usage, mettre obstacle aux désirs de sa femme, consentit à la séparation qu'elle désirait avec ardeur, et il paraît qu'il en fut bientôt consolé. Sur ces entrefaites, M. de Jully, frère de M. d'Epinay, prit une épouse dont il était passionnément amoureux. C'était une femme charmante, mais elle avait besoin de distractions; et Jélyotte, l'Elleviou de cette époque, se chargea d'amuser ses loisirs. Madame de Jully voyait souvent mademoiselle Quinault, célèbre actrice retirée du théâtre, et qui rassemblait chez elle ce qu'on appelait la meilleure compagnie : c'était la Ninon du siècle.

Madame d'Epinay, qui aimait les femmes d'esprit, ne manqua pas de faire connaissance avec mademoiselle Quinault. Les distinctions de rang et de naissance étant alors presque entièrement effacées, du moins à Paris, les hommes de tous les états, de toutes les conditions, se réunissaient dans les mêmes sociétés. On y voyait des financiers, des magistrats, des chanteurs de l'Opéra; des comédiens, des poètes, des géomètres, des diplomates, des charlatans, des filles de mœurs équi-

voques, des abbés, des princes, des maqui-
gnons, des évêques et des philosophes. Tout
cela vivait pêle-mêle et comme il plaisait à
Dieu. L'homme le plus aimable et le plus spirituel était le plus considéré. Le gentilhomme
revenant de ses terres, où il avait étalé de
grands airs aux yeux de quelques provinciaux
ébahis, déposait à la dernière poste sa morgue
héréditaire, et rentrait à Paris sous l'empire
de la commune égalité.

La société de mademoiselle Quinault plaisait infiniment à madame d'Epinay ; voici
de quelle manière elle en parle, et son témoi-
gnagne ne paraîtra pas suspect : « J'ai eu hier
la visite de mademoiselle Quinault ; elle m'a
persécutée pour aller dîner avec elle, et je n'ai
pu la refuser. Nous n'étions que cinq : M. le
prince de ***, le marquis de Saint-Lambert,
M. Duclos, et moi. Le marquis a beaucoup
d'esprit, et autant de goût que de délicatesse
et de force dans les idées ; il fait des vers, et
en fait avec connaissance de cause, car il est
vraiment poète. Il est aisé de juger, par la
liberté et la confiance qui règnent dans cette

société, combien ils s'estiment entre eux, et comptent les uns sur les autres. Une heure de conversation dans cette maison ouvre plus les idées et donne plus de satisfaction que la lecture de presque tous les livres que j'ai lus jusqu'à présent. »

Il faut avouer que madame d'Epinay était à bonne école. Je ne sais si les discours qu'on y tenait, et dont elle a jugé convenable d'enrichir ses mémoires, y sont rapportés avec exactitude, mais rien n'est plus piquant; et comme ils m'ont amusé, je suis porté à les croire aussi authentiques que les sermons de Bourdaloue. Ils sont toutefois d'un genre différent, et ont beaucoup plus d'analogie avec la conversation du père Canaye et du maréchal d'Hocquincourt. J'ai envie d'en donner un échantillon.

Lorsque madame d'Epinay fut arrivée, on se mit à table. Jusqu'au dessert, la conversation fut bruyante et générale : les spectacles, les ballets, les projets de nouveaux impôts furent passés en revue. Au dessert, mademoiselle

Quinault fit signe à sa nièce de sortir de table : elle se retira. C'était une jeune personne de douze à treize ans. Madame d'Epinay demanda à la tante pourquoi elle faisait retirer cette aimable nièce, et l'engagea même à la rappeler.

« Non pas, s'il vous plaît, répondit mademoiselle Quinault : c'est assez qu'on veuille bien se contraindre jusqu'au dessert pour cette petite morveuse. Voici le moment où, les coudes appuyés sur la table, on dit tout ce qui vient en tête ; et alors les enfants et les valets sont incommodes. Ce serait à ne pas s'entendre si la petite y était. — Ma foi, madame, reprit M. Duclos, vous n'y entendez rien : je lui donnerais tout d'un coup une idée juste des choses, moi ; vous n'avez qu'à me laisser faire. »

Cette bonne volonté de Duclos amena une conversation sur la pudeur. Madame d'Epinay, mademoiselle Quinault et Saint-Lambert, soutinrent d'abord faiblement que la pudeur était un sentiment naturel. Le prince et Duclos traitèrent cette opinion d'erreur et de préjugé.

« Il fut un temps, dit le prince, où non seulement les sauvages, mais tous les hommes, allaient tout nus.

DUCLOS.

» Oui, vraiment, pêle-mêle, gras, rebondis, joufflus, innocents et gais. Buvons un coup ! »

(Mademoiselle Quinault chante en lui versant à boire :

> Il t'en revient encore une image agréable
> Qui te plaît plus que tu ne veux.)

» Il est certain que ce vêtement, qui joint si bien partout, est le seul que la nature nous ait donné.

DUCLOS.

» Maudit soit le premier qui s'avisa de mettre un autre habit sur celui-là !

MADEMOISELLE QUINAULT.

» Ce fut quelque petit vilain bossu, maigre et contrefait.

SAINT-LAMBERT.

» Combien de vices et de vertus dont il ne fut jamais question dans le code de la nature.

LE PRINCE.

» Il y en a une multitude de pure convention, suivant les pays, les mœurs, les climats même.

SAINT -LAMBERT.

» La morale universelle est la seule inviolable et sacrée.

DUCLOS.

» C'est l'idée de l'ordre, c'est la raison même ; en deux mots, messieurs, c'est l'édit permanent du plaisir, du besoin et de la douleur.

MADEMOISELLE QUINAULT.

» Mais c'est fort beau, ce qu'il dit là! il parle comme un oracle! Buvons à la santé de l'oracle! »

Et l'on y but.

Cette libation faite, la conversation prit une tournure poétique. Saint-Lambert, après avoir bu de nouveau un verre de vin de Champagne, se livra à son enthousiasme, et entonna une espèce d'hymne à Vénus *genitrix*, où la pudeur n'est pas assez ménagée pour qu'il soit convenable de la transcrire. L'hymne érotique de Saint-Lambert produisit tout l'effet qu'il pouvait en attendre; elle fut applaudie à l'unanimité, et mademoiselle Quinault s'écria : « Voilà ce qui s'appelle des idées sublimes! C'est Pindare, c'est Anacréon; voilà ce qui s'appelle un poète! »

On raisonna encore quelque temps sur la

nature; cette expression avait une vogue étonnante. Les femmes l'avaient adoptée et en faisaient un fréquent usage; elles raffolaient de la nature. Saint-Lambert hasarda à ce sujet une observation qui parut assez piquante à nos joyeux convives.

SAINT-LAMBERT.

« Si la nature est bien éclairée, elle est quelquefois bien bête.

MADEMOISELLE QUINAULT.

» Ah! cela est bien vrai. Buvons, buvons, messieurs! »

Chacun reprit du vin de Champagne. Duclos en but trois coups de suite : il faut se rappeler que Duclos était Breton. La conversation sur la nature et la pudeur fut animée par de nouvelles saillies qui devenaient quelque peu graveleuses, lorsqu'on apporta une lettre de Voltaire. C'était alors une bonne fortune qu'une lettre du patriarche de Ferney. Elle

fut lue, commentée ; et il était déjà tard lorsque madame d'Epinay prit congé de la compagnie.

: Tel était le genre de conversation qui ouvrait les idées de cette dame, et qui lui donnait plus de satisfaction que la lecture de
tous les livres qu'elle avait lus jusqu'à cette
époque.

On pense bien que Duclos ne tarda pas à
être admis dans la société de *la Chevrette*. Il
prit bientôt un tel ascendant sur l'esprit de
madame d'Epinay, que mademoiselle d'Ette
en devint jalouse. Elle fait, dans ses lettres au
chevalier de Valori, un portrait de Duclos
où l'on reconnaît sans peine une empreinte
marquée de méchanceté et d'envie. C'est, de
tous les personnages qui figurent dans les *Mé-*
moires de madame d'Epinay, le plus injustement traité. On va jusqu'à attribuer des bê-
tises et à prêter le langage des halles à un écrivain qui, après Voltaire, était l'homme de
son siècle qui avait le plus d'esprit. Je ferai

connaître plus tard la cause de ces calomnies posthumes.

La liaison de madame d'Epinay avec M. de Francueil avait éclaté. On en parlait déjà dans le monde, lorsque M. de Bellegarde, père de M. d'Epinay, tomba malade. La fortune d'Emilie dépendait des dispositions testamentaires de ce fermier-général, et les amis de madame d'Epinay lui conseillèrent de rompre en apparence avec son amant. Ils pensaient que cette démarche préviendrait favorablement M. de Bellegarde à l'égard de sa belle-fille. Elle eut beaucoup de peine à suivre ce sage conseil ; il ne fallut pas moins que les instances de M. de Francueil lui-même pour la déterminer à prendre cette résolution. Je ne sais s'il était fatigué d'un bonheur sans nuage ; mais dès ce moment il devint capricieux, bizarre, volage même ; il faisait de longues absences, ce qui n'accommodait nullement madame d'Epinay. La tristesse revint avec son cortége ordinaire de vapeurs et d'idées noires. Il y eut des brouilleries, des raccommodements, des bouffées de jalousie, des ac-

cès de tendresse; peu à peu les liens se relâ-
chèrent. Madame d'Epinay ne pouvait se soumettre à ces intermittences; un événement
imprévu précipita la catastrophe.

Madame de Jully fut atteinte de la petite-
vérole la plus maligne. Après avoir été quatre jours entre la vie et la mort, elle mourut
le cinquième. Madame d'Epinay ne la quitta
pas un instant. Au moment où elle allait ex-
pirer, elle confia à sa belle-sœur la clé de son
secrétaire. Elle voulait sans doute dérober à
M. de Jully certaines lettres qui auraient beaucoup allégé les premières douleurs de son veuvage. Ce fut ainsi, du moins, que madame
d'Epinay interpréta la remise de cette clé. Elle
se hâta de jeter au feu tous les papiers qui se
trouvaient dans le secrétaire. Cette action
charitable eut de fâcheuses conséquences. Il
existait un acte d'association entre les deux
frères, MM. d'Epinay et de Jully. Le premier
devait au second une somme de 200,000 fr.;
mais, pour en exiger le paiement, il était nécessaire de montrer l'acte d'association. Ce
titre ne se trouvait nulle part; on supposa

que madame d'Epinay l'avait brûlé, comme le moyen le plus expéditif d'acquitter une somme considérable et de prévenir un procès.

Cette aventure fit du bruit. On en parla dans la société où madame d'Epinay était connue. Dans une de ces occasions, M. Grimm, que Rousseau avait présenté à madame d'Epinay, prit sa défense en galant chevalier. Elle raconte ainsi cette circonstance :

« M. Grimm était à dîner chez le comte de Friese, chez qui il loge. Il y avait beaucoup de monde, mais point de femmes. Vers le milieu du repas on conta mon aventure, et elle fut présentée comme un tour de passe-passe, d'autant plus adroit que j'avais, disait-on, couvert mon escamotage du voile de l'amitié et de l'honnêteté. M. Grimm voulut me défendre par la réputation de probité et de désintéressement que je m'étais acquise universellement Un certain baron d'E*** insista sur l'accusation. M. Grimm répliqua qu'il fallait avoir bien peu d'honneur pour

avoir besoin de déshonorer les autres sans
examen. »

Le baron se crut offensé personnellement.
Les deux antagonistes descendirent dans le
jardin pour se battre. M. Grimm porta à son
adversaire un coup qui lui effleura légèrement
les côtes, et il en reçut un en même temps dans
le bras. Heureusement ces blessures n'étaient
point dangereuses. Le baron s'avoua vaincu.

En apprenant cette nouvelle, madame d'E-
pinay fut transportée de reconnaissance. De
la reconnaissance à l'amour, la transition est
tout-à-fait naturelle. M. de Francueil cherchait cependant à faire oublier ses torts; mais
il prenait mal son temps : des défauts qui jusque alors avaient échappé à madame d'Epinay
devinrent tout à coup frappants et inexcusa-
bles; il n'était plus digne d'un cœur dont il
avait négligé la culture, et d'un sentiment
dont il n'avait pas su apprécier la valeur.
Toutes les pensées se tournaient vers M.
Grimm, qui portait son bras en écharpe,
et jouissait modestement de ses succès. Il

avait, disait-on, un goût délicat, un esprit
charmant, une raison solide; enfin il devint
le successeur de M. de Francueil, et le héros
de *la Chevrette*.

Il faut nous arrêter ici un moment pour
faire une plus intime connaissance avec ce M.
Grimm, qui joue un rôle très important dans
les *Mémoires* de madame d'Epinay et dans les
Confessions de Rousseau. Il a été jugé diversement par ses contemporains : c'est une énigme
dont il ne faut pas désespérer de trouver le mot.

M. Grimm, Allemand d'origine, était venu
en France avec le comte de Friese, qui l'avait
pris à sa suite en qualité de secrétaire. Ses ap-
pointements étaient peu considérables; mais,
comme il ne manquait ni d'esprit ni de connaissances, il conçut le projet de s'élever au-
dessus de son état, et de se pousser dans le
monde. Il commença par étudier la société
où sa destinée l'avait conduit. Il s'aperçut
bientôt de tous les avantages qu'un étranger
tant soit peu adroit pouvait retirer en France
de ses talents et de sa position. Il n'y avait

point en effet de pays au monde dont les habitants fussent plus sévères pour leurs concitoyens et plus indulgents envers les étrangers. Il n'était pas même nécessaire que ceux-ci eussent un vrai mérite pour réussir. Un grand fond de suffisance, un ton tranchant, un certain étalage d'érudition souvent indigeste, leur suffisaient pour obtenir des suffrages. S'ils étaient assez avisés pour prendre des airs de supériorité, et pour nous morigéner comme des écoliers mal appris, il n'y a point de triomphes auxquels ils ne pussent aspirer. Il s'est fait à cet égard quelque changement dans nos mœurs, et ce n'est pas là un des moindres bienfaits de la révolution. Nous sommes un peu plus Français; quand le serons-nous tout-à-fait?

M. Grimm comprit qu'il fallait d'abord attirer sur lui les regards et faire quelque impression sur les esprits. J'ai dit que la *nature* entrait dans tous les entretiens; il faut y joindre la sensibilité, et même je crois la mélancolie : c'est l'époque où les femmes devinrent sensibles à l'excès, et où elles commencèrent à avoir un goût particulier pour les hommes atteints de mélancolie. La nature était le canevas sur lequel tout cela se brodait; le fond usait quelquefois la broderie, mais personne ne le trouvait mauvais. Ce fut sans doute d'après ces observations que M. Grimm se décida à une action extraordinaire qui le plaça à la tête des hommes à sentiment. Il devint éperdument amoureux de mademoiselle Fel, actrice de l'Opéra. Mademoiselle Fel se moqua d'une passion qui se montrait sans les accompagnements ordinaires de vaisselle, de diamants et de contrats de rentes. Elle ne jugea pas à propos de déroger, par égard pour M. Grimm, aux coutumes de l'Opéra, et de s'exposer ainsi à être sifflée de toutes ses compagnes. « Grimm, dit Rousseau, prit l'affaire au tragique, et s'avisa d'en vouloir mourir. Il tomba tout subitement dans la plus étrange maladie dont peut-être on ait jamais ouï parler. Il passait les jours et les nuits dans une continuelle léthargie, les yeux bien ouverts, le pouls bien battant, mais sans parler, sans manger, sans bouger, paraissant quelquefois entendre, mais ne répondant jamais, pas même par signe, et du reste sans agitation, sans douleurs, sans fièvre, et restant là comme s'il eût été mort. L'abbé Raynal et moi nous partageâmes sa garde. L'abbé, plus robuste et mieux portant, y passait les nuits, moi les jours, sans le quitter jamais ensemble. Le comte de Friese, alarmé, lui amena *Senac*, qui, après l'avoir examiné, dit que ce ne serait rien, et n'ordonna rien. Mon effroi pour mon ami me fit observer la contenance du médecin, et je le vis sourire en sortant. Cependant le malade resta plusieurs jours immobile, sans prendre ni bouillon, ni quoique ce fût, que des *cerises confites*, que je lui mettais de temps en temps sur la langue, et qu'il avalait fort bien. Un beau matin, il se leva, s'habilla, et reprit son train de vie ordinaire, sans que jamais il m'ait reparlé, ni, que je sache, à l'abbé Raynal, ni à personne, de cette singulière léthargie, ni des soins que nous lui avions rendus tandis qu'elle avait duré. »

Cette aventure fut bientôt divulguée. Les rigueurs inouïes d'une fille d'Opéra, le désespoir amoureux de M. Grimm, étaient des

choses trop singulières pour ne pas fixer sa
réputation. Les femmes décidèrent à l'unanimité qu'on ne pouvait pousser plus loin
l'héroïsme de la passion ; M. Grimm fut cité
comme un modèle de sentiment et de constance. Le voilà donc à la mode ; il est recherché , fêté ; la carrière est ouverte. C'était
beaucoup , mais ce n'était pas assez. Il s'agissait de faire une application utile de cet en-
gouement général. M. Grimm , que ses ap-
pointements de secrétaire mettaient à l'étroit,
sentait le besoin de s'impatroniser dans quelque bonne maison. Le hasard le servit à souhait. Présenté à madame d'Epinay, il comprit
bien vite quel parti on pouvait tirer d'une
femme vaporeuse, opulente, et séparée de son
mari. Mais il fallait la détacher entièrement
de M. de Francueil, et M. Grimm ne pouvait guère se flatter d'y réussir qu'en frappant l'imagination de cette femme par quelque coup d'éclat.

Les choses en étaient là , lorsque la dispa-
rition des papiers de M. de Jully fit naître
l'incident du duel dont j'ai parlé. A cette

preuve de dévouement, l'enthousiasme de madame d'Épinay pour M. Grimm ne peut se décrire; elle l'appela *mon chevalier*, et n'eut point de repos qu'elle ne fût liée très étroitement avec lui. Celui-ci joua son rôle à merveille. Certain de l'effet qu'il avait produit, il calcula toutes ses démarches, prit des airs de dignité, et ne répondit aux avances de madame d'Épinay que lorsqu'il se fut assuré qu'elle était entièrement subjuguée. Alors il consentit à s'établir à *la Chevrette*, et devint l'ami ou plutôt le maître de la maison.

Ce tartufe d'un nouveau genre n'épargnait rien pour soutenir auprès des femmes ses prétentions de délicatesse et de sensibilité. La mode exigeait à cette époque qu'un homme comme il faut fût pâle; un air trop robuste sentait sa roture; il semblait qu'un visage frais, et haut en couleur, dût nécessairement exclure le sentiment et la mélancolie. Aussi M. Grimm déguisait-il, autant qu'il lui était possible, son teint germanique. « Tout le monde, dit Rousseau, sut qu'il mettait du blanc; et moi, qui n'en croyais rien, je com-

mençai à le croire, non seulement par l'em-
bellissement de son teint et pour avoir trouvé
des tasses de blanc sur sa toilette, mais sur ce
qu'entrant un matin dans sa chambre, je le
trouvai brossant ses ongles avec une petite
vergette faite exprès, ouvrage qu'il continua
fièrement devant moi. Je jugeai qu'un homme qui passe, tous les matins, deux heures à
brosser ses ongles, peut bien passer quelques
instants à remplir de blanc les creux de sa
peau. Le bonhomme *Gauffecourt*, qui n'était
pas sac à diable, l'avait assez plaisamment surnommé *Tyran-le-Blanc.* »

Lorsqu'un homme tel que M. Grimm est
parvenu à s'installer dans une maison, son
premier soin est d'en chasser les anciens amis :
ce qui ne lui est pas dévoué est suspect à ses
yeux ; il faut que tout vienne de lui, jusqu'au
petit chien et à la femme de chambre. C'est
ainsi qu'il enlace sa proie et qu'il fonde son
empire. De souple, de mielleux, qu'il était dans
l'origine, il devient arrogant, despote, et
bientôt il n'est plus possible de se soustraire
à sa domination. Pour remplir avec succès un

pareil personnage, il suffit de joindre l'égoïsme
à la méchanceté, alliance naturelle, dont les
exemples étaient fréquents autrefois, et ne
sont pas rares aujourd'hui.

Duclos fut le premier ami de madame d'É-
pinay qui se trouva en butte aux attaques de
M. Grimm. « Il est envieux ce Duclos, dit
madame d'Épinay dans sa correspondance ; il
m'a peint M. Grimm comme un inconnu sans
aveu, qui tire toute son existence du délire
d'un talon rouge (le comte de Friese) et d'un
pédant, et qui joue le passionné de tous ceux
qui lui veulent du bien. » Duclos, déjà célèbre par de bons ouvrages, qui jouissait d'une
grande aisance et de l'estime générale, ne pouvait être envieux de M. Grimm. Il était franc,
loyal, un peu brusque, et ne cachait sa pensée
ni sur les hommes ni sur les choses. C'était
par intérêt pour madame d'Epinay qu'il lui
faisait connaître le caractère de son chevalier.
Cette dame en jugea autrement, parce que la
passion ne raisonne pas. M. Grimm ne tarda
pas à connaître quelle espèce de sentiment il
inspirait à Duclos : dès lors il lui voua une

mortelle inimitié, et profita de son influence sur madame d'Epinay pour amener entre eux une rupture complète.

Les traces de cette haine sont visibles dans les *Mémoires* de madame d'Epinay. Après la mort de cette dame, ces mémoires sont restés manuscrits entre les mains exercées de M. Grimm. D'après cette circonstance, je n'hésite point à regarder comme faux un grand nombre de traits ignobles, et de discours grossièrement ineptes, qu'on attribue à l'auteur des *Considérations sur les mœurs*. A qui persuadera-t-on qu'un homme aussi éminemment spirituel que Duclos ait pu dire, en parlant de lui même : *Il ne fait pas bon se jeter un petit chat comme moi aux jambes*, et autres propos de ce genre, dont un homme de l'esprit le plus borné et de l'éducation la moins soignée rougirait de se servir. Ce n'est ni le témoignage de M. Grimm ni celui de madame d'Epinay qui fera jamais passer Duclos pour un sot et un envieux.

Après s'être débarrassé de Duclos, M.

Grimm songea à éloigner J.-J. Rousseau. Ce-lui-ci était son ami, et avait contribué de tout son pouvoir à ses succès dans le monde. Dès que M. Grimm cessa d'avoir besoin de Rousseau, il devint son détracteur, et ne cessa dé le poursuivre et de le calomnier jusqu'à sa mort.

Un tel caractère est moins rare qu'on ne pense. Le monde est plein de ces gens qui font de l'amitié une sorte de spéculation com-merciale, et qui cherchent par tous les moyens possibles à se débarrasser des concurrences ; rien ne leur coûte pour arriver à ce but, ni l'ingratitude, ni la trahison. Quand un hom-me de ce caractère est favorablement accueilli dans une famille dont l'influence peut lui être utile, on peut dire adieu aux vieilles ami-tiés.

La destinée de J.-J. Rousseau a été bien singulière. La Sorbonne et la société d'Hol-bach, le patriarche de Ferney et l'archevêque de Paris, ont été ses ennemis. Il s'est trouvé également en butte aux anathèmes des prêtres et aux censures de quelques philosophes : les prêtres l'auraient volontiers brûlé en cérémonie ; les philosophes se seraient contentés de le condamner au silence ; les uns et les autres n'auraient pas été fâchés d'attirer sur lui l'indignation et le mépris.

Les ressentiments que Rousseau avait excités pendant sa vie ne se sont pas éteints à sa mort ; ils ont passé jusqu'à nous. Les amis exclusifs de Voltaire et de Diderot, les fougueux partisans de l'erreur et de l'intolérance, ont soigneusement recueilli ce triste héritage ; il est peu de séminaristes ou de demi-philosophes qui n'adoptent avec une confiance aveugle les calomnies dont cet illustre écrivain a été l'objet. On l'accuse d'ingratitude et d'orgueil ; on lui reproche d'avoir trahi ses amis et ses bienfaiteurs ; on veut bien lui accorder quelque talent de style, mais on lui refuse ce qui vaut mieux que le talent, l'élévation de l'âme et la noblesse des sentiments.

J'ai voulu savoir si ces graves inculpations étaient fondées ; j'ai recueilli les faits, sans m'arrêter aux déclamations; et je suis aujourd'hui convaincu que Rousseau doit être compté parmi les nombreuses victimes de la méchanceté et de l'injustice des hommes. Doué d'une profonde sensibilité, il s'est sans doute trompé sur l'influence et sur le nombre de ses ennemis, il s'est fait beaucoup de mal à lui-même, l'exaltation de la solitude a pu égarer son jugement et troubler même sa raison; mais quel est l'homme d'une imagination ardente qui peut se croire à l'abri d'un tel malheur? Qu'est-ce que le génie, sinon la faculté de sentir vivement et d'exciter de vives sensations? Cet excès de sensibilité est déjà une infortune; il laisse le cœur sans défense contre les moindres traits de l'adversité. C'est alors une proie facile livrée à la haine et à l'envie; il faut peu d'efforts pour la déchirer. Je vais en citer un exemple qui m'a paru frappant.

Rousseau, cédant aux instances de madame d'Epinay, s'était établi à *l'Ermitage*, où il rêvait déjà cette douce et gracieuse *Julie*, l'une de ses plus admirables créations. Les prétendus amis qu'il avait laissés à Paris blâmèrent sa démarche. Ils crurent ou feignirent de croire qu'il n'avait pris une telle résolution que pour se distinguer de la foule des hommes de lettres, et attirer exclusivement sur lui les regards du public. Ils se réunirent pour le forcer de revenir à Paris. Ce fut à cette époque que Diderot publia *le Fils naturel.* On sait qu'il a joint à ce drame, assez médiocre, une espèce de poétique en dialogue, où il propose ses idées pour la réforme de notre théâtre. Parmi les digressions qui s'y trouvent, il en est une sur les solitaires, où l'on remarquait le mot suivant : « Il n'y a que le méchant qui soit seul. »

Rousseau était retiré dans une solitude; cette phrase l'affecta beaucoup, et il s'en plaint avec amertume dans ses *Confessions.*

Quel excès de susceptibilité! dira-t-on; pourquoi Rousseau s'arrêtait-il à une phrase qui n'a pas même le mérite d'offrir une pensée juste? Car il n'est pas vrai « que le méchant soit seul. » Comment exercerait-il son infernal génie dans la solitude? Il a surtout besoin de la société ; c'est là qu'il trouve les matériaux de son industrie, ses victimes, ses complices ou ses instruments. Le plus grand supplice qui pût être infligé à un méchant homme serait de le condamner à la retraite, et de le livrer ainsi aux tortures du repos. Il n'y survivrait pas.

Ce mot n'aurait donc pas dû offenser Rousseau ; cependant il en fut blessé. Ce n'est pas la cause qu'il faut examiner, c'est l'effet. Remarquons que Diderot était depuis plusieurs années l'ami intime du solitaire de l'Ermitage ; il connaissait ses faiblesses et ses qualités ; l'amitié lui ordonnait de ménager les unes en estimant les autres. C'était surtout un devoir pour Diderot, qui était bonhomme, ou qui voulait passer pour tel. La *bonhomie* commençait alors à poindre dans le monde ; depuis ce temps-là on s'est fait bonhomme comme autrefois on se faisait dévot. Dieu nous garde de ces bonnes gens !

En lisant les *Confessions* de Rousseau et les *Mémoires* qui ont été publiés depuis sa mort, on nepe ut s'empêcher d'observer que, jusqu'au moment où il débuta avec un succès si brillant dans la carrière des lettres, il conserva tous ses amis; ils rendaient justice à son esprit et à ses excellentes qualités. Il n'en fut pas ainsi lorsqu'il eut composé *le Devin du village* et publié ses premiers ouvrages. Il s'aperçut bientôt que l'affection de ses amis se refroidissait à mesure qu'il prenait un vol plus élevé ; il apprit que la gloire, comme la fortune, *vend ce qu'on croit qu'elle donne.*

Le premier soin de *ses amis* fut de le faire passer pour un homme farouche et inaccessible à tout sentiment généreux. Il avait emmené à *l'Ermitage* Thérèse, et sa mère, madame Levasseur. Cette femme, âgée de quatre-vingts ans, avait voulu suivre Rousseau. Elle vivait à ses dépens, et trouvait même les moyens de donner des secours à sa nombreuse famille. Croirait-on que Grimm et Diderot firent un crime à leur ami d'avoir reçu dans sa retraite cette vieille femme, « et de la tenir ainsi, disaient-ils, éloignée des secours dont elle pourrait éprouver le besoin, si elle

venait à tomber malade. » Il est curieux de
voir dans les lettres de Diderot et de Grimm
quel parti ils tirèrent de cette circonstance.
Avant d'aller plus loin, la justice exige que je
fasse ici une remarque. Je ne crois pas qu'il
faille confondre Grimm avec Diderot. Ce dernier a été certainement injuste envers Rousseau; mais il n'est pas aussi sûr qu'il eût pris
plaisir à le tourmenter s'il ne se fût laissé en-
traîner par Grimm. Cet étranger, essentiellement haineux et jaloux, s'était emparé de l'esprit de Diderot, qui ne pouvait se passer d'au-
diteurs et de flatteurs, et il le faisait mouvoir
à son gré. Diderot a été dominé jusqu'à sa
mort; des mains de M. Grimm il passa dans
celles de M. Naigeon.

Ce fut un malheur pour Rousseau d'avoir
admis dans son intimité Thérèse et madame
Levasseur, deux femmes sans éducation, sans
esprit, qui ne concevaient rien à sa manière
de vivre, et qui le compromettaient à son
insu. Grimm s'était adressé à madame Levasseur; ils avaient ensemble de longues et
secrètes conférences : ainsi Rousseau avait au-

près de lui un espion domestique qui rendait compte de ses démarches, de ses propos, et recevait des présents qu'il aurait refusés avec indignation. Cette femme regrettait Paris, et se prêta aux manœuvres de Diderot et de Grimm pour y ramener Rousseau. Ils échouèrent dans ce projet; mais ils eurent le plaisir de représenter l'auteur d'*Emile* comme un sauvage et un barbare qui, sacrifiant tout à sa propre satisfaction, était sans pitié pour les vieilles femmes. Madame Levasseur mangeait beaucoup et avec une extrême voracité; elle était sujette, dit Rousseau, à des débordements de bile. Il est à croire que, si cette harpie fût morte de quelque indigestion, Grimm et Diderot n'auraient pas manqué d'accuser Rousseau de cet accident. Heureusement elle se portait bien et engraissait à vue d'œil.

Un incident plus sérieux servit la haine de Grimm, et mérite notre attention. Rousseau, quoiqu'il fût avancé en âge, s'avisa d'aimer madame d'Houdetot, qui était fort aimable. Celle-ci avait contracté une liaison intime avec Saint-Lambert ; mais il était absent, et madame d'Houdetot, soit coquetterie, soit curiosité assez naturelle dans une jeune femme, flatta une passion que sa vertu, ou un penchant plus doux, ne lui permettait pas de partager. Tout le monde a lu ce que Rousseau a écrit à cette occasion, et je suis porté à croire que plus d'une femme, en dévorant ces pages brûlantes de tous les feux de l'amour et de l'éloquence, s'est étonnée de la résistance de madame d'Houdetot. Elle résista cependant, et Rousseau lui rend sur ce point une entière justice.

La vieille Levasseur ne manqua pas d'informer madame d'Epinay des nouvelles amours de Rousseau ; ce fut bientôt la nouvelle de la société d'Holbach. Diderot en parut scandalisé, comme s'il était défendu à un homme d'esprit d'être amoureux d'une jolie femme, et qu'il ne fût permis qu'aux sots d'éprouver cette passion. Il écrivit à Rousseau pour lui reprocher sa faiblesse. Rousseau lui répondit avec candeur, et lui raconta naïvement l'origine et les circonstances de ses amours. Cet

abandon de l'amitié commandait la discrétion;
cependant Diderot s'empressa, dit-on, de révéler à Saint-Lambert des détails qui devaient
lui paraître peu amusants, et qui l'indisposè-
rent contre Rousseau. Celui-ci, informé de
cette trahison, éclata contre Diderot; et c'est
à compter de cette époque qu'on remarque ce
sentiment de défiance qui s'empara de l'imagination de Rousseau, et qui ne l'a jamais
abandonné.

On le croyait en général beaucoup plus favorisé qu'il ne l'était; et Grimm, qui avait
fait quelques avances inutiles auprès de madame d'Houdetot, fut sérieusement irrité des
bonnes fortunes supposées de son ancien ami.
Avec la bonne opinion qu'il avait de lui-même,
et le soin qu'il prenait de brosser ses ongles
et de blanchir sa peau, il devait être furieux
de se voir éconduit en faveur d'un homme
dont la parure était simple et l'extérieur négligé. Il ne lui pardonna jamais cette préférence.

Madame d'Epinay en fut aussi offensée.

Rousseau était froid auprès d'elle, et il en a
donné les raisons. Je ne sais cependant si c'est
à cette cause qu'il faut attribuer les préventions que cette dame conçut contre lui. Tant
que M. de Francueil avait été son amant,
Rousseau était resté son ami. Aussitôt que
Grimm eut été reçu à *la Chevrette,* elle changea de sentiments et de conduite. On voit
clairement dans ses *Mémoires* que Grimm ne
laissait échapper aucune occasion de dénigrer
Rousseau et de le perdre dans l'esprit de ses
amis. Son but principal était de le brouiller
irrévocablement avec madame d'Epinay; voici
comment il y parvint :

La santé de cette femme ne s'était jamais
bien rétablie des premières atteintes que la
coupable indiscrétion de son mari lui avait
données. On lui persuada qu'elle ne pouvait
se dispenser d'aller à Genève, et de consulter
Tronchin. Voltaire avait mis à la mode ce
docteur genevois, homme de mérite, quoique un peu charlatan. Il excellait à guérir les
vapeurs des femmes; il leur recommandait
l'exercice et la tempérance. Celles qui avaient

le courage de suivre ce conseil s'en trouvaient
bien : c'était le petit nombre. Quant aux
autres, il les guérissait, ou ne les guérissait
pas, en leur faisant avaler des pilules de savon. Il ne connaissait pas de moyen plus ef-
ficace pour nettoyer l'estomac et pour fondre
les obstructions. Les pilules de savon ont
passé, comme tant d'autres spécifiques in-
faillibles ; mais la tempérance et l'exercice
sont encore d'excellents remèdes.

Aussitôt que madame d'Epinay eut pris la
résolution de se rendre à Genève, on s'occupa de lui chercher un compagnon de voyage,
et Grimm s'empressa de désigner Rousseau.
Cette idée sourit à madame d'Epinay. Elle
trouva plaisant de traîner à sa suite l'*ours* de
l'Ermitage, et de donner ainsi à son pèleri-
nage une flatteuse célébrité. Elle avait peut-
être la manie de ces dames romaines, qui ne
se mettaient jamais en voyage sans mener
avec elles leur chien et leur philosophe. Mais il
n'était pas facile d'arracher Rousseau à son
repos et à sa solitude ; il y avait même alors
de la cruauté à y songer. Rousseau, atteint

d'une infirmité incurable , ne soutenait sa
santé qu'à force de soins. Un exercice modéré
lui convenait ; mais la moindre fatigue l'ex-
posait à de vives douleurs. D'ailleurs c'était
le temps où il s'était formé une société charmante, qui faisait son bonheur; il passait sa
vie dans la famille d'Etanges ou dans les bos-
quets de Clarens, avec Julie, Claire d'Orbe
et Saint-Preux. Ces séduisantes visions étaient
pour lui des réalités. Il communiquait avec
des êtres célestes, et oubliait avec eux les misères de la vie réelle. L'âme de cet homme, que
ses faux amis représentaient comme un mi-
santhrope et une espèce de sauvage , s'ouvrait
aux plus douces émotions ; les plus nobles inspirations enflammaient ses pinceaux ; toutes
les vertus animées , figurées par la force de
son génie , en sortaient belles et touchantes
comme les vierges de Raphaël.

Il vivait dans ce monde enchanté, lorqu'on
vint lui proposer de conduire madame d'E-
pinay à Genève. Il allégua la faiblesse de sa
santé, l'inconvénient de faire accompagner
un malade par un autre malade , l'état de ses

affaires, qui ne lui permettait ni d'interrompre ses travaux accoutumés, ni d'abandonner deux femmes qui tenaient de lui leur existence. Grimm et Diderot connaissaient ces obstacles, et avaient prévu ce refus; mais ce refus était nécessaire pour soulever contre Rousseau les personnes mal instruites de sa position, et pour l'accuser d'une monstrueuse ingratitude : ces perfides calculs réussirent. Diderot fut chargé d'insister auprès de Rousseau pour l'engager à partir avec madame d'Epinay. « Pour moi, lui écrivit-il, je vous avoue que, si je ne pouvais supporter la chaise, je prendrais un bâton et je la suivrais. »

Rousseau fit des observations sur cette lettre, et les adressa à M. Grimm, qui, depuis un voyage qu'il avait fait à l'armée, en qualité de secrétaire du duc de Castries, se faisait appeler M. le *baron*.

« Vous savez, lui disait Rousseau, qu'il m'est impossible de travailler à de certaines heures, qu'il me faut la solitude, les bois et le recueillement. Considérez mon état, mes

maux, mon humeur, mes moyens, ma manière de vivre, plus forte désormais que les
hommes et la raison même; voyez, je vous
prie, en quoi je puis servir madame d'Epinay
dans ce voyage, et quelles peines il faut que
je souffre sans lui être jamais bon à rien. Puis-
je espérer d'achever si rapidement une si longue route sans accident? Ferai-je à chaque
instant arrêter pour descendre, ou accélére-
rai-je mes tourments et ma dernière heure
pour m'être contraint (1)?

» Je pourrais suivre la voiture à pied, comme le dit Diderot ; mais la boue, la pluie, la
neige, me retarderont beaucoup dans cette
saison. Quelque fort que je coure, comment
faire vingt-cinq lieues par jour? et si je laisse
aller la chaise, de quelle utilité serai-je à la
personne qui va dedans?

» Personne ne sait se mettre à ma place.

_____

(1) Rousseau était affligé d'une rétention d'urine.,

C'est ainsi que le philosophe Diderot, quoi qu'il dise, s'il ne pouvait supporter la chaise, ne courrait de sa vie après celle de personne. Cependant il y aurait du moins cette différence, qu'il aurait de bons bas drapés, de bons souliers, une bonne camisole, qu'il aurait bien soupé la veille, et se serait bien chauffé en partant, au moyen de quoi on est plus fort pour courir que celui qui n'a de quoi payer ni le souper, ni la fourrure, ni les fagots. Ma foi, si la philosophie ne sert pas à faire ces distinctions, je ne vois pas trop à quoi elle est bonne. »

Grimm s'était arrangé pour cet inévitable refus. Il en fit part à la société d'Holbach ; l'envie emboucha sa trompette, et publia hautement que Rousseau était un monstre d'ingratitude, qu'il serait bon d'étouffer pour l'exemple. Tous *ses amis* s'éloignèrent de lui, et il reçut de Grimm la lettre la plus impertinente qui soit peut-être jamais sortie de la plume d'un baron allemand.

D'autres que Rousseau auraient méprisé

Grimm et la calomnie ; mais il ne faut juger
les hommes que d'après ce qu'ils sont réelle-
ment.

J'ai dit que Rousseau était d'une extrême
susceptibilité. La défection subite de tous les
hommes en qui il avait placé ses affections
le frappa au cœur, et son imagination en fut
ébranlée. Il crut qu'une conjuration universelle se formait contre lui, et de nouveaux
événements fortifièrent cette opinion.

Il avait publié l'*Emile,* ouvrage au-dessus
de tout éloge, et qui, si je ne me trompe, le place
à la tête des éloquents écrivains dont la France
s'honore, car je ne connais rien dans notre littérature qui soit comparable à la *Profession de
foi du vicaire savoyard.* C'est l'hymne du génie, qui, en présence de la nature, élève ses
accents sublimes vers la divinité. Jamais l'a-
mour de l'humanité, la tolérance, la vraie
philosophie, n'avaient inspiré de plus nobles
pensées, de plus grandes images, de plus généreux sentiments. On ne peut lire ce chef-
d'œuvre sans être frappé de cette étonnante

flexibilité de talent qui donne de l'intérêt aux moindres détails, et passe hardiment et sans effort aux plus hautes conceptions. Rousseau, comme je l'ai dit ailleurs, est le Platon des temps modernes.

L'apparition de l'*Emile* fut le signal d'une nouvelle persécution contre l'auteur. Abandonné des philosophes, poursuivi par leurs sarcasmes, il tomba entre les mains des prêtres, et il y parut. Dénoncé à la Sorbonne, dénoncé au parlement, dénoncé au ministère, pour avoir soutenu les droits légitimes de l'humanité et de la raison, il se vit forcé de quitter la France en fugitif, et d'expier sa gloire par l'exil. Il fut vengé de cette injustice par les suffrages unanimes des hommes de bien, par l'union des familles, et par les larmes des mères, éloquemment rappelées à leur premier et à leur plus doux devoir.

La force de l'opinion fit enfin rougir les ardents persécuteurs de Rousseau. Sa lettre à l'archevêque de Paris acheva de les confondre; mais le coup était porté. Depuis cette époque,

Rousseau ne vit plus autour de lui que des ennemis, des conspirateurs; et dans ses dernières
années, sa raison même en fut affectée. Mais
qui doit-on accuser de ce malheur? est-ce l'infortuné qui en fut victime, ou les méchants
et les hypocrites qui troublèrent son repos et
empoisonnèrent sa vie? O Rousseau! ce n'est
point dans des mémoires mensongers, dans
d'infâmes libelles, que l'équitable postérité
cherchera la vérité sur ton âme et sur ton caractère; ils sont empreints, ils sont vivants
dans tes immortels chefs-d'œuvre, et, tant
qu'il existera parmi les hommes un sentiment
du beau, une idée de justice et le respect du
génie, ton nom ne sera prononcé qu'avec reconnaissance et avec admiration!

DE L'ÉTAT

DES

PROTESTANTS EN FRANCE,

DEPUIS LE XVIᵉ SIÈCLE JUSQU'A NOS JOURS;

PAR M. AIGNAN.

Les abus intolérables qui s'étaient introduits dans l'église romaine, l'ambition des
papes, le relâchement de la discipline ecclésiastique, l'ignorance superstitieuse des moines, la corruption presque générale du clergé, produisirent, dans le seizième siècle, une
révolution dont les conséquences ne sont peut-
être pas encore épuisées. Cette grande révolution ne fut point une révolte subite des es-

prits : les premiers indices de la liberté des opinions datent du quatorzième siècle (1); les écrivains dont les travaux contribuèrent le plus glorieusement à la renaissauce des lettres furent aussi les premiers qui accusèrent le faste, la mollesse et la cupidité des princes de l'église. Le Dante et Pétrarque se signalèrent dans ces premières luttes de la raison contre l'autorité. Ces deux poètes étaient cependant convaincus de la sainteté du christianisme ; mais plus ils avaient d'attachement pour la religion, plus ils déploraient des abus qu'elle condamne avec sévérité, et qui, malheureusement, affaiblissent son empire. Le Dante imagina une vengeance toute poétique; il précipita plusieurs papes dans son enfer, et représenta l'état de l'église sous des couleurs si sombres, que l'imagination exaltée des premiers apôtres de la révolte n'a jamais été plus loin. Pétrarque, malgré l'aménité de

_____

(1) *Vie et pontificat de Léon X,* par William Roscoé.

son caractère, partagea l'indignation du Dante. La cour pontificale est comparée dans un de ses sonnets à Babylone ; le poète déclare qu'il l'a quittée pour jamais, comme un séjour duquel toute pudeur est bannie, et où l'on ne rencontre qu'erreur et que misère.

Ce fut donc du sein même de l'Italie que partirent les premières protestations de l'esprit humain contre la superstition et l'intolérance. Que de malheurs, que de crimes, une sage politique eût épargnés à l'Europe ! Il dépendait du chef de l'église de prévenir les dangers d'un schisme, d'épurer le culte, de resserrer les liens de la discipline, de rappeler les ministres de la religion aux vertus qu'elle recommande, à la modération, à l'indulgence, à la charité ; mais les souverains se laissent trop souvent devancer par les peuples ; ils comprennent difficilement que le pouvoir le plus absolu a ses bornes et que les révolutions deviennent quelquefois inévitables. Alors les gouvernements doivent avoir le courage de les vouloir de bonne foi et de les faire eux-mêmes ; alors ils ne se consument pas en de vaines résistances, et ne sont point emportés par le torrent.

Ces secrets de la politique, dont la révélation a été accompagnée de tant de désastres, étaient ignorés au seizième siècle. On croyait que l'habitude du pouvoir garantissait suffisamment l'habitude de la soumission. Léon X siégeait sur le trône pontifical. Ce pape joignait un goût exquis à une magnificence recherchée ; mais, tandis qu'il appelait à sa cour le génie des arts, et qu'il se livrait à tous les plaisirs, que la capitale du monde chrétien brillait d'une splendeur nouvelle, un simple religieux, échappé des ténèbres du cloître, donnait à l'opinion le mouvement qu'elle était préparée à recevoir, et qui ne devait plus s'arrêter.

Luther commence par demander la réforme de quelques abus : il est méprisé. Le mépris le rend irréconciliable ; il ose attaquer un pouvoir devant lequel les rois de l'Europe abaissaient leurs sceptres ; et, soutenu par l'opinion, il sort vainqueur de ce combat en apparence si inégal. Les foudres du Vatican grondent en vain sur sa tête ; en vain l'ardente inquisition déploie ses terribles moyens de conversion : les nouvelles doctrines triomphent de tous les obstacles, et la grande famille chrétienne est divisée peut-être sans retour.

Il n'en faut point douter, ce furent les persécutions qui étendirent le schisme, et qui portèrent un coup mortel au despotisme de la cour de Rome. On ouvrait l'Evangile, où les préceptes du christianisme sont exprimés avec une si touchante simplicité : partout on y trouvait la condamnation de cette politique impie et inexorable qui multiplie les bourreaux et les victimes. Non, ce n'est point la religion, si utile aux sociétés, si nécessaire au cœur de l'homme, qu'il faut rendre responsable de tant d'excès. Ils prirent leur source dans l'orgueil forcené de quelques prêtres barbares, trop attachés à la figure fugitive de ce monde, trop avides de domination et de richesses. Gardons-nous d'oublier que c'est toujours au nom d'un Dieu de paix et de miséricorde que l'inquisition aiguise ses poignards et dresse ses échafauds.

L'esprit d'innovation avait passé en France, où il résista à tous les efforts de l'autorité. L'édit de 1504, donné à Romorantin, défendit l'exercice de la religion réformée; ce fut un crime de lèse-majesté de donner asyle à ceux qui la professaient. Ces mesures violentes n'eurent d'autre effet que de doubler la ferveur, et de multiplier le nombre des schismatiques ; ils se présentèrent en foule pour cueillir les palmes du martyre. Le parvis de Notre-Dame et la place de l'Estrapade furent long-temps couverts de leurs cendres.

« Mais, à côté de ces attentats contre l'humanité, rappelons, dit M. Aignan, le courage persévérant de la magistrature. Proclamons cet antique honneur de la robe, qui préféra les exils et les emprisonnements à de honteuses faveurs, et maintint contre les menaces et les séductions la pureté d'un ministère, le plus respectable de tous lorsqu'il est l'organe incorruptible de la justice et des lois, le plus dégradé lorsqu'il devient l'instrument passionné ou cupide des vengeances et des réactions. Des présidents et des conseillers citoyens, des procureurs et des avocats-généraux, noblement indépendants, multipliaient sans fruit leurs généreuses remontrances, lorsque le ciel, jetant sur cette malheureuse France un regard de pitié, opposa aux excès des persécuteurs, sous la faible jeunesse de François II, l'un des hommes dont l'humanité s'honore le plus, le chancelier de l'Hôpital. Cet apôtre de la tolérance couvrit les protestants de son manteau, et l'inquisition, qu'il étouffa parmi nous, réduite à concentrer ses fureurs au delà des Pyrénées, connut la différence du monarque catholique et du roi très chrétien. »

Le nombre des réformés était déjà devenu si considérable en 1561, que le gouvernement, inspiré par l'illustre chancelier, sentit la nécessité de régler leurs droits. Ils obtinrent l'autorisation de suivre les pratiques de leur culte, l'admission à tous les emplois, la faculté de s'imposer entre eux pour le salaire de

leurs ministres et le soulagement de leurs
pauvres, et enfin celle de s'assembler en colloques et en synodes, sous la surveillance d'un
commissaire du roi : telle est la substance de
l'édit de 1561.

Les protestants français auraient été trop
heureux si les lois qui les protégeaient n'a-
vaient eu pour ennemi secret le pouvoir même
qui devait les faire exécuter. Bientôt on n'accorda plus aux réformés qu'une protection illusoire ou perfide. De fougueux missionnaires
parcouraient la France ; partout où ils portaient leurs pas, le fanatisme sortait de la
poussière, la paix publique était compromise,
de hideuses superstitions défiguraient les vérités sublimes du christianisme ; les accents de
la haine, les cris de la vengeance et des vœux
homicides, invoquaient l'infernal génie des
discordes civiles. Les protestants, désignés
aux fureurs populaires, n'eurent enfin d'autre
asyle que le désespoir.

« Le peuple, dit Mézerai, leur courait sus
aux endroits où ils étaient les plus faibles ; et

en ceux où ils pouvaient se défendre, les gouverneurs se servaient de l'autorité du roi. On les massacrait impunément ; on ne les rétablissait pas dans leurs biens et dans leurs charges. Enfin on avait conspiré leur ruine avec le pape, la maison d'Autriche et le duc d'Albe. »

Il faut savoir gré à M. Aignan de la réserve qu'il s'est imposée en s'abstenant de retracer les détails des massacres effroyables qui eurent la religion pour prétexte, et l'asservissement des consciences, les dépouilles des malheureuses victimes, et l'exercice d'un pouvoir illimité, pour objet. Il indique en passant les sanglantes journées qui couvrirent la France d'épouvante et de deuil, et ne s'arrête pas même sur le honteux monument que consacra Grégoire XIII en l'honneur de l'assassinat. Il traverse rapidement toutes ces horreurs, pour arriver au règne bienfaisant de Henri IV, pareil à ces voyageurs qui, s'échappant d'un climat frappé de la peste, osent à peine respirer jusqu'à ce qu'ils aient atteint un air plus salutaire et des cieux plus doux.

L'édit de Nantes, cet acte de réconcilia-
tion que Henri IV appelait avec amour *mon
édit*, mit un terme aux persécutions, et fixa
l'état des protestants en France. M. Aignan
nous en a donné la substance. Il accorde aux
protestants le libre exercice de leur culte, en
les assujettissant toutefois aux rites extérieurs
de la religion romaine. Quant aux consistoires,
aux colloques et aux synodes, soit provinciaux, soit nationaux, le roi veut qu'il se
tiennent sous son bon plaisir. Il accorde aux
réformés, outre la permission de lever des
taxes sur eux-mêmes, un secours annuel de
quarante mille écus. Il donne à leurs ministres des traitements et des priviléges ; leurs
écoles, leurs colléges, leurs académies, ne les
privent point de la faculté d'être admis dans
les établissements des catholiques ; ils jouissent de tous les droits de citoyen ; tous les
officiers, toutes les dignités de l'état, leur sont
accessibles, leurs pauvres et leurs malades
sont reçus dans les hôpitaux comme ceux des
catholiques. Dans plusieurs parlements du
royaume sont établies des chambres compo-
sées d'un nombre égal de catholiques et de

protestants, pour rendre à tous une justice impartiale. Enfin, des places de sûreté sont laissées aux réformés pendant huit ans ; et, ce que l'édit ne porte pas, mais ce que la tolérance autorise, ils tiennent, en présence des commissaires du roi, des assemblées politiques où sont rédigés les cahiers de leurs besoins, et ils ont à la cour des députés généraux chargés d'en mettre le précis sous les yeux de Sa Majesté.

« Si quelque chose, dit M. Aignan, pouvait ajouter à l'amour de tout bon Français pour la charte de son pays, pour cette législation équitable, dont la pratique fidèle garantit l'égalité politique, et doit un jour amener l'union de tous, c'est la comparaison avec les meilleures lois des souverains auxquels cette boussole a manqué. Assurément l'édit de Nantes est un modèle de sagesse pour le temps où il a paru ; mais que d'imperfections ne renferme-t-il pas! Il accorde aux protestants trop et trop peu : trop peu par ces rites extérieurs d'un autre culte auquel il asservit leurs consciences ; trop, sans doute, par ces forteresses

dont il les rend dépositaires, et par ces assemblées politiques et cette représentation
spéciale dont il les gratifie. C'est le rapprochement de deux peuples, et non la fusion
de deux partis. Ah! les protestants, qui tiennent pour principe de leur croyance que
l'Eglise doit être dans l'état, auraient échangé
de bon cœur ces garanties démesurées contre
la sécurité d'une éternelle et régulière protection. »

Qu'on me permette à ce sujet quelques réflexions. Tel est le malheur des monarchies
absolues, que les lois les plus salutaires dépendent, pour leur durée, du caprice des
hommes. Un monarque qui connaît la véritable gloire, et qui aime ses peuples, leur
donne de sages lois. Elles sont exécutées pendant son règne, et les citoyens bénissent une
autorité tutélaire, quoique sans limites. Mais
les bons rois ne sont pas immortels. Le monarque législateur subit la loi commune, et
descend dans la tombe au milieu des larmes et
des regrets universels. Si le pouvoir absolu,
dont il faisait un si digne usage, passe à un

prince inhabile, corrompu par les préjugés
ou par la fortune, l'ouvrage du règne précédent est bientôt renversé. Des conseils imprudents ou perfides séduisent le nouveau roi ;
l'idée que ses fantaisies sont sacrées l'éblouit
et l'égare ; il cède aux tentations du despotisme, et se met peut-être au nombre de ces tyrans que l'implacable histoire dévoue aux malédictions du genre humain. De là vient que
les gouvernements absolus sont, de tous, les
plus sujets aux révolutions. Tout change ou
se modifie de règne en règne ; il n'y a plus de
loi fondamentale que cet axiome de la servitude : *Si veut le roi, si veut la loi.*

Il n'en est pas ainsi dans les monarchies
constitutionnelles, où les droits du prince,
ceux des citoyens, et leurs devoirs réciproques, sont invariablement fixés. C'est alors
seulement qu'il existe un pacte social, obli-
gatoire pour le monarque et pour le peuple.
Qu'un prince élevé dans les maximes de l'o-
béissance passive et du pouvoir absolu vienne,
dans un tel état de choses, à monter sur le
trône, l'intérêt personnel, ce grand mobile

des actions humaines, lui apprendra bientôt
que son autorité a des bornes qu'il ne peut
franchir sans compromettre son pouvoir et
la paix de l'état. S'il tend au despotisme, il
trouve partout des résistances qui le repoussent dans la sphère de son activité constitutionnelle; le glaive même de la force se briserait
entre ses mains, et la liberté publique sortirait
triomphante des attaques dirigées contre elle.
Aussi la stabilité des lois fondamentales de
l'état est-elle le plus grand bienfait des monarchies tempérées par des institutions libérales.

Appliquons ces réflexions générales à la
conduite de Henri IV envers les protestants.
En promulguant l'édit de Nantes, ce prince si
digne de l'amour de tous les Français désirait
sans doute qu'il servît de règle à ses successeurs. Ce n'était point une mesure transitoire
qu'il voulait prendre; mais quelle assurance
pouvait-il avoir de sa durée? qui lui répondait qu'à sa mort, le fanastisme persécuteur
ne détruirait pas en un instant l'œuvre de la
tolérance et de la sagesse. On peut penser que
ces considérations si simples et si naturelles

se présentèrent à son esprit lorsqu'il accorda à ses sujets protestants, aux amis de son enfance, aux fidèles compagnons de ses dangers, cette représentation spéciale, ces forteresses de sûreté, qui pouvaient remplacer des garanties légales et inattaquables qu'il n'était pas en son pouvoir de leur donner.

Les espérances du bon roi furent trompées. Il n'y avait point eu de fusion des deux partis, ainsi que l'observe judicieusement M. Aignan. Les protestants et les catholiques formaient deux peuples séparés, dont les forces avaient besoin d'être réunies pour assurer la grandeur et la prospérité de l'état. Lorsque le cardinal de Richelieu, revenant au système de politique extérieure adopté par Henri IV, conçut le projet d'abaisser la maison d'Autriche, qui menaçait l'Europe d'une odieuse domination, il s'aperçut bientôt que les résistances de l'intérieur, fomentées par l'or de Madrid et les jalousies réciproques des deux communions, enchaîneraient son génie et feraient échouer tous ses plans. L'ambition inquiète de quelques seigneurs protestants lui

fournit un prétexte pour former les religionnaires à la soumission en leur enlevant leurs
places de sûreté, et il ne manqua pas de le
saisir avec empressement. Mais il était trop
habile pour les abandonner aux fureurs et aux
vengeances de leurs ennemis. Il respecta les
dispositions essentielles de l'édit de Nantes;
et la France, suivant l'expression d'un historien anglais, fut le seul des états de l'Europe
où l'on vit l'exemple d'une tolérance ouvertement protégée par les lois (1).

« Ce grand homme d'état, dit M. Aignan,
en parlant du cardinal de Richelieu, avait observé l'esprit naturel de calme et de soumission que les réformés puisent dans leurs dogmes et dans leur discipline; il se garda bien
de vouloir tarir en eux l'une des sources les
plus fécondes de la prospérité du royaume:
L'édit de grâce qu'il leur donna n'offrait rien
de l'orgueil et de la sévérité d'un vainqueur.

---

(1) *Hume's history of England.*

Les bienfaits de l'édit de Nantes furent main-
tenus, sauf en ce qui concernait la double garantie des forteresses et des assemblées politiques. Richelieu, tolérant, parce qu'il était
éclairé, avait formé le projet de gagner les
protestants par la douceur ; et, en se relâchant
sur quelques points, en obtenant d'eux des
concessions sur quelques autres, en prodiguant
les faveurs aux convertis, il se promettait
d'effacer dans l'église et dans l'état toute trace
de dangereuses dissidences : la mort vint l'arrêter au milieu de cet heureux dessein. »

Pendant les brillantes années du règne de
Louis XIV, les protestants jouirent de tous
leurs droits. Ils n'avaient pris aucune part
aux mouvements séditieux de la Fronde. Ils
se livraient paisiblement aux travaux de l'industrie, et enrichissaient l'état, qu'ils ne son-
geaient pas à troubler. Les haines populaires dont ils avaient été l'objet s'affaiblissaient
de jour en jour ; ils n'avaient à redouter
que les haines théologiques, qui, dit-on, ressemblent au feu grégeois, que rien ne peut
éteindre.

Louis XIV avait plusieurs des qualités qui font les grands rois. Il aimait la gloire, mais il la chercha souvent où elle n'était pas. Tant qu'il écouta de sages conseils, il mérita la reconnaissance et l'amour de son peuple. C'est le premier souverain des temps modernes qui ait su embellir la servitude par l'éclat des beaux-arts, et commander au génie sans l'avilir. Ce prince, livré à lui-même, n'aurait jamais pensé à la révocation de l'édit de Nantes. En 1666, il se plaignait, dans une lettre à l'électeur de Brandebourg, de certains libelles qui faisaient croire que, dans ses états, on n'exécutait pas les édits en faveur des non-conformistes.

« Je prends soin, disait-il, qu'on les maintienne dans tous leurs priviléges, et qu'on les fasse vivre dans une parfaite égalité avec mes autres sujets : j'y suis *engagé par ma parole royale.* »

L'exemple de Louis XIV prouve que les paroles royales ne protégent pas toujours efficacement les droits des peuples. Qu'on ne s'imagine pas que cette réflexion soit faite dans une intention satirique : je veux seulement faire entendre que le repos et le bonheur des sociétés sont mieux garantis par des lois irrévocables et de bonnes institutions que par des volontés souvent inconstantes et des promesses dont l'exécution est rarement assurée.

Sans doute, Louis XIV avait l'intention de garder sa parole envers les protestants, il n'avait aucun penchant à la persécution, plusieurs traits de générosité attestent même la noblesse de son caractère; mais il se croyait fort, et il était faible. Ce monarque superbe, si jaloux du pouvoir, fut constamment dominé par ses ministres. Il aimait ses peuples et il fit leur malheur. On parvint à le tromper sur les dispositions des non-conformistes; on lui persuada que les descendants des guerriers dont la courageuse fidélité avait élevé au trône sa royale dynastie étaient les ennemis de son pouvoir. On lui fit croire que l'extirpation de l'hérésie honorerait sa mémoire dans la postérité; des hommes féroces, abusant de sa crédule ignorance, le précipitèrent dans des excès dont il aurait frémi s'il les eût connus ; mais il pensait que le seul appareil des supplices suffirait pour ramener les protestants à l'église romaine. Aussi l'on remarque, dans les correspondances des intendants de province, que les listes des conversions sont adressées au roi, et celles des exécutions à son confesseur : tout était dans l'ordre.

M. Aignan s'exprime ainsi en parlant de la révocation de l'édit de Nantes :

« Toute concession précédente est retirée, les temples sont démolis ; dans nulle maison, nul château, le culte protestant ne peut être exercé sous peine d'emprisonnement et de confiscation. L'exil pour les ministres qui refuseront de se faire catholiques, des récompenses pour ceux qui abjureront, tant le despotisme est fécond en primes pour l'immoralité. Plus d'écoles particulières pour les enfants des réformés ; ils seront présentés au baptême des curés, sous peine d'une amende de cinq cents livres au moins. La rigueur des anciens châtiments est rappelée contre les relaps. Nouvelle défense est faite aux familles protestantes de sortir du royaume, sous peine des galères pour les hommes, et de la confiscation de corps et de biens pour les femmes. Et, au milieu de toutes ces cruautés, une clémence dérisoire promet la restitution des biens aux réfugiés qui, dans le délai de quatre mois, reviendront chercher des persécutions et des tortures. Telles sont les dispositions de cet édit, qu'on croirait sorti du prétoire de Dèce ou de Dioclétien. »

A la nouvelle de cet édit, les ennemis des protestants poussèrent des cris de joie ; mais il faut se hâter d'ajouter que le peuple, plus civilisé, plus éclairé qu'au commencement du siècle, garda le silence, et ne prit aucune part aux persécutions ; il plaignit même des hommes qu'il voyait fidèles à tous les devoirs, et qui, par la régularité de leurs mœurs, par l'exercice des vertus chrétiennes, accusaient la corruption du siècle, et honoraient leur culte si injustement proscrit. En aucun lieu on ne vit le peuple se livrer à des violences contre les malheureux protestants ; l'autorité

fut seule coupable des moyens de conversion
employés contre eux. Ces moyens étaient atroces : on comptait sur l'éloquence du glaive pour
convaincre les esprits ; les nouveaux missionnaires furent des dragons et des carabiniers.

La révocation de l'édit de Nantes fut l'erreur de Louis XIV et le crime de son conseil.
Ce prince, heureusement doué par la nature,
mais dont l'éducation avait été négligée, ne
concevait la religion que dans des pratiques
minutieuses, dont sa raison ne put jamais
s'affranchir. Esclave de ses préjugés et de ses
passions, il ne sut ni combattre les uns ni
surmonter les autres ; il ne sortait des bras de
ses maîtresses que pour tomber sous l'empire
de ses confesseurs.

« Il aima la gloire et la religion, dit Montesquieu, et on l'empêcha toute sa vie de connaître ni l'une ni l'autre. » A l'époque même
où, par la révocation de l'édit de Nantes, il
blessait tout à la fois l'intérêt de la religion
et celui de l'état, il s'applaudissait de sa politique et de ses sentiments religieux : triste

condition d'un prince nourri dans les habitudes du despotisme, et dont l'ignorance pré-
somptueuse produisit tous les maux de la plus
cruelle tyrannie. »

M. Aignan a peint avec vérité et avec éloquence l'effrayant tableau des violences exercées contre les protestants. « Bientôt, dit-il,
la persécution surmonte toutes les digues. Plus
de liens de famille, plus de pouvoir paternel, plus d'épanchements domestiques, plus
de caresses des enfants et des pères : l'aveugle
fanatisme a renversé tout. Par un édit du
prince, les enfants de cinq à seize ans sont
arrachés à leurs parents, et remis dans des
mains catholiques désignées par les juges, ou,
à défaut de pension, misérablement jetés dans
des hospices ; et comme la nature révoltée
préférait à une séparation si cruelle tous les
périls de l'émigration, la proscription s'attache, non plus à l'émigration seule, mais à
la pitié qui la favorise. L'ordonnance de
1686 prononce une amende d'au moins trois
mille livres, et, en cas de récidive, une punition corporelle contre ce crime d'un genre

nouveau. Rigueurs vaines et insensées ! Par
ces lois éternelles qui veillent à la conservation des êtres , la pitié sera toujours plus forte
que les tyrans. Partout l'œil du surveillant
est trompé ; partout les émigrations se multiplient. La France se dépeuple par la fuite
de plus de cinq cent mille de ses enfants ; ses
arts , son commerce, languissent ; sa marine
s'épuise , et les états voisins s'enrichissent de
ses pertes.

» L'Europe se couvre de nos réfugiés : la
Savoie en forme des régiments ; Amsterdam
élargit pour eux son enceinte ; tout un fau-
bourg de Londres est bâti pour les recevoir ;
et le neveu de Duquesne , n'emportant que la
proscription pour prix de sa gloire de famille,
va jusqu'au cap de Bonne-Espérance fonder
à leur tête une colonie. »

Ces injustices furent revêtues de formes légales, ce qui est l'affront le plus sanglant que
la tyrannie puisse faire à la raison et à l'é-
quité. Des magistrats dont la conscience était
aux ordres du despotisme se signalèrent, dans

ces jours de deuil, par l'excès de leur zèle et par la servilité de leur dévouement; la rigueur de leurs sentences surpassait souvent celle des édits. « Leur férocité, dit M. Aignan, subsistait encore, lorsque celle des militaires était depuis long-temps adoucie. » Rhulières rapporte que les officiers ralentissaient la marche de leurs détachements pour donner aux religionnaires le temps de fuir; qu'ils avaient soin de se faire voir long-temps avant de pouvoir les atteindre; qu'ils prenaient des routes perdues, et par lesquelles ils cherchaient à égarer leurs soldats. A côté de ce tableau, le même écrivain nous offre celui d'une multitude de femmes infortunées à qui d'inexorables juges enlevaient leurs enfants, leurs époux, et jusqu'au nom d'épouses.

Ce n'est pas sans regret qu'on cite parmi les apologistes de la persécution le nom imposant de Bossuet. M. Aignan demande quelle ivresse politique, quelles craintes, quel péril de l'état, pouvaient expliquer les massacres et les proscriptions des réformés. « Quelle ivresse? quel péril? dit cet écrivain : Bossuet, prononçant l'oraison funèbre de Letellier, va se charger de la réponse : « Tout était calme » dans un si grand mouvement, *la marque la* » *plus assurée comme le plus bel usage de* » *l'autorité.*» Puis il s'écrie avec un affreux enthousiasme : « Touchés de tant de merveilles, » épanchons nos cœurs sur la piété de Louis ; » poussons jusqu'au ciel nos acclamations; » et il applique au roi ces paroles non moins odieuses des pères du concile de Chalcédoine : « Vous avez exterminé les hérétiques; c'est » le digne ouvrage de votre règne, c'en est le » propre caractère. » Oh! quels seront les excès du fanatisme dans les esprits bornés, s'ils ont pu enfanter dans l'une des lumières de l'église une si déplorable profanation du sacerdoce et du génie ! »

M. Aignan, toujours impartial, toujours ami de la vérité, rend justice aux vertus vraiment apostoliques de l'illustre Fléchier, qui, dans ces temps déplorables, occupait le siége épiscopal de Nîmes. En 1709, une disette affreuse désolait cette ville : il répandit des charités immenses; les catholiques et les protestants y eurent une part égale, uniquement réglée sur ce qu'ils souffraient, et non sur ce qu'ils croyaient.

« Les consolations, dit M. Aignan, les bienfaits qu'il répandit dans son diocèse, seront pour sa mémoire une source d'éternelles bénédictions. Que Fléchier, j'y consens, cède à Bossuet la palme de l'éloquence, mais que la reconnaissance publique le place au-dessus de lui de toute la distance qui sépare une âme sensible d'un cœur de bronze, et d'un prêtre dominateur un généreux citoyen. »

Deux guerriers qui s'étaient couverts de gloire à la tête des armées, et dont l'un était destiné à chasser l'étranger du sol de la patrie, Vauban et Villars, montrèrent une noble indépendance, et le souvenir de leurs vertus patriotiques soulage l'imagination, épouvantée des terribles excès du fanatisme. Villars parvint à pacifier les Cévennes, non en déployant l'appareil des supplices, mais en se servant des moyens plus efficaces d'indulgence et de persuasion. Vauban n'hésita pas à réclamer

auprès du ministère les droits de l'humanité
et de la justice. « Ainsi , ajoute M. Aignan ,
Vauban protégeait en héros la mémoire de
Sully, de Duquesne et de Turenne ; ainsi les
illustres guerriers se servent entre eux de mutuel rempart , tandis que les lâches qui ont
usurpé leurs honneurs se font leurs ennemis ,
et quelquefois leurs bourreaux , par le tourment secret de ne pouvoir atteindre à leur
renommée. »

Les efforts de ces généreux guerriers ne
purent prévaloir contre la faiblesse du prince ,
la fausse politique des ministres , et l'intolérance des prêtres. Les persécutions continuè-
rent ; de nombreuses confiscations réduisirent
des milliers de familles à la misère et au désespoir. Ces mesures spoliatrices servaient,
sous le voile de la religion , les intérêts de la
plus basse cupidité. M. Aignan rapporte à ce
sujet une anecdote qui mérite d'être conservée :

« Madame de Maintenon , après avoir fait
par le trafic de son crédit ce qu'on appelle une
affaire , écrivit à son frère d'Aubigné : « Cent

» huit mille livres que vous toucherez me
» consolent; vous ne sauriez mieux faire que
» d'acheter une terre en Poitou : *elles vont*
» *s'y donner* par la fuite des huguenots. »

Dès l'année 1689, le fisc se trouva posses-
seur des héritages de cent mille citoyens. Ce
que nous avons vu un siècle plus tard était
précisément la même chose. Peut-être, sans le
premier exemple, le second n'eût-il pas été
donné. Les grandes injustices ne s'oublient
jamais, et les révolutions ne sont quelquefois que de terribles représailles. Heureux les
peuples lorsque les droits légitimes des citoyens sont placés hors des atteintes du pouvoir despotique, et que la justice des lois garantit leur stabilité !

Lorsqu'on apprit à la cour les mouvements
des Cévennes, les partis qui la divisaient s'accusèrent mutuellement d'en avoir été la cause.
« Si l'oppression avait continué, disait l'un,
il n'y aurait point eu de désordres. Si l'oppression n'avait pas commencé, disait l'autre,
si l'on se fût d'abord conduit avec sagesse,

charité et modération , il n'y aurait point eu
de mécontents. » C'est en suivant le premier
de ces systèmes qu'on avait soulevé les paisibles habitants des Cévennes. Je ne connais
point d'hommes plus coupables, ni d'ennemis plus mortels de la paix publique, que
ces vils instruments des haines et des passions , qui abusent du pouvoir dont ils sont
investis pour exciter des troubles et pour
se faire un mérite de les éteindre dans des
flots de sang. Tels étaient les Bàville et les
Tellier, dont la mémoire est pour jamais
flétrie.

Une mesure qui , même après ce que nous
avons vu de la révolution , paraîtra le comble
de l'absurdité et de l'injustice , c'est l'ordonnance du 8 mars 1715 , surprise à Louis XIV
prêt à rendre le dernier soupir. Elle lui fut
sans doute arrachée par l'homme infernal qui
lui servait de confesseur. On supposa , contre
toute évidence , « que le séjour dans le royaume de ceux qui avaient ci-devant professé la
religion prétendue réformée était une preuve
plus que suffisante qu'ils avaient embrassé la

religion catholique, sans quoi ils n'y auraient pas été soufferts ni tolérés. »

Cette fiction révoltante livrait les protestants à la mort civile, à toutes les peines portées contre les relaps, et substituait à l'action fixe et déterminée de la loi l'action variable et illimitée de l'autorité. « Ainsi, ajoute M. Aignan, l'on vit à la fois les religionnaires frappés dans les provinces et protégés à Paris; et, tandis que beaucoup d'hommes odieux, dont il est inutile d'exhumer la mémoire, allumaient par la tyrannie des vengeances héréditaires, un d'Argenson, un Noailles, plaçaient leurs noms sous l'égide éternelle de la reconnaissance publique. »

Ajoutons, pour l'honneur de la magistrature supérieure de cette époque, que l'enregistrement de l'ordonnance du 8 mars 1715 fut suspendu un mois entier. D'Aguesseau, dont le nom rappelle une si heureuse alliance de talents et de vertus, précieux héritage que ses enfants ont religieusement conservé, d'Aguesseau, célèbre par sa probité coura-

geuse sous un prince absolu , honorait alors
les fonctions de procureur - général du parlement de Paris.

« Il osa faire , dit M. Aignan, d'énergiques protestations contre l'injustice de cette
ordonnance, et il n'en devint pas moins chancelier de France : tant il est vrai que l'estime
publique est aussi quelquefois un moyen d'é-
lévation ! »

Louis XIV cessa de vivre ; mais le système de persécution qu'il avait adopté lui
survécut. Si ce système éprouva quelques modifications, c'est à la sagesse et à la tolérance
du régent qu'il faut les attribuer , puisque
les lois tyranniques dont les protestants
étaient victimes subsistèrent avec leurs vices et toute leur incohérence. « Philippe,
dit M. Aignan , arracha des cachots et des
galères un grand nombre d'infortunés , dont
le crime était de prier Dieu en français. Et
cependant , malgré les maux qui les atteu-
gnaient encore , et les maux plus grands qui
les menaçaient , telle fut la reconnaissance des

réformés pour le gouvernement doux et humain de cet aimable prince, que les tentatives
multipliées de l'Espagne ne purent réussir à
les soulever contre lui. »

Ce fut à peu près à cette époque que la raison, victorieuse des préjugés nuisibles, pro-
clama la nécessité, les bienfaits, la justice de
la tolérance religieuse. Ce fut Voltaire qui le
premier fit entendre ce cri de l'humanité ;
Voltaire, déjà célèbre par des chefs-d'œuvre,
et qui se partageait entre la philosophie et la
littérature, ou plutôt qui les fortifiait l'une
par l'autre, et les élevait à la même hauteur ;
génie prodigieux dont l'étendue n'a pas encore
été mesurée, et dont la gloire grandit chaque
jour, malgré les attaques du pédantisme,
les haines fanatiques et les frémissements de
l'envie. « Français, s'écriait-il, la discorde
est le grand mal du genre humain, et la tolérance en est le seul remède. » — « Il y a
deux monstres, disait-il encore, qui désolent
la terre en pleine paix : l'un est la calomnie,
et l'autre l'intolérance ; je les combattrai jusqu'à ma mort. » Il fut fidèle à sa promesse.

Ne cherchons point d'autres causes des mor-
telles inimitiés qui se sont élevées contre Voltaire pendant sa vie, et qui, depuis sa mort,
ont été avidement recueillies par des mains
dignes de conserver ce triste dépôt. De quel
courage, de quelle raison énergique ne devait
pas être doué ce grand écrivain, lorsqu'au milieu de l'asservissement presque général des
esprits, à une époque où la liberté de la pensée était un crime, et le respect pour le mensonge un devoir, il osait invoquer les droits
sacrés de l'humanité! Tous les ennemis de la
vérité, tous les apôtres de l'ignorance, se soulevèrent contre lui. L'auteur de *la Henriade*,
le peintre quelquefois flatteur du siècle de
Louis XIV, fut dénoncé comme un mauvais
citoyen, comme un ennemi du bonheur et
de la gloire de sa patrie. D'obscurs libellis-
tes calomniaient sa vie, et le poursuivaient
jusque dans la retraite. Toutes les passions
furent ameutées contre lui. Quel homme
que celui qui ne fut ni abattu ni découra-
gé par cette ligue impie, et qui opposait à
chaque calomnie une bonne action, à chaque libelle un chef-d'œuvre, à chaque trait

de persécution l'honorable résistance d'un génie supérieur!

Cependant la raison étendait son empire. Les idées de justice devenaient plus familières, et se glissaient même dans les conseils publics. La haine contre les protestants n'était pas moins profonde, mais elle était moins active, surtout à Paris. Toutefois le zèle des persécuteurs ne se ralentissait que faiblement dans les provinces éloignées de la capitale. M. Aignan cite un relevé d'où il résulte que, sous le règne de Louis XV, plus de trois mille religionnaires furent arrêtés, gentilshommes, avocats, médecins, bourgeois, artisans, cultivateurs, qui ne rachetaient que par de fortes amendes leur longue et rigoureuse captivité. Les personnes condamnées à des dégradations de noblesse, au bannissement, au fouet, aux galères, à la mort, s'élevaient, vers le milieu du dix-huitième siècle, à plus de six cents individus, tant dans le Dauphiné que dans le ressort du parlement de Bordeaux. Depuis la même époque jusqu'en 1770, il y eut huit ministres d'exécutés.

M. de Malesherbes assure, dans ses *Mémoires* sur les protestants, qu'il a lu plusieurs
de ces arrêts motivés sur le seul exercice des
fonctions spirituelles. Remarquons encore,
pour l'honneur du dix-huitième siècle, que
ces excès furent les crimes d'une législation
barbare, et que la rage du fanatisme était
éteinte presque dans tous les cœurs.

Cette législation, si opposée aux mœurs et
à l'opinion, devenait de plus en plus odieuse.
« Mais comment, dit M. Aignan, aurait-elle
été abrogée dans un temps où des parlements
prononçaient contre Calas, Sirven et La Bar-
re, ces horribles condamnations que des écrivains de parti ont osé récemment déclarer
inattaquables, dans un temps où jansénistes et
molinistes se contestaient avec acharnement la
pureté de leur doctrine, et où la corruption se
trouvait si à l'aise sous l'abri du despotisme? »

Les lumières de la raison s'étaient répandues dans toutes les classes de la société, elles
brillaient d'un vif éclat, lorsque Louis XVI
monta sur le trône. « Sous son règne, dit M.

Aignan, on retrouvait partout l'influence de
la philosophie sur la société, et de la société
sur la cour; plusieurs évêques se piquaient de
tolérance; et pour un commandant, les vexations religieuses poussées trop loin eussent été
de *mauvais ton*. « Mais ne vous y trompez pas,
» disait M. de Malesherbes à M. de Lafayette,
» à qui je me souviens de l'avoir entendu ré-
» péter, ces hommes sur qui vous comptez,
» parce qu'ils se donnent le mérite d'une in-
» dulgence arbitraire, seraient pour la plupart
» bien fâchés de voir le sort des protestants
» garanti par la loi. »

Cependant Turgot et Malesherbes furent
appelés au ministère. C'était le vertueux et infortuné Malesherbes que les courtisans nom-
maient par dérision le ministre *patriote*.

« Il est tout simple, dit M. Aignan à ce
sujet, que des courtisans aient cru ces deux
qualités (*ministre* et *patriote*) exclusives l'une
de l'autre, et en aient fait la matière d'une
épigramme dont je ne sache pas qu'aucun
courtisan devenu ministre ait jamais mérité

l'honneur. L'abbé L'Enfant, dans son mémoire en réponse à ceux de M. Malesherbes,
se moque aussi du ministre patriote, et c'est
encore tout naturel. Cependant on ne devrait
pas oublier que ce ministre, tout patriote
qu'il était, et précisément parce qu'il était
patriote, répondit avec un courage qui n'eut
rien d'intéressé ni de fastueux à l'appel de
Louis XVI et de l'échafaud. Pourquoi donc,
lorsque de grandes récompenses auxquelles
applaudit l'opinion publique ont été décer-
nées aux hommes qui ont survécu à ce noble
dévouement, les mânes de celui qui les paya
de sa vie, si féconde en actes de vertu, atten-
dent-ils encore des témoignages publics de respect et de reconnaissance? Une statue de Malesherbes, portant son nom seul pour inscrip-
tion, et placée dans un lieu d'où puissent être
vus tout ensemble le temple des lois, le palais du prince, celui des lettres et une place
douloureusement célèbre, éveillerait dans l'â-
me des citoyens de toute opinion des sentiments pleins d'attendrissement et d'utilité. Il
ne serait pas rare de voir groupés autour d'elle
les hommes que de misérables préventions

'éloignent de plus en plus les uns les autres ; et
ce monument , pour lequel je serais le premier
à souscrire , aiderait beaucoup à la puissance
des lois pour le rapprochement heureux des
partis. »

Ces sentiments , exprimés avec noblesse et
avec talent, sont ceux de tous les Français
sincèrement attachés à la prospérité et à l'honneur de notre glorieuse patrie. Le temps est
venu où tous les amis de l'ordre et de la liberté
doivent se reconnaître et se prêter un mutuel
appui. L'union de tous les citoyens, le triomphe des lois et de la tolérance , la propagation
des principes conservateurs des droits publics
et des droits privés , tel est l'objet de nos
écrits, le but constant de nos travaux. Que des
hommes stupidement orgueilleux du privilége
de distribuer l'insulte avec impunité nous accusent de pensées séditieuses , nous leur ré-
pondrons par un juste mépris , et nous con-
tinuerons, dans l'intérêt même du gouvernement, à répandre des vérités utiles, à vouer à
l'indignation générale les doctrines serviles et
les abus d'autorité. Le fanatisme religieux, qui

se cache sous des couleurs politiques, conserve
encore des partisans et des espérances : nous
poursuivrons le fanatisme, s'il osait encore se
montrer ; nous lui arracherons son masque,
et nous traînerons le monstre, malgré ses
rugissements, au tribunal de l'opinion publique. Il faut le dire hautement, les protestants de France n'ont pas vu sans alarmes
ces missions imprudentes dont nous avons
déjà exposé les dangereux effets. Si dans quelques villes des paroles de paix ont été pro-
noncées, ailleurs les accents de l'intolérance
et des cris de haine se sont fait entendre. Des
cérémonies pour le moins inutiles ont servi
de prétexte à de turbulentes prédications ; des
contrées paisibles ont été agitées, des familles
désunies, et des germes de discorde civile ar-
tificieusement réchauffés. D'où nous est venu
cet excès de prosélytisme dans un moment où
les passions exaltées n'avaient nul besoin d'un
aliment nouveau ? La France est-elle une con-
trée idolâtre ? sommes-nous plongés dans les
ténèbres de l'ignorance ? Ah ! quoi qu'en disent
nos ennemis, jamais la vraie religion, celle
qui recommande la charité, l'oubli des in-

jures, le respect pour les lois, n'a parlé plus
éloquemment au cœur des Français? D'illustres témoignages nous l'attestent : la morale
publique a fait de rapides progrès ; des calamités inouïes ont été supportées avec une
sublime résignation ; nous avons vu toutes les
misères soulagées ; nul murmure, nulle résistance, ne se sont élevés au milieu des grands
sacrifices exigés par l'honneur et l'intérêt national. Pense-t-on qu'un tel peuple manque
de morale et de sentiments religieux ? est-il
nécessaire de troubler son repos par des pratiques superstitieuses qui peuvent allumer de
faibles imaginations, et produire de nouveaux
attentats contre l'humanité ?

Tous les cultes doivent jouir en France
d'une égale protection. Si des missionnaires
se déchaînent au nom de l'un d'eux, qui em-
pêcherait les autres de suivre un tel exemple?
Nos places publiques pourraient devenir une
arène où des cohortes de prédicateurs, jaloux
de faire triompher des doctrines diverses, se
trouveraient en ligne les uns contre les autres.
Conçoit-on tous les maux qui pourraient naître

de ces controverses religieuses, de ces luttes d'opinion et d'amour-propre? Quelle autorité serait assez forte, dans un tel état de choses, pour maintenir l'ordre public? La religion, consolatrice de l'infortune, ouvre ses temples à la piété des fidèles, c'est là qu'il convient de les rassembler, et de leur faire entendre les vérités évangéliques. C'est en présence du tabernacle, c'est au pied des autels, que le prêtre doit élever ses mains suppliantes vers le Dieu de paix et de miséricorde.

Sous l'empire d'une charte protectrice des droits des citoyens, quel que soit le culte qu'ils professent, avec un gouvernement intéressé à réprimer tous les abus, nous ne reverrons plus sans doute ces expéditions téméraires, qui, sous un voile religieux, ne cachent que de sinistres projets. Le gouvernement a le droit et il est de son devoir de contenir le sacerdoce dans les bornes prescrites par les lois. C'est ainsi qu'il répondra à sa mission et aux espérances des bons citoyens.

Il est consolant de penser que les protestants, à l'époque même des plus violentes persécutions exercées contre eux, trouvèrent d'é-
loquents et de courageux défenseurs dans les
chefs les plus illustres de notre ancienne magistrature. Avant Malesherbes, Turgot et
Rhulières, la cause de l'innocence et de la justice avait été énergiquement plaidée par les
d'Aguesseau, les d'Argenson, les Joly de Fleury, les Montelar, les Bretinière, magistrats
citoyens, « dont j'aimerais, dit M. Aignan,
à connaître les héritiers. »

Les réclamations de ces hommes vertueux
ne produisirent pas tout le fruit qu'on devait en attendre, tant l'esprit de domination
et d'intolérance fanatique avait conservé de
crédit! Il fallut que l'opinion publique, secon-
dant leurs efforts, pénétrât dans le conseil du
prince, et fît entendre jusque dans le palais
des rois le cri de l'oppression et les vœux de
l'humanité. Tous les citoyens se réunissaient
dans les mêmes sentiments de tolérance et d'é-
quité. La noblesse militaire trouva dans cette
circonstance un interprète digne d'elle. « Un

jeune guerrier, dit M. Aignan, qui rappor-
tait d'Amérique des lauriers avoués par la philosophie, un homme, par qui toutes les nobles routes du patriotisme ont été frayées,
M. de Lafayette s'était concerté avec M. de
Malesherbes et M. de Breteuil pour qu'il fût
permis aux protestants de naître, de se ma-
rier et de mourir. En 1784, il s'était rendu
sous un prétexte, à Nîmes, où résidait le ministre Paul Rabault, surnommé le *pape des
protestants*, père de ce malheureux Rabault
Saint-Étienne qui scella de son sang le pacte
de la liberté. Le vieillard touchait au terme
d'une vie orageuse : il embrassa comme un
sauveur l'ami de Washington, et prononça
dans ses bras un *nunc dimittis* expiatoire de
celui du féroce Le Tellier. »

Mais ce ne fut qu'à l'époque de l'assemblée
des notables que le sort des religionnaires excita une sérieuse attention. M. de Lafayette
fut écouté avec faveur lorsqu'il réclama pour
eux les bienfaits de l'état civil. Il est juste de
dire qu'il fut noblement secondé par M. l'é-
vêque de Langres, aujourd'hui cardinal de la

Luzerne (1). « Ce fut, ajoute M. Aignan, au nom même de la religion, et avec la vertueuse éloquence d'un digne neveu de Malesherbes, que ce prélat représenta le scandale des sacriléges et tous les abus d'une législation inique. »

Le bureau des notables où cette question fut agitée était présidé par le comte d'Artois. Ce prince n'ignorait pas quels éminents services les protestants avaient rendus à son illustre aïeul; il savait que, si sa dynastie occupait le plus beau trône du monde, elle devait cet honneur principalement à l'énergique résistance que les protestants français opposèrent, avant et après la mort du dernier des Valois, aux efforts des ligueurs catholiques, des jésuites, du roi d'Espagne et du pape, armés contre la légitimité. Il se chargea de parler au roi de cette importante discussion, élevée par M. de Lafayette, et de lui faire connaître l'avis unanime du bureau.

(1) A l'époque où parut l'ouvrage de M. Aignan, M. le cardinal de la Luzerne vivait encore.

L'arrêté présenté au roi fut conçu en ces termes : « Une partie de nos concitoyens, qui n'a pas le bonheur de professer la religion catholique, se trouve être frappée d'une sorte de mort civile. Le bureau connaît trop bien le cœur du roi pour n'être pas persuadé que Sa Majesté, désirant faire aimer la vraie religion à ses sujets, dont il est le père commun, et sachant que la vérité se soutient de sa propre force, et que l'erreur seule a besoin d'employer la contrainte, joint les dispositions d'une tolérance bienfaisante à toutes les vertus qui lui ont mérité l'amour de la nation. Le bureau s'empresse de présenter à Sa Majesté ses sollicitations pour que « cette portion » nombreuse de ses sujets cesse de gémir sous » un régime de proscription également contraire à l'intérêt général de la religion, aux » bonnes mœurs, à la population, à l'industrie nationale, et à tous les principes de la » morale et de la politique. »

Cette démarche en faveur des protestants fit une grande sensation; le fanatisme poursuivit de sarcasmes injurieux M. l'évêque de

Langres, que dans certaines sociétés on re-
présentait comme un *Antechrist*. M. de Lafayette, et tous ceux qui avaient soutenu les
droits de l'humanité et la cause de la religion
furent accusés d'impiété et de philosophie.
Si ce fanatique déchaînement ne répondit pas
tout-à-fait aux espérances des persécuteurs,
il empêcha du moins qu'on ne réalisât entièrement celle des hommes de bien. On prétend
aujourd'hui, par des motifs dont j'aurai bientôt occasion de parler, que, par l'ordonnance
de 1787, Louis XVI rendit aux réformés
l'existence civile et politique, dont ils avaient
été dépouillés par la révocation de l'édit de
Nantes. Cette assertion est démentie par les
faits. « Sans doute, dit M. Lauze de Peret
dans les *Eclaircissements historiques* qu'il
vient de publier (1), sans doute cet édit de

_____

(1) *Éclaircissements politiques,* en réponse aux calomnies dont les protestants du Gard sont l'objet; précis des agitations et des troubles de ce département
depuis 1790 jusqu'à nos jours; par M. P.-J. Lauze de
Peret, avocat à la cour royale de Nîmes.

27.

Louis XVI fut un bienfait. On sent que les
concessions venaient de son âme généreuse, et
n'étaient limitées que par une force à laquelle,
malgré toute leur puissance, les princes n'é-
chappent pas entièrement, celle des vieilles
erreurs. Quoi qu'il en soit, les protestants
n'obtinrent que ce que le droit naturel ne permettait pas de leur refuser. Ils furent déclarés
exclus, par l'article 1er, de toute charge de
judicature à la nomination du roi ou même
des seigneurs, et de toute place donnant droit
à l'enseignement public. »

Je me suis arrêté sur cette ordonnance,
parce qu'elle a servi de prétexte aux calomnies dont les protestants en général, et ceux
du Gard en particulier, n'ont cessé jusqu'à ce
jour d'être l'objet. On a dit et répété avec affectation que les protestants qui avaient embrassé la cause de la révolution s'étaient rendus
coupables d'ingratitude envers le monarque
auquel ils devaient l'existence civile et politique; il est temps de faire connaître, comme
je l'ai annoncé, les motifs de cette accusation,
aussi fausse qu'elle est absurde.

On a voulu affaiblir l'intérêt et le sentiment d'indignation excités par les violences de tout genre et par les atroces persécutions dont les protestants du Midi ont été victimes dans ces jours de deuil où le fanatisme déchaîné bravait la puissance des lois et l'autorité du gouvernement. C'est une sympathie prononcée pour les scélérats de Nîmes et d'Avignon, pour les monstres qui ont versé sans remords le sang de leurs concitoyens ; c'est le désir de soustraire à la haine publique et à l'action de la justice ces dociles instruments d'une faction désespérée, qui ont étouffé par d'horribles clameurs la voix généreuse de M. d'Argenson, lorsque du haut de la tribune nationale il s'efforçait d'appeler les regards du gouvernement et la vengeance des lois sur les réactions du Midi. Tels sont les sentiments qui ont dicté ces odieux libelles, où l'audace du mensonge est poussée jusqu'à ses dernières limites, où des citoyens vertueux et paisibles sont dénoncés comme des hommes enclins à la révolte, où leur soumission aux lois est traitée d'hypocrisie, et le patriotisme le plus pur d'ingratitude et de penchant révolutionnaire. Les

protestants, dites-vous, ont été partisans de
la révolution : ils ont été partisans des principes qui ont amené la révolution, mais ils en
ont toujours condamné les excès. Leur église
n'a fourni ni traîtres ni assassins.

« Jamais, dit M. Aignan en s'adressant à
ces victimes du fanatisme, jamais les protestants ne furent nommés dans le deuil et l'é-
pouvante de la France. Je dirai plus : à cette
époque où gémissait la liberté sous les pieds
sanglants de la licence, et où l'athéisme élevait sa tête desséchée sur les débris de toute religion, votre part de tourments vous était due et
ne vous a point manqué ; patriotes et chrétiens,
vous deviez expier ces deux crimes, et les
échafauds s'abreuvèrent aussi de votre sang. »

Rien de plus vrai que ces paroles ; l'on
pourrait même ajouter qu'au nombre des
misérables qui, dans ces derniers temps, se
sont signalés comme les ennemis des protestants, il en est qui ont figuré dans nos
troubles civils comme des brigands de première classe. Oui, quand la justice soulè-

vera son bandeau, elle reconnaîtra avec horreur, dans les plus furieux artisans des dernières réactions, plus d'un héros de l'anarchie
révolutionnaire, et peut-être plus d'un bour-
reau de la Vendée.

Comment pourrait-on blâmer les transports
de joie qui animèrent toutes les églises réformées, lorsque, dans la fameuse journée du
4 août, M. Alexandre de Lameth, inspiré
par ces généreux sentiments d'humanité et de
patriotisme que les membres de sa noble famille ont toujours regardés comme leur plus
beau titre d'illustration, et dont ils ont donné
des exemples si glorieux et si désintéressés,
proposa l'affranchissement des consciences et
la liberté des cultes? Les lois qui admettaient
les protestants à la jouissance non seulement
des droits civils, mais de tous les droits politiques, pouvaient-ils les recevoir avec indifférence? Un acte qui réparait deux siècles
d'oppression et d'injustice n'était-il pas pour
eux le plus grand des bienfaits? Cessons de
demander à la nature humaine ce qui est au-
dessus de ses forces; n'exigeons pas que les

hommes qu'on voue à la persécution et à la
mort soient contents. Le fait est qu'à quelque
époque historique que nous remontions, la
France n'a guère compté de citoyens plus dé-
voués et plus fidèles que les réformés.

« C'est une suite de leurs principes religieux, dit M. Aignan, dont l'heureuse application n'est pas moins manifeste dans les
autres états de l'Europe. Si notre terre fut
embrasée autrefois du feu des guerres religieuses, il est bien reconnu que les flambeaux
en furent allumés par le parti des Guises,
dont l'ambition eût envahi le trône sans la
résistance des protestants; par le machiavé-
lisme de Catherine de Médicis, qui jouait
le jeu funeste d'élever et d'abaisser tour à tour
les partis; enfin par les manœuvres sourdes
de l'étranger, qui convoitait la ruine ou le
partage de la France.

» Henri IV, qui les connaissait bien, ne
craignit jamais que son abjuration les armât
contre lui. Que les jésuites nous disent si ce
fut un *poignard protestant* qui, à plusieurs

reprises, attenta aux jours de ce grand homme. La guerre qui eut lieu sous Louis XIII ne peut être opposée aux protestants comme un acte de rébellion : chacun sait qu'ils obéissaient au sentiment de la défense personnelle, dans un temps où les limites de l'autorité royale n'étaient pas déterminées. Dès que la pacification est faite, dès qu'un ordre de choses seulement tolérable est établi pour eux, quelle constante soumission ne font-ils pas éclater ? Enfin jusqu'au temps de la révolution, les vexations, les tortures, n'arrachent d'eux que quelques convulsions dans les moments les plus horribles; et dans l'intervalle des crises, que de larmes et de gémissements! Combien de fois les soldats envoyés pour dissiper les assemblées du désert ont-ils surpris cette tribu proscrite offrant à Dieu des supplications pour le roi malade, ou des actions de grâces pour quelque prospérité qui se répandait sur lui! »

Les protestants ont toujours été les mêmes; ils ont salué avec transport l'aurore de la liberté constitutionnelle; ils ont applaudi à la

chute du despotisme impérial, et les institutions nouvelles n'ont point de plus sincères
partisans. C'est peut-être là le plus grand de
leurs crimes aux yeux de leurs ennemis. C'est
là peut-être ce qui a soulevé contre eux les
passions nourries par le fanatisme et l'amour
désordonné des priviléges. On ne peut lire
sans frémir le détail des cruautés dont ils furent l'objet à une époque dont les souvenirs
sont encore vivants. Ces faits ont été racontés par M. le marquis d'Arbaud-Jouques, ancien préfet du département du Gard, et son
témoignage est d'autant moins suspect, qu'il
tend à affaiblir l'horreur qu'ils doivent exciter dans tous les cœurs honnêtes.

Des femmes ont été dépouillées de leurs vê-
tements, et fouettées avec un morceau de plan-
che dans lequel on avait enfoncé des clous
de manière à former une fleur de lis ; des
maisons ont été pillées et démolies ; quatre
frères ont été égorgés par Trestaillon et sa
bande ; d'autres ont éprouvé le même sort ;
plusieurs ont été arrachés du sein de leurs familles et arbitrairement exilés ; tous ont été

désarmés comme de vils prolétaires, attaqués, vexés de mille manières; d'infâmes calomnies ont été répandues contre eux, et, par la dérision la plus insultante, on paraissait s'étonner de ce qu'ils étaient mécontents.

Lorsque le gouvernement, forcé de lutter contre une faction avide de tyrannie, qui cachait la perfidie de ses projets sous l'ardeur d'un zèle factice pour la légitimité, est parvenu à rétablir l'ordre et le règne de la justice dans les départements agités par le fanatisme, les protestants n'ont-ils pas répondu à cette sage et humaine politique par l'accent de la reconnaissance et une entière soumission aux lois? Ils invoquaient avec confiance l'autorité tutélaire du souverain; et en effet, il ne suffit plus de se dire royaliste et de se faire trophée d'un attachement sans bornes à la légitimité pour être impunément calomniateur, séditieux ou assassin.

On a reproché à M. Aignan d'avoir défendu la cause des protestants; ce reproche lui fait honneur. On s'est imaginé qu'en rappro

chant les excès de la révolution des excès produits par la révocation de l'édit de Nantes,
il avait eu la pensée de diminuer l'horreur
que les premiers doivent inspirer. M. Aignan
dédaignera de repousser cette accusation.
Ceux qui liront son ouvrage avec un esprit
dégagé de préventions ne verront en lui qu'un
homme ennemi de tous les excès, quelle qu'en
soit la cause ou quel qu'en soit le prétexte.
M. Aignan avait déjà publié un écrit dont l'influence a été utile (1); il y professait les mêmes principes que dans son dernier ouvrage.
C'est partout la haine de l'oppression, l'a-
mour de la justice, et un patriotisme dont le
zèle n'est ni aveugle, ni exagéré. Ces qualités
précieuses, soutenues par un talent d'un ordre
élevé, ne mettent point l'écrivain qui les possède à l'abri d'une critique injuste ou minu-
tieuse; mais elles lui assurent l'estime publique, et cette estime est la plus noble récompense de ses travaux.

_____

(1) *De la justice et de la police.*

On a feint de croire que M. Aignan avait mal choisi son temps pour élever la voix en faveur des églises réformées (1). Les protestants, a-t-on dit, sont aujourd'hui placés sous la protection des lois; le roi veille sur eux comme sur les autres citoyens. Sans doute il est. dans la volonté comme dans le cœur du roi d'assurer à tous les Français une égale protection, et, si cela était possible, un honneur égal. Mais enfin les rois sont des hommes aussi bien que leurs ministres; ils peuvent être trompés par des rapports infidèles; et ils ont un pressant intérêt de connaître la vérité, qui parvient si difficilement à se faire entendre. Je puis le dire, parce que j'en ai la preuve sous les yeux, les religionnaires sont encore dans quelques départements l'objet d'une défiance injurieuse, et traités comme des prolétaires au milieu de leurs concitoyens. Sans doute le gouvernement s'occupe à réparer ces vexations locales à mesure qu'elles lui sont connues;

(1) C'était en 1817.

mais enfin il faut qu'il les connaisse, et il doit savoir gré aux écrivains qui, à l'exemple de M. Aignan, vont à la découverte des abus du pouvoir, recueillent les douleurs secrètes de l'infortune, et prêtent un généreux organe à la vérité.

Quel a été le but de M. Aignan? de repousser d'atroces calomnies, d'injustes préventions, de dévoiler les sinistres projets d'un fanatisme persécuteur qui n'abandonne jamais l'espérance de la domination. Si l'intolérance ne s'était pas, sous nos yeux, armée de ses torches et de ses poignards, si les fureurs de l'esprit de parti n'avaient pas alarmé les protestants sur leur future destinée, sans doute il eût été inutile d'appeler l'histoire en témoignage des calamités qui jaillissent si abondamment de l'oppression religieuse et de l'inégalité de protection accordée aux différents cultes que professent les enfants d'une même patrie. Mais, d'après ce que nous avons vu, on doit reconnaître que M. Aignan a rempli tout à la fois la mission du talent et le devoir d'un bon citoyen.

Il ne me reste plus qu'à mettre sous les yeux de nos lecteurs quelques passages assez étendus pour qu'ils puissent juger par eux-mêmes de l'importance de l'ouvrage et du mérite de l'auteur.

« J'ai terminé, dit M. Aignan, la tâche que m'a fait entreprendre un véritable amour de la religion et de la patrie. Tels sont les liens du pacte constitutionnel, qu'aucune famille de la société ne peut être menacée dans son existence et dans ses droits sans qu'il soit de l'intérêt comme du devoir de chaque citoyen d'élever la voix en sa faveur. Je dirai plus : ce mémoire, qui ne semble écrit que pour les protestants, l'est également pour les catholiques. Tous les hommes d'une piété sincère et éclairée qui ont observé les causes des progrès de l'irréligion, s'accordent à penser que le mal ne peut être efficacement combattu que par une pleine liberté religieuse, qui entretienne entre toutes les communions l'émulation des bons exemples, substitue au fanatisme intolérant des sectes les mutuels appuis de la charité, détruise ainsi la féodalité dans l'église,

comme la liberté civile l'a détruite dans l'é-
tat; ils estiment que les temps changés de-
mandent des changements à la sagesse; que la
tâche de la religion n'est plus, comme autrefois, de s'emparer de l'imagination des hommes par la pompe des cérémonies, óu de combattre la férocité de leurs mœurs et la rudesse
de leurs habitudes par l'austérité des pratiques
gênantes et minutieuses; ils voudraient qu'a-
près de grands changements politiques, elle
reçût enfin sa véritable mission, celle de fortifier la tendance des cœurs à se réunir par les
liens de l'humanité.

Qui d'entre nous a pu lire sans attendrissement le détail des bienfaits répandus à Londres, dans les prisons, par le lord-maire, à
l'occasion de la fête de Noël? Les Norwégiens
célèbrent aussi la même époque par le redou-
blement de la plus cordiale hospitalité; leur
sollicitude s'étend même alors jusqu'aux bes-
tiaux, dont ils doublent la ration; jusqu'aux
petits oiseaux, pour lesquels une gerbe de blé
est suspendue au-dessus de chaque porte,
comme si toute la nature était appelée à so-

lenniser par une réjouissance commune la naissance du divin législateur des chrétiens! Quel sermon peut être aussi éloquent ou quelle lithurgie aussi agréable à Dieu que ces touchants usages trop ignorés de nous? Si la simplicité de ces montagnards ne peut se trans. planter au milieu de la corruption polie de nos mœurs, assurons du moins ce que la voix puissante de la Charte demande bien plus haut que ma faible voix, une égale liberté, une même protection pour tous les cultes. Ainsi leur prospérité renaîtra pour l'avantage inexprimable des familles et de leur patrie; ainsi la religion, désarmée de tout ce qui la rend effrayante, offensive ou ridicule, aux habitants des campagnes et des cités, répandra sensiblement son influence heureuse, et se revêtira d'enchantements nouveaux appropriés aux temps et aux lieux sur lesquels doit s'exercer sa céleste puissance. »

OBSERVATIONS

SUR

LA VIE ET LES OUVRAGES

DE

MADAME DUFRENOY.

———✦◦◦◦✦———

Madame Dufrenoy avait entrepris, en
1822, d'écrire, sous le titre modeste de *Souvenirs*, les mémoires de sa vie ; différentes
circonstances, telles que des travaux littéraires entrepris et inachevés, les soins à rendre
à une mère chérie, d'un âge avancé et d'une
santé chancelante, les distractions inévitables
de la société dont elle était l'un des ornements,
ne lui permirent pas d'accomplir ce projet. On

n'a trouvé dans ses manuscrits qu'un petit nombre de pages, où les détails de son enfance et les premières impressions de sa jeunesse sont racontés avec naïveté, mais qui ne peuvent offrir d'intérêt qu'à sa famille et à ses amis intimes. Nous devons regretter que le temps lui ait manqué pour interroger ses souvenirs, retracer les scènes diverses d'une vie constamment agitée, ses alternatives de bonne et de mauvaise fortune, ses longues peines, ses plaisirs fugitifs, pour nous dévoiler le mystère des créations poétiques qui ont fait sa gloire plus que son bonheur.

A l'époque de la révolution, madame Dufrenoy était dans tout l'éclat de la jeunesse; dans toute la fraîcheur de son talent. L'imposant spectacle d'un grand peuple redemandant ses droits, si long-temps oubliés, frémissant d'enthousiasme aux noms de *liberté* et de *justice*, devait frapper tous les esprits et réveiller dans tous les cœurs des émotions sympathiques : aussi peu de Français échappèrent en 1789 à la commotion générale. On croyait voir briller l'aurore d'une régénération sans

résistance, d'une liberté sans orages ; l'illusion
ne fut pas de longue durée : bientôt les intérêts
opposés se heurtèrent, les factions furent déchaînées, la France se couvrit de gloire et de
deuil.

Dans ce temps d'agitation et de troubles civils, madame Dufrenoy, dont le mérite était
déjà connu, et qui se trouvait en rapport avec
des personnages influents de diverses opinions,
prit toujours le parti de la faiblesse et du malheur ; chaque excès de la révolution était pour
elle un sujet de profonde tristesse et une occasion de rendre service à des infortunés. Que
de touchantes anecdotes, que de faits précieux
elle aurait pu nous révéler? Ses souvenirs
n'auraient point été remplis d'apologies dou-
teuses et d'accusations hasardées : son cœur,
exempt d'envie, fut accessible à l'amitié, jamais à la haine. Elle ne se piquait point de
dévotion, mais elle était pieuse et pleine d'indulgence : une célébrité fondée sur le scandale
aurait fait le tourment de sa vie : son premier
besoin était de laisser une mémoire sans tache et un nom respecté.

Madame Dufrenoy est née à Paris le 3 décembre 1765, dans l'une des maisons de la rue du Harlay, près de celles où furent élevés Boileau et madame Rolland. Son père, Jacques Billet, joaillier, distingué dans sa profession, aimait les arts, les lettres et ceux qui les cultivaient avec honneur. Comme l'instruction n'était pas encore très répandue, il devint l'oracle de son quartier ; on le consultait sur les questions les plus difficiles. Madame Dufrenoy nous apprend dans ses notes manuscrites qu'il arrangeait plus d'affaires que ne pouvaient en déranger les procureurs de la rue du Harlay et des rues adjacentes. De tous les faits qu'elle rapporte, c'est peut-être le seul qu'on puisse sans témérité soupçonner d'exagération.

M. Billet, joaillier de la cour de Pologne et de plusieurs grandes maisons de France, avait acquis dans son commerce une fortune considérable. Son inclination pour la littérature lui avait valu l'amitié de quelques hommes célèbres; il les recevait avec plaisir, et ces réunions avaient pour lui un intérêt par-

ticulier. On y parlait des productions nouvelles; on y citait les épigrammes du jour;
on s'y déchaînait contre le parlement Maupeou; les anecdotes de la cour et de la ville
n'étaient pas oubliées; enfin on jouissait du
présent, sans trop s'inquiéter de l'avenir.

Madame Dufrenoy était bien jeune à cette
époque; cependant ces conversations littéraires et politiques frappaient son imagination;
elle commençait à sentir et à exagérer le prix
de la célébrité; elle ne séparait pas le bonheur
de la gloire; et ce sont peut-être ces premières
impressions qui ont fait sa destinée. Elle se
rappelait parfaitement l'urbanité de Rochon
de Chabannes, la morgue décisive de la Harpe, les saillies ingénieuses de Champfort, et
les dissertations poétiques d'André Murville.

Une tante de madame Dufrenoy était religieuse et supérieure de la maison des sœurs
hospitalières de La Roquette. Cette tante,
qu'on nommait la mère Saint-Félix, se chargea de son éducation. « Elle me traitait, dit
madame Dufrenoy dans ses notes, avec une

tendresse maternelle; elle m'apprit à lire, et
me fit donner des leçons de musique. Mes
études se bornaient à apprendre par cœur l'É-
vangile, les épîtres des apôtres, et le grand ca-
téchisme de Montpellier. On distribuait des
images aux pensionnaires qui savaient le
mieux leurs leçons. Comme j'étais fréquemment la première de ma classe, ma tante me
regardait comme un prodige, et ne tarissait
point sur l'éloge de mon esprit.

Ma mère, enchantée de mes progrès, me
donna pour récompense *le Magasin des en-*
fants par madame Leprince de Beaumont.
Cet ouvrage, l'un des meilleurs que l'on ait
autrefois composés pour l'éducation, fit mes
délices. Dans les heures de récréation, je me
retirais pour me livrer à la lecture sous les
beaux ombrages de notre couvent. Ma tante,
ravie de mes dispositions, me donna la clé de
sa bibliothèque; mais elle voulut que sa cellule devînt mon cabinet de lecture : elle craignait d'encourir le blâme des religieuses en
étendant un peu trop le cercle de mon instruction. Ce fut donc à la dérobée, et comme en

bonne fortune, que je lus les sermons de Massillon, ceux de Bourdaloue, l'*Imitation de Jésus-Christ*, quelques autres livres de piété, et les *Vies des saints*. Ce dernier livre me remplit d'enthousiasme. Je relus plus de vingt fois l'histoire de sainte Geneviève et celle de sainte Cécile ; j'admirais leurs vertus, leur courage, leur dévouement religieux, et j'aurais voulu cueillir la palme du martyre.

» J'entrais alors dans ma septième année, et ma tante me traitait comme une jeune fille toute formée. C'était moi qui lisais dans sa cellule les prières de l'église, qu'elle écoutait avec recueillement. Tous les matins je me levais une heure avant mes compagnes ; et, lorsque j'avais récité tout haut les oraisons du jour, je faisais le café de la mère Saint-Félix, ou sa soupe aux herbes, déjeuner frugal que je partageais avec elle. J'étais heureuse de la voir, heureuse de sa tendresse ; et je ne concevais de bonheur que dans l'état religieux. »

Nous avons conservé ces détails, parce qu'ils donnent l'idée de la première éducation que recevaient alors les jeunes filles. Tout cela a été changé ; on dit que c'est pour le mieux, et je n'ai nulle envie de discuter la question.

Madame Dufrenoy, toute préoccupée qu'elle était des charmes de la clôture, revînt cependant avec plaisir sous le toit paternel. Ce fut un bonheur pour elle qu'une liaison de parenté établit un lien plus doux d'intimité entre elle et M. Laya, qui devait aussi se vouer avec distinction à la culture des lettres, et qui, jusqu'à la mort de madame Dufrenoy, est resté fidèle à cette franche amitié de jeunesse qui ne vieillit jamais. Les conseils et l'instruction supérieure de M. Laya furent utiles à une jeune femme qui, sous le voile d'une timidité naturelle, cachait un ardent désir de la gloire littéraire. Une seule anecdote fera juger de cette timidité, qui n'était peut-être qu'un excès de modestie. Madame Denis, nièce de Voltaire (alors madame Duvivier), la reçut à dîner chez elle avec son mari, M. Petit-Dufrenoy. Elle pouvait alors avoir dix-sept ans. « J'avais été invitée à la soirée, m'a

raconté M. Laya. Madame Denis, s'expri-
mant sur le compte de ma jeune cousine, dit
à l'une des dames de son cercle, assez haut
pour que madame Dufrenoy l'entendît :
« Cette jeune femme est fort jolie, mais elle
» est bien bête. » La pauvre jeune femme
quitta la place, et vint à moi, à l'extrémité
du salon, dévorant ses larmes; elle suffoquait.
Elle me conta naïvement le doux propos de
madame Denis. Je saisis cette occasion pour
l'exhorter à vaincre cette malheureuse timidité qui comprimait et annulait, pour ainsi
dire, dans la société toutes les ressources de
son esprit. » Mais l'usage du monde pouvait
seul vaincre ce sentiment de défiance qui ac-
compagne presque toujours le vrai mérite.

On voit qu'elle était très jeune lorsqu'on lui
fit épouser M. Petit-Dufrenoy, procureur au
Châtelet, homme d'esprit et de plaisir, aimant aussi la littérature et les hommes de
lettres, menant un grand train de maison, et
honoré de la confiance de plusieurs familles
illustres. Voltaire, dans les dernières années
de sa vie, l'avait chargé de quelques affaires

difficiles ; et nous avons lu quelques lettres
inédites où il rend justice à ses lumières et
à sa probité.

Nous n'avons plus maintenant pour nous
guider que le souvenir des conversations con-
fidentielles de madame Dufrenoy et quelques
notes sur ses ouvrages, ce qui ne nous per-
mettra pas de mettre une liaison bien intime entre les événements que nous allons ra-
conter.

M. Dufrenoy aimait beaucoup le monde et
voyait une société distinguée ; sa femme n'opposait aucune résistance à ses goûts, mais elle
préférait la solitude : c'est le penchant naturel
de tous ceux qui ont de la portée dans l'esprit
et de la vivacité dans l'imagination. Madame
Dufrenoy s'y livrait autant que cela pouvait
s'accorder avec ses devoirs ; elle recevait, dans
la retraite, des inspirations qui la rendaient
heureuse. Bientôt elle sentit le besoin d'en
fixer les traces fugitives. Elle était poète, il
ne lui manquait plus que la connaissance de
l'art : ce fut l'objet de ses nouvelles études.

« Dans ma jeunesse, dit madame Dufrenoy, on me fit présent des *Elégies* de Parny,
de cet auteur divin. Déjà la passion de la poésie dévorait mon âme ; j'étais sensible et malheureuse : l'élégie devenait mon domaine.
Pour bien me pénétrer de ses différents caractères, j'étudiai les anciens ; je ne quittais plus
Catulle, Tibulle et Properce ; ils occupaient
mes jours, enchantaient mes veilles ; bientôt
je les sus par cœur ; et cependant je les lisais
sans cesse. Parny me sembla les avoir atteints ;
et je cherchai à suivre ses traces, sans néan-
moins l'imiter, l'amour n'ayant pas chez les
femmes la même expression que chez les hommes. Moins passionnées, peut-être plus tendres, ces nuances me parurent ouvrir un nouveau sentier à l'élégie. »

Pendant que madame Dufrenoy s'aban-
donnait ainsi au culte des Muses et aux douces rêveries, tout changeait autour d'elle ; la
révolution faisait des progrès rapides, et ren-
versait dans la poussière tout ce qui lui opposait quelque obstacle. Les intérêts qui s'atta-
chaient aux anciennes institutions furent at-

taqués, et peu de fortunes particulières résistèrent à la violence de la destruction.

M. Dufrenoy éprouva de grandes pertes, et les supporta avec courage. Madame Dufrenoy, devenue attentive aux mouvements politiques, et dont l'âme généreuse s'indignait de tous les excès, devint suspecte au parti révolutionnaire. La mort de Louis XVI, le sort de la famille royale, lui avaient fait verser des larmes : elle fut forcée d'aller cacher sa douleur dans la retraite. L'aspect des champs, la vie solitaire, convenaient à ses goûts : elle se retira dans une jolie maison de campagne, à quelques lieues de Paris, et y donna asyle à plusieurs proscrits. M. de Fontanes, qui avait eu le bonheur d'échapper aux échafauds de Lyon, se réfugia près d'elle, et fut à l'abri de l'orage qui grondait encore. Les conseils de M. de Fontanes, qui attachait alors quelque prix à la profession d'homme de lettres, ne furent pas inutiles à sa protectrice. Ils lisaient ensemble les meilleurs poètes de l'antiquité et des temps modernes; ils cherchaient à surprendre le secret de leur gé-

nie et s'efforçaient quelquefois de lutter contre eux. M. de Fontanes pouvait donner des
leçons de goût; personne ne pouvait mieux
les comprendre et les suivre que madame
Dufrenoy.

Nous voudrions pouvoir rappeler ici toutes
les nobles amitiés que madame Dufrenoy cul-
tivait dès cette époque et qu'elle a fidèlement
conservées jusqu'à sa mort. Elle comptait parmi ses amis d'abord M. Laya, à qui elle a
adressé une épître, et dont *l'Ami des lois*
avait révélé le talent et le courage; ensuite
M. Félix Faulcon, membre de plusieurs assemblées législatives; M. de Gérando, qui devait survivre aux plus chers objets de ses affections, et dont la vie n'a été qu'une défense
continuelle de la philosophie et de l'humanité; Camille Jordan, dont le nom est inscrit
parmi ceux de nos grands citoyens et de nos
plus illustres orateurs. Elle les aima, les servit aux jours de l'adversité avec cet infatigable dévouement qui a produit tant d'actions
héroïques pendant les tempêtes de la révolution. Le malheur trouva toujours près d'elle

un accès facile ; elle compromît souvent sa sûreté personnelle pour sauver des proscrits ; et, quand tout subissait le joug de la terreur, elle ne craignait que les dangers qui menaçaient ses amis.

Le calme se rétablit par degrés dans l'intérieur ; mais, comme nous l'avons dit, toutes les fortunes privées avaient éprouvé plus ou moins de secousses, et celle de M. Dufrenoy se trouva entièrement ruinée. Madame Dufrenoy soutint ce revers avec fermeté. Elle avait un fils né avec d'heureuses dispositions, dont l'existence devait être assurée : elle se livra sans hésitation aux travaux les plus incompatibles avec ses habitudes et ses goûts ; mais la tendresse maternelle surmonta tous les obstacles. Cette femme, élevée dans l'aisance, familiarisée avec les élégances de la vie, et dont la brillante imagination entretenait avec le monde idéal un commerce assidu, passait les jours et les nuits à faire des copies pour les avocats, les avoués et les hommes d'affaires. Son fils fut placé dans une maison d'éducation. Elle soutint son mari, que menaçait une infirmité redoutable, la perte entière de la vue. Rien de plus digne d'admiration que ce dévouement de tous les jours, de toutes les heures, que cette lutte perpétuelle contre des besoins sans cesse renaissants! Madame Dufrenoy en trouvait la récompense dans son cœur, dans l'affection d'une mère et d'une sœur tendrement aimées, et dans l'estime de tous ceux qui connaissaient sa position ainsi que la constance et le but de ses efforts.

Quelques années pénibles s'écoulèrent dans ces occupations si peu poétiques; enfin ses démarches et les sollicitations de ses amis obtinrent pour M. Dufrenoy le greffe du tribunal d'Alexandrie. Madame Dufrenoy suivit son mari et lui servit de secrétaire. Les rives pittoresques du Tanaro, le beau ciel de l'Italie, ne la laissèrent point sans inspirations, mais ne purent la détourner de la tâche qu'elle s'était imposée. M. Dufrenoy fut malheureusement frappé de cécité, et tout le fardeau du greffe retomba sur le secrétaire. Cette situation ne pouvait être de longue durée : les deux époux rentrèrent en France privés de leur dernière ressource et n'entrevoyant qu'un avenir d'infortunes. Madame Dufrenoy se remit avec ardeur au travail ingrat des copistes; elle y joignait la composition de quelques ouvrages pour la jeunesse dont le succès a été constaté par de nombreuses éditions. Mais tant de soins altéraient sa santé; et peut-être eût-elle succombé, victime du devoir et de la vertu, si la Providence ne lui eût envoyé un protecteur et un ami.

M. le comte de Ségur, dont le nom rappelle de glorieux souvenirs, et qui réunit dans sa famille tous les genres d'illustrations; M. de Ségur, renommé pour le savoir, le goût, le talent et le noble caractère, fut instruit de la situation où se trouvait une femme si heureusement douée, et dont il avait apprécié le mérite. Il attira sur elle l'attention d'un gouvernement despotique par circonstance, mais qui du moins savait distinguer le talent et le mettre à sa place. Madame Dufrenoy obtint une pension qui l'éleva au-dessus du besoin, et lui laissa les loisirs nécessaires pour cultiver les lettres. Ce fut à peu près vers la même époque que parut pour la première fois le *Re-cueil* de ses œuvres poétiques. Le succès passa ses espérances ; les meilleurs critiques s'accordèrent à en faire l'éloge. M. Dusault lui-même, censeur difficile et dédaigneux, avoua que les *Elégies* de madame Dufrenoy étaient empreintes de cette verve vivifiante, de ce génie poétique, qui prennent leur source dans une âme vivement émue et dans une imagination passionnée ; nulle voix ennemie ne troubla ce concours de suffrages. Madame Dufrenoy cherchait la gloire, et se trouva heureuse d'être arrivée au terme de ses vœux.

Ses travaux littéraires devinrent alors plus variés et plus nombreux. Parmi les ouvrages qu'elle composa pour l'instruction de la jeunesse nous nous contenterons de citer *la Bio-graphie des demoiselles*, qui jouit d'une estime méritée. Elle voulut aussi cueillir des palmes académiques : l'académie des Jeux floraux, celle de Cambrai, lui ont décerné plusieurs couronnes ; enfin en 1814 elle obtint le prix de poésie proposé par l'Académie française. Le sujet du poème était *la Mort de*

Bayard, sujet héroïque, qui sortait du genre adopté par madame Dufrenoy, et qu'elle traita avec cette élévation de sentiments, cette force de pensée et cette pureté de goût dont l'accord est devenu si rare. C'était le premier exemple du prix de poésie accordé à une femme par cette docte assemblée; et, ce qui est digne de remarque, l'opinion publique confirma son jugement.

A cette époque, des événements imprévus firent passer la famille des Bourbons d'un long exil sur le trône de France. Bientôt une autre révolution, moins inattendue, ramena dans le palais des rois l'exilé de l'île d'Elbe. Au milieu de ces vicissitudes, les partis se prononcèrent avec chaleur; et, comme il arrive presque toujours en de telles circonstances, le parti définitivement victorieux devint persécuteur. Des listes de proscription furent dressées : on exigeait des individus isolés plus de fixité d'opinion que n'en avaient montré les rois eux-mêmes; les calomnies, les délations, devinrent des preuves de loyauté; la gloire nationale aurait même été décimée si le sentiment de l'honneur eût été moins enraciné dans le cœur français, et si la vue importune des drapeaux de l'étranger n'eût réveillé au fond des âmes les feux mourants du patriotisme.

Dans toutes ces convulsions de la société, madame Dufrenoy conserva l'indépendance de son talent et sa sympathie pour les opprimés. Elle aimait sa patrie ; et l'état d'abaissement où elle la voyait réduite en présence de l'Europe armée lui inspira ces plaintes d'une jeune Israélite sur la destruction de Jérusalem, élégie du genre le plus élevé, où, sous le voile transparent de l'allégorie, l'auteur verse des larmes sur les malheurs de la France, sur le sort de ses guerriers, et rêve encore pour elle un avenir de grandeur.

Cependant la situation particulière de madame Dufrenoy s'améliorait progressivement ; sa haute renommée pouvait exciter l'envie, mais ne pouvait en recevoir d'atteinte. Elle vivait près de sa mère et de sa sœur ; son fils, digne élève de l'ancienne École polytechnique,

voyait s'ouvrir devant lui une carrière d'honneur et d'indépendance ; de vrais amis se faisaient un plaisir de sa société : on y remarquait au premier rang son ancien ami. M.
Laya, dont l'Académie avait récompensé les
trayaux littéraires ; l'abbé Sicard, cet apôtre
de l'humanité ; M. Tissot, heureux traduc-
teur de Virgile et de Théocrite, poète plein
d'enthousiasme et de goût, prosateur distingué, et qui a laissé au collége de France des
souvenirs d'estime qui ne sont pas effacés (1) ;
M. Pongerville, qui a naturalisé en France les
beautés sévères et didactiques de Lucrèce, et
dont le début a été, comme celui de l'abbé
Delille, un coup de maître et un triomphe ; Béranger, dont le nom n'a besoin d'aucun titre, parce qu'il est le poète de l'époque,
le poète national, aussi philosophe qu'Ho-

---

(1) M. Tissot a repris son cours aux acclamations
d'une jeunesse studieuse qui sait apprécier le mérite
et le patriotisme.

race, inspiré comme lui, mais plus fier et plus libre; madame Tastu, élève chérie de madame Dufrenoy, devenue célèbre par la seule énergie de son talent, et qui s'est placée sans effort et sans prétention au premier rang; madame Desbordes-Valmore, dont les accents harmonieux ouvrent le cœur aux plus douces impressions. N'oublions pas M. Viennet, poète de la liberté et de la civilisation, qui le premier a soulevé l'indignation des hommes de bien contre les oppresseurs de la Grèce, et dont la verve étincelante a flétri toutes les tyrannies.

Madame Dufrenoy était bien digne d'avoir des amis : elle ne songeait qu'à faire valoir leur mérite; elle se montrait fière de leurs succès, et jamais aucun sentiment de jalousie ne troubla la sérénité de son âme. Comme elle se plaisait à rendre justice aux femmes qui se distinguaient dans la carrière des lettres! avec quel ton de vérité elle a célébré dans ses vers madame Verdier et madame Bourdic-Viot, dont elle conservait précieusement le souvenir! « J'avais à peine essayé quel-

ques vers, dit-elle lorsque madame Verdier
était déjà célèbre; ses louanges, répétées de
toutes parts, excitèrent mon émulation. La
Harpe avait cité avec beaucoup d'éloge une
idylle intitulée *la Fontaine de Vaucluse*, et
avait dit:

De Verdier dans l'idylle a vaincu Deshoulières.

« Madame Bourdic-Viot me répétait souvent : « Nous sommes une foule de musettes;
» madame Verdier seule est une muse. »

Citons encore une note sur madame Bourdic-Viot; elle servira à faire apprécier le
caractère de madame Dufrenoy plus justement que toutes nos observations. « Madame
Bourdic-Viot était partie pour Barcelone;
elle fut enlevée en route par une maladie vio-
lente. La veille du jour où cette douloureuse
nouvelle fut annoncée dans les journaux, j'a-
vais reçu d'elle une lettre mêlée de vers, dans
laquelle elle faisait des projets délicieux pour
le printemps suivant. On était à la fin de
l'été.

» La dernière partie de cette lettre était le contraste parfait de la première. Là elle s'enivrait des plus douces illusions, elle m'associait aux jouissances qu'elle se promettait; ici son style avait une teinte si douloureusement mélancolique, que ma tendresse en fut alarmée. Je me dis en soupirant : Cette femme si aimable, si vive, si légère même, quoique si véritablement affectueuse et bonne, s'étourdit; mais elle n'est point heureuse. Hélas! les projets, les espérances, les peines, tout était terminé. Il ne restait plus d'elle que ses ouvrages; elle n'existait plus que dans le cœur de ceux qui l'avaient aimée. Son trépas subit et prématuré me porta le coup le plus terrible; je perdais en elle une véritable amie; mes regrets furent profonds comme mes sentiments. »

Madame Dufrenoy était sensible aux suffrages du public, mais encore plus à celui de ses amis, qu'elle consultait volontiers, et dont elle savait apprécier les conseils. Elle avouait que l'une des jouissances les plus vives qu'elle eût éprouvées dans sa vie était d'avoir fourni à Béranger le sujet d'une de ses chansons les plus gracieuses. Béranger, qu'elle comparait souvent à La Fontaine, parce que l'un et l'autre ont élevé leur genre à un rang sublime, avait reçu un exemplaire des *Elégies* de madame Dufrenoy ; et la lecture de ce charmant ouvrage lui inspira les vers suivants, qui trouvent ici naturellement leur place.

Veille encore, ô lampe fidèle,
Que trop peu d'huile vient nourrir !
Sur les accents d'une immortelle
Laisse mes regards s'attendrir !
De l'amour que sa lyre implore,
Tu le sais, j'ai subi la loi.
Veille, ma lampe, veille encore,
Je lis les vers de Dufrenoy.

Son livre est plein d'un doux mystère,
Plein d'un bonheur de peu d'instants ;
Il rend à mon lit solitaire
Tous les songes de mon printemps.
Les dieux qu'au bel âge on adore
Voudraient-ils revoler vers moi !
Veille, ma lampe, veille encore,
Je lis les vers de Dufrenoy.

Si, comme Sapho, qu'elle égale,
Elle eût, en proie à deux penchants,
Des amours ardente rivale,
Aux grâces consacré ses chants,
Parny près d'une Éléonore
Ne l'aurait pu voir sans effroi.
Veille, ma lampe, veille encore,
Je lis les vers de Dufrenoy.

Combien a pleuré sur nos armes
Son noble cœur, de gloire épris!
De n'être pour rien dans ses larmes
L'Amour alors parut surpris.
Jamais au pays qu'elle honore
Sa lyre n'a manqué de foi.
Veille, ma lampe, veille encore,
Je lis les vers de Dufrenoy.

Aux chants du nord on fait hommage
Des lauriers du Pinde avilis;
Mais de leur gloire sois l'image,
Toi, ma lampe, toi qui pâlis;
A ton déclin, je vois l'aurore
Triompher de l'ombre et de toi;
Tu meurs; et je relis encore
Les vers charmants de Dufrenoy.

Béranger, coupable d'avoir chanté la gloire en exil, et attaché quelques traits vengeurs aux flancs de ses ennemis, expia bientôt cette audace sous les verrous de Sainte-Pélagie. Madame Dufrenoy s'affligea plus que le poète d'une captivité que devaient adoucir tant de témoignages d'estime et d'amitié; elle confia l'expression de ses sentiments à sa lyre fidèle. Il y avait du courage dans la manifestation de ces sentiments, puisque la pension de madame Dufrenoy dépendait du pouvoir; mais elle ne mit jamais de calcul dans sa conduite : elle se laissait aller sans réflexion à ces mouvements du cœur qui n'ont rien de commun avec l'intérêt personnel.

Cependant de nouveaux malheurs la menaçaient; sa santé s'affaiblit, et sa mère, madame Duchauffour, modèle de vertus et de bonté, fut atteinte en même temps d'une maladie grave, qui, malgré les soins assidus de ses filles et les secours de l'art, la conduisit par degrés au dernier terme de sa vie. Madame Duchauffour était parvenue à un âge avancé; mais sa mort frappa sa famille comme

si elle eût été imprévue. Le choc que madame Dufrenoy en reçut fut violent; et, comme
par un triste pressentiment de sa destinée,
elle marqua elle-même, dans le cimetière du
P. Lachaise, la place qu'elle devait bientôt
occuper près de sa mère.

Tous les moyens possibles furent employés
pour la distraire de sa douleur : ses amis re-
doublèrent d'attention pour elle ; la tendresse
de sa sœur et du reste de sa famille l'entoura
de soins et de consolations : on s'efforça de
diriger son imagination vers les études et les
travaux qui avaient eu tant de charmes pour
elle, et l'on parvint à adoucir sinon à calmer
entièrement ses regrets. Les succès de son fils,
heureux dans un mariage bien assorti, et la
vue de ses petits-fils, la rattachèrent à l'espérance et à la vie.

Madame Dufrenoy vint alors occuper
dans la rue des Francs-Bourgeois un joli
appartement qui touchait à un petit jardin auquel elle attachait beaucoup de prix.
L'une de ses occupations favorites était de pré-

sider à sa culture, et de l'orner de fleurs. Elle
attendait avec impatience le retour de la belle
saison ; mais le printemps ne devait plus re-
naître pour elle : les fleurs qu'elle avait cultivées ont servi de guirlandes funèbres, et se
sont fanées sur un tombeau. Une indisposi-
tion subite, qui ne présentait d'abord aucun
caractère alarmant, surprit madame Dufrenoy
vers le milieu du mois de mars 1825. Le froid
était encore rigoureux, et une affection de
poitrine se déclara si vivement qu'il fut impossible d'en arrêter les progrès. Madame Dufrenoy vit approcher la mort avec fermeté ;
l'espoir d'une vie future ne l'avait jamais abandonnée ; elle mourut avec la conviction qu'elle
allait rejoindre une mère adorée, et qu'elle
reverrait un jour les objets de ses plus chères
affections.

Cette perte affligea profondément sa famille ; et les amis des lettres françaises partagèrent ses regrets. M. le comte de Ségur paya
un tribut d'estime à son ancienne amie, et
M. Tissot prononça sur sa tombe un discours
rempli de cette touchante éloquence à laquelle

l'art est étranger et qui prend source dans
le cœur. Madame Dufrenoy repose auprès
de sa mère. Un monument funéraire, d'une
élégante simplicité, indique la dernière demeure de cette femme illustre, qui, dans une
vie si diversement agitée, s'est acquis des
droits légitimes à la gloire.

En lisant avec quelque attention le recueil
de ses poésies, on aperçoit facilement les causes du grand succès qu'elles ont obtenu et le
principe de vie qui les fera triompher de l'oubli. Si elle a cherché dans les formes cette sagesse de composition et cette pureté de goût
qui distinguent les modèles classiques, dans
tout le reste elle s'est montrée originale et
créatrice. L'expression de ses sentiments, re-
levée par une délicieuse harmonie, est si naïve, qu'elle touche et émeut comme l'accent
réel des passions. La poésie chez elle ne paraît
point un art: c'est seulement un langage plus
relevé que le langage vulgaire, et plus propre
à rendre des impressions exaltées; on voit
couler ses larmes, on partage ses alternatives
de douleur et d'espérance. Ceux qui ont éprou-

vé les peines du cœur, et le nombre en est considérable, retrouvent en elle l'interprète fidèle de leurs émotions. Nulle recherche ambitieuse dans les pensées, nulle superfluité d'ornements; tout y est simple et pénétrant comme la vérité.

Nous ajouterons, comme l'une des causes principales des effets que produisent ces poésies, l'élévation des sentiments et le reflet d'un noble caractère. Tout ce qui est grand et héroïque enflammait l'imagination de madame Dufrenoy : elle pleura sur les malheurs de de son pays avec autant d'amertume que sur une amitié trahie; ses vers portent l'empreinte de l'époque où ils furent composés. Elle fut sensible aux grandeurs de la France comme à ses revers, et la vue de l'étranger lui inspira des chants mélancoliques qui ont agrandi le domaine de l'élégie. Supérieure sous tous les rapports à madame Deshoulières, mais ne devant peut-être cette supériorité qu'à l'influence des grands spectacles dont elle fut témoin, et dont elle reçut les impressions, elle

a conquis une palme immortelle, et son nom,
chéri des contemporains, vivra autant que la
littérature française dans l'estime de la postérité.

CONCLUSION.

—

Trois volumes de cette collection étaient imprimés lorsque la révolution de juillet est survenue. La crise était depuis long-temps préparée. La dissolution de la chambre des députés, et les ordonnances despotiques qui suivirent cette mesure, ne furent qu'un accident qui en détermina la manifestation; la résistance devint générale parce qu'il y avait unanimité de sentiments et d'intérêt. Une fois la force morale et la force matérielle aux prises, le résultat ne pouvait être douteux, le droit devait triompher.

Jamais spectacle plus instructif ne fut offert au monde : d'un côté le déploiement d'une armée privilégiée, imposante par sa tenue, la discipline et l'expérience de ses chefs, des troupes de cavalerie d'un aspect formidable, des régiments étrangers habitués à l'obéissance passive, des trains d'artillerie savamment disposés, des créatures dévouées dans toutes les administrations, une faction audacieuse loin du danger; de l'autre côté, un peuple sans armes mais plein de courage, des jeunes gens enflammés d'amour pour la liberté, mais sans chefs, sans plan de défense, jetés à l'improviste sur le champ de la révolution. La lutte s'engage, faible d'abord, s'animant par degrés, bientôt élevée au plus haut point d'énergie. Dès lors tout est décidé : car les peuples, une fois ébranlés, ne reculent jamais; leur destinée est de ne se reposer que dans la victoire.

Trois jours ont suffi pour briser un

système de servitude combiné et suivi avec la plus aveugle opiniâtreté. Il n'a fallu que trois jours pour détruire l'ouvrage auquel l'Europe coalisée a travaillé pendant quarante ans. Quelle leçon pour les rois! Charles X et sa famille tombés du faîte des grandeurs; lui-même réveillé tout à coup de ses rêves de domination absolue, solitaire dans sa cour si récemment peuplée de flatteurs, cherchant des yeux un ami et trouvant à peine un valet : voilà le sort de l'homme couronné qu'une nation abandonne, rameau desséché que le premier coup de vent détache du chêne qui le soutenait.

La révolution de juillet a porté ses fruits; la nation est rentrée dans ses droits, et sa modération prouve qu'elle est digne de les exercer. Nous avons appris, par une sévère expérience, que l'égalité absolue, et une liberté sans limites, ne sont que des chimères impossibles à réaliser; qu'on s'égare à les poursuivre, et que l'anarchie, avec ses fureurs sanguinaires, est au bout de la course. Nous savons que l'obéissance à la loi qui circonscrit les libertés individuelles dans les bornes posées par l'intérêt général est le premier devoir du citoyen, et que la jouissance incontestée des droits communs est la véritable égalité. Ces vérités, devenues populaires, nous garantissent la paix intérieure, comme l'énergie et le brillant courage de la nation assurent son indépendance.

Dans le mouvement social qui a brisé tous les obstacles, bien des intérêts ont été froissés; le commerce de la librairie en particulier a subi une crise rendue inévitable par une production accélérée que la consommation ne pouvait atteindre : ce n'est que l'embarras du moment. La litté-

rature, émancipée sous un gouvernement
ami de l'instruction et de la gloire nationale, ne peut tarder à devenir féconde; de
jeunes talents, élevés par de patriotiques
inspirations, promettent de dignes successeurs aux honorables écrivains qui,
depuis trente ans, ont hâté par leurs travaux la marche de la civilisation : le génie ne meurt pas en France.

D'ailleurs le besoin de l'instruction est
devenu général, et les plaisirs de l'esprit
n'appartiennent plus à une seule classe.
Dans nos départements comme à Paris,
les écrivains de l'époque actuelle trouvent des appréciateurs éclairés, des lecteurs qui jugent par eux-mêmes, et dont
les jugements sont exempts de haine ou
de partialité. Les coteries font de petites
renommées assez bruyantes, mais qui ne
grandissent jamais; la nation seule dis-
tribue la gloire.

Dans ce concours littéraire, je me suis efforcé de donner un but utile aux productions que j'ai eu la hardiesse de présenter au public. Sur dix volumes au moins que je pouvais publier, j'en ai choisi quatre qui ne m'ont pas semblé indignes de l'attention des amis des lettres; le reste est condamné à l'oubli. Dans ces quatre volumes se trouvent un *Tableau littéraire et philosophique du dix-huitième siècle*, un *Discours sur Montaigne*, et des *Nouvelles Américaines*, qui sont réunis pour la première fois. En relisant les trois volumes imprimés quelques mois avant notre révolution, je n'y ai pas trouvé un mot que je voulusse changer, une pensée qui ne fût pas digne d'une époque de liberté. Sous l'empire, sous la restauration, je n'ai eu, comme écrivain, qu'une seule idée, celle de faire servir la littérature au triomphe des vérités morales qui en-

noblissent les destinées de l'homme, et
des principes politiques qui rendent les
nations libres et heureuses. On pourra me
contester le talent de l'écrivain ; je n'en
serai pas surpris : mais on ne me refuse-
rait pas sans injustice le mérite de l'attachement à la patrie et du dévouement
à la liberté.

FIN.

www.ingramcontent.com/pod-product-compliance
Lightning Source LLC
Chambersburg PA
CBHW050554270326
41926CB00012B/2048